民营企业法律风险防范500问

500 Q&A on Legal Risk Prevention for Private Enterprises

河南省律师协会 编

北京大学出版社
PEKING UNIVERSITY PRESS

图书在版编目(CIP)数据

民营企业法律风险防范 500 问 / 河南省律师协会编. —北京：北京大学出版社，2023.12
 ISBN 978-7-301-34629-7

Ⅰ.①民… Ⅱ.①河… Ⅲ.①民营企业—企业法—中国—问题解答 Ⅳ.①D922.291.914

中国国家版本馆 CIP 数据核字(2023)第 213691 号

书　　　名	民营企业法律风险防范 500 问 MINYING QIYE FALÜ FENGXIAN FANGFAN 500 WEN
著作责任者	河南省律师协会　编
责 任 编 辑	王建君
标 准 书 号	ISBN 978-7-301-34629-7
出 版 发 行	北京大学出版社
地　　　址	北京市海淀区成府路 205 号　100871
网　　　址	http://www.pup.cn　http://www.yandayuanzhao.com
电 子 邮 箱	编辑部 yandayuanzhao@pup.cn　总编室 zpup@pup.cn
新 浪 微 博	@北京大学出版社　@北大出版社燕大元照法律图书
电　　　话	邮购部 010-62752015　发行部 010-62750672 编辑部 010-62117788
印 　刷 　者	三河市北燕印装有限公司
经 　销 　者	新华书店
	650 毫米×980 毫米　16 开本　22.25 印张　342 千字 2023 年 12 月第 1 版　2023 年 12 月第 1 次印刷
定　　　价	69.00 元

未经许可，不得以任何方式复制或抄袭本书之部分或全部内容。
版权所有，侵权必究
举报电话：010-62752024　电子邮箱：fd@pup.cn
图书如有印装质量问题，请与出版部联系，电话：010-62756370

编委会

主 编
鲁建学

副主编
徐步林　王宇生　何红艺

编委会成员

胡剑南	索亚星	田华钢	栗 魁	李新颖	胡亚萍	张鹏万	
高 恰	田小伍	陈 宁	李曙衢	唐有良	黄 允	谢中海	
史国政	李 婷	徐会展	张亚辉	田 兵	鲁 鹏	千智永	
刘怀成	尚 贤	赵 静	刘建伟	黄荣士	王水力	胡宏伟	
姜慧清	魏红旗	段书奎	夏江初	王洪波	廉建中	魏 武	
杨 洁	李晓东	代克明	李圣瑶	刘娜娜	马红军	张建东	
邓玉中	刘 阳	赵超宇	郭 帅	余钦杰	崔玲玉	李鹏翔	
袁 伟	陈娅娟	贾 峰	吴春蕾	殷 舒	宋明洁	申 岭	

编辑成员

代福华	夏玲丽	马 亮	闫 准	张 哲	韩 萌	薄菊梅	
鲁迎旭	袁军房	马一凡	侯 攀	冯景琦	夏伟华	秦瑞香	
王 晓	牛浩龙	邓雅星	武腾飞	李珂珂	杜雪露	於家勋	
温晨星	吴建华	朱素涵	张安冉	王建会	王文博	刘德宇	
李 艳	冯 磊	刘南南	刘荣府	王宝玉	孟方方	王易飞	

序

民营经济是国民经济的重要组成部分,在稳定增长、扩大就业、改善民生、促进创新等方面扮演着重要角色,是推动经济持续健康发展的重要力量。支持民营经济发展,是党中央的一贯方针。习近平总书记多次强调民营经济在我国经济社会发展中的重要地位和作用,强调民营经济"是我们党长期执政、团结带领全国人民实现'两个一百年'奋斗目标和中华民族伟大复兴中国梦的重要力量"。2023年7月,中共中央、国务院发布《关于促进民营经济发展壮大的意见》,提出民营经济是推进中国式现代化的生力军,是高质量发展的重要基础。应准确认识民营经济健康高质量发展的内涵,着力推动民营经济实现高质量发展。

当前,我国经济进入转变发展方式、优化经济结构、转换增长动力的关键时期。部分民营企业在转型升级过程中遇到了一些困难和挑战,民营企业发展中产权结构不清晰、法人治理结构不完善、风险防范意识不足等短板、弱项,阻碍了民营企业发展的步伐。按照习近平总书记"要不断为民营经济营造更好发展环境,帮助民营经济解决发展中的困难",支持民营企业改革发展的要求,在全面建设社会主义现代化国家的新征程中,积极回应民营企业进入新发展阶段的法治新需求、新期待,增强运用法治思维和法治方式优化营商环境的意识和能力,不断强化民营经济发展法治保障,对推动我国民营经济高质量发展具有重要意义。2021年4月22日,司法部、中华全国工商业联合会、中华全国律师协会联合发布《关于建立"万所联万会"机制的意见》,部署律师行业与工商联所属商会、县级工商联建立联系合作机制,深化"法治体检"和"法律三进"活动,助力法治民企建设,加快打造法治化营商环境。2021年6月23日,中共河南省委召开电视电话会议,在全省广泛开展"万人助万企"活动,帮助企业解决突出问题和制约瓶颈,增强企业内生动力、发展活力和整体实力,把为企业提供法律帮助列为重要内容。2021年8月25日,河南省司法厅印发《围绕"项目为王"提供优质法治保障十项措施》,深入开展"千所联千企"活动,要求律师当好企业风险的"排查员"、企业发展的"宣讲员"、企业纠纷的"调解员",为民营经济健康发展和民营企业健康成长提供优质法律服务和坚实法治保障。

河南省律师协会积极响应省委关于开展"万人助万企"活动的号召和省司法厅党委提出的"大司法行政"理念,组织律师广泛开展"万所联万会""千所联千企"活动,以专业优势为企业纾危解困。从服务企业情况来看,制约企业发展的痛点、难点和瓶颈问题,表面上是用工难、用地难、融资难及环保、税收等问题,但蕴含于背后的,更大程度上是一些管理部门、企业家的法治思维、法律意识和法治观念的缺失。因此,河南省律师协会立足自身优势,组织资深律师,一方面,以企业主要负责人为对象,围绕企业运营中的法律风险问题,打造精品课程免费宣讲,提升企业风险防范意识;另一方面,以政府和企业管理人员为对象,对企业发展中可能遇到的法律问题进行系统梳理,编纂《民营企业法律风险防范500问》和《民营企业合规与法律风险防范指引》,为企业合规运营和依法维权提供具体的指引和帮助,以此为省委省政府"两个河南"建设和"十大战略"提供法律服务支持,为我省民营经济发展破冰除障、赋能助力、保驾护航。

《民营企业法律风险防范500问》由鲁建学同志担任主编,徐步林、王宇生、何红艺同志担任副主编,抽调河南省律师协会民事、公司、投融资、财政税收、房地产、建设工程、金融保险、知识产权、劳动与社会保障、环境与资源、宪法与行政法、经济犯罪法律专业委员会的专业律师,以及河南云睿工程咨询有限公司的专家担任编委并负责编辑,并由何红艺律师进行最后统稿,对民营企业设立、运营、融资、税收、土地房产、工程建设、知识产权、劳动人事、环境资源等常见问题予以梳理和解答,引用相关法律、法规、司法解释及规范性文件,既可作为民营企业依法合规经营发展的重要参考,也对律师等专业人士办理相关业务、进行法律援助和开展普法宣传有所助益。

  由于时间和水平所限,本书难免存在缺陷和错误,不足之处,望批评指正。

河南省律师协会

二〇二三年九月

简　目

民商事篇 / 001

税收金融篇 / 027

土地房产篇 / 061

建设工程篇 / 095

知识产权篇 / 141

劳动篇 / 173

环境篇 / 203

行政篇 / 235

刑事篇 / 279

详　目

民商事篇

1. 公司注册资本认缴制下,是否认缴的越多越好?／003
2. 公司未成立,对设立公司期间所产生的费用和债务应如何处理?／003
3. 有限责任公司设立的分公司在经营过程中产生的民事责任由谁承担?／003
4. 公司股东可以用劳务作价出资吗?／004
5. 公司股东能否以其他公司的股权出资?／004
6. 合伙企业合伙人可以用劳务出资吗?／004
7. 股东出资瑕疵如何承担责任?／005
8. 有限责任公司股东未按照约定实缴出资的,能否限制其股东权利?／005
9. 有限责任公司的股东未履行出资义务或者抽逃全部出资,可以解除该股东的股东资格吗?／006
10. 在哪些情况下股东出资可能会被加速到期?／006
11. 哪些行为会被认定为股东抽逃出资? 股东抽逃出资有什么法律后果?／007
12. 公司减少注册资本程序不当时可能会构成抽逃出资,应如何避免?／007
13. 有限责任公司需增加一名股东,可通过什么途径?／008
14. 股权转让后,应作哪些变更记载?／008
15. 股权转让后原股东能否请求其持股期间公司盈利的分红?／008
16. 优先购买权受到侵犯的股东可否主张股权转让合同无效? 法院强制执行股东股权,其他股东有无优先购买权?／009
17. 实际出资人与名义股东发生争议,实际出资人请求公司变更股东的,能否得到支持?／009

18. 名义股东处分股权,处分行为是否有效? / 010
19. 股东会或者股东大会、董事会决议不成立的情形有哪些? / 010
20. 哪些情况下即使债权人知道没有公司内部决议,也应当认定担保合同有效? / 011
21. 在行使知情权过程中,股东可否委托他人查阅公司文件资料? / 011
22. 公司经营管理困难,无法解决,股东该如何救济? / 012
23. 公司董监高、实际控制人、大股东损害公司利益,可通过什么途径救济? / 012
24. 法定代表人超越权限订立的合同,对公司有效吗? / 013
25. 哪些行为可能构成公司人格与股东人格的混同? / 013
26. 实践中,公司控制股东对公司过度支配与控制的常见情形有哪些? / 014
27. 公司解散时,股东尚未缴纳的出资应如何处理? / 014
28. 公司未经清算即办理注销登记,债权人能否要求公司股东对公司债务承担清偿责任? / 015
29. 公司清算期间的诉讼主体是谁?债权人能否申请法院指定清算组清算公司? / 015
30. 公司法定代表人、董事、监事、高级管理人员执行职务给公司造成损失的,公司能否要求其赔偿? / 016
31. 法定代表人违法担保时如何处理? / 016
32. 公司股东利用公司的法人独立地位和股东有限责任,逃避债务,严重损害公司债权人利益的应如何处理? / 017
33. 可以采用电子邮件、传真等形式订立合同吗? / 017
34. 当事人假借订立合同,恶意进行磋商,造成对方损失的,是否应当承担赔偿责任? / 018
35. 超越经营范围订立的合同是否一定无效? / 018
36. 合同中约定造成对方人身损害而无须担责的条款是否有效? / 018
37. 债务人对他人享有债权却不主张,债权人应如何保护自身的合法权益? / 019
38. 计算违约损失时,合同履行后可以获得的利益是否可以计算? / 019
39. 合同约定分批交付,某批无法完成交付,买受人是否有权解除合同? / 020

40. 遇到自然灾害、突发状况等情况能否以不可抗力为由主张解除合同？／ 021
41. 抵押权人在债务履行期限届满前,能否与抵押人约定债务人不履行到期债务时抵押财产归债权人所有？／ 021
42. 企业购买的房屋、厂房出现漏水、渗水等情况,如何解决？／ 021
43. 抵押物因故出现损失或者价值降低的,抵押权人如何保护自身权益？／ 022
44. 因质权人原因导致质押财产毁损或灭失的,出质人如何维护自身权益？／ 022
45. 企业能否留置拖欠款项的其他企业财产？留置权如何实现？权利人怠于处置质押或留置财产,出质人或债务人应如何处理？／ 022
46. 签订的保证合同中对保证方式没有约定或约定不明的,是否需要承担保证责任？承担何种保证责任？保证期间如何确定？／ 023
47. 因疫情、灾情影响,企业能否申请延期偿还银行贷款本息？能否申请减免房租？／ 024
48. 在联运过程中发生货物损失,损害赔偿责任如何承担？／ 024
49. 企业可能面临哪些侵权责任？／ 024
50. 他人在企业经营的公共场所发生损害,企业是否要承担侵权责任？／ 025

税收金融篇

51. 小规模纳税人的减征增值税政策是什么？／ 029
52. 集团公司总部向下属分公司无偿出借资金,是否需要缴纳增值税？／ 029
53. 企业或个人遭受洪涝灾害后,获得的保险赔付是否需要缴纳增值税？／ 029
54. 单位收到电子专用发票,是否可以只以纸质打印件作为报销入账归档依据？／ 030
55. 农民出租土地使用权用于农业生产是否缴纳增值税？／ 030
56. 小规模纳税人是否可以根据经营需要自行选择按月或者按季申报？／ 030
57. 小规模纳税人提供货物运输服务,向哪里的税务机关申请代开专用发票？／ 030

58. 单位和个体工商户适用增值税减征、免征政策的,是否需要办理备案手续?／031
59. 电子商务出口企业出口未取得有效进货凭证的货物是否可以免征增值税?／031
60. 客运企业开出的免税增值税电子普通发票,是否可以抵扣?／032
61. 员工在国外进行学历继续教育并拿到技能证书,可以享受专项附加扣除吗?／032
62. 员工除在公司领取工资外,在关联企业也领取工资,个税年度汇算可以让两个公司分别报吗?／032
63. 定期定额征收税收的个体户,可以享受年应纳税所得额100万元以内部分减半征收个人所得税政策吗?／032
64. 从多处取得经营所得的个体工商户如何享受优惠政策?／033
65. 个体工商户申请代开货运发票时,预征个人所得税吗?／033
66. 防汛救灾过程中对捐助救灾的企业,企业所得税方面有什么优惠政策?／033
67. 公司取得政府给付的财政补助,在企业所得税上的收入时间如何确认?／034
68. 集成电路生产企业或项目可以享受什么企业所得税优惠?／034
69. 国家鼓励的集成电路设计、装备、材料、封装、测试企业和软件企业,所得税上有何优惠?／035
70. 国家鼓励的重点集成电路设计企业和软件企业,企业所得税上有何优惠?／035
71. 企业年度亏损,还能否享受研发费用加计扣除政策?／035
72. 软件企业收到即征即退的增值税税款,是否需要缴纳企业所得税?／036
73. 享受延续执行的企业所得税优惠政策需要向税务机关申请吗?／036
74. 小型微利企业如何申报享受企业所得税优惠政策?／036
75. 小型微利企业享受优惠政策需要留存备查哪些资料?／037
76. 境外机构投资境内债券市场取得的债券利息收入是否征收企业所得税和增值税?／037
77. 对物流企业自有(包括自用和出租)或承租的大宗商品仓储设施用

详目　005

地,如何计征城镇土地使用税?／037
78. 企业从事多业经营,在判断是否符合制造业条件时,收入总额如何掌握?／037
79. 企业符合研发费用税前加计扣除政策的规定,该政策是否可以长期享受?／038
80. 企业因技术开发费加计扣除形成的年度亏损,可以结转以后年度弥补吗?／038
81. 公益性捐赠应当使用什么票据?／039
82. 企业享受研发费用加计扣除优惠需准备哪些资料?／039
83. 研发费用税前加计扣除比例为多少?／039
84. 因自然灾害或疫情等原因导致企业营业中断,已购买商业保险,企业能否获得保险赔偿?／040
85. 法院拍卖的房产,是否需要缴纳契税?／040
86. 法院判决转让不动产产权无效的,是否应退还已征契税?／041
87. 改制后公司承受原企业土地、房屋权属的,是否需要缴纳契税?／041
88. 纳税人符合什么条件可以申请困难性减免房产税?／041
89. 纳税人在开采或者生产应税产品过程中,因意外事故或者自然灾害等原因遭受重大损失,能否减征资源税?／042
90. 《城市维护建设税法》施行后,继续执行的城市维护建设税优惠有哪些?／042
91. 城镇土地使用税困难性减免的条件是什么?／043
92. 如小型微利企业不了解国家优惠政策,年度结束后,是否还有机会享受?／043
93. 增值税小规模纳税人减征印花税优惠是否可以与其他政策叠加?／043
94. 符合哪些条件可以适用税务行政处罚"首违不罚"?／044
95. 增值税电子专用发票金额开错应如何处理?／045
96. 如何界定私募基金涉及非法集资?／045
97. 私募股权投资基金面临的主要法律问题?／046
98. 私募股权投资基金按照其组织形式划分有哪几种形式?／046
99. 在私募股权投资基金的设立与运营过程中,私募股权投资基金存在哪

些情况可能会被判定属于民间借贷法律关系？/ 046

100. 有限合伙制私募基金纠纷中关于承诺收益的法律风险有哪些？/ 047

101. 关于私募股权投资中投资款项返还的相关纠纷有哪些？/ 048

102. 融资租赁的法律风险有哪些？/ 049

103. 融资租赁应如何防范法律风险？/ 050

104. 融资租赁合同无效的情形有哪些？/ 052

105. 融资租赁物是否可以作为破产财产进行处理？/ 053

106. 企业首次公开发行股票需要具备哪些条件？/ 053

107. 交易所发行上市审核有哪些步骤？/ 054

108. 新三板挂牌企业 IPO 的主要流程有哪些？/ 055

109. 创业板发行条件规定发行人最近 2 年内董事、高级管理人员没有发生重大不利变化，应当如何理解？/ 055

110. 发行人在新三板挂牌期间形成契约型基金、信托计划、资产管理计划等"三类股东"的，对于相关信息的核查和披露有何要求？/ 056

111. 如何理解发行条件中"其他涉及国家安全、公共安全、生态安全、生产安全、公众健康安全等领域的重大违法行为"？/ 056

112. 北交所 IPO 上市条件是什么？/ 057

113. 不良资产投资基金分为几种形式？/ 058

土地房产篇

114. 管委会与房地产公司签署的国有土地使用权出让协议是否有效？/ 063

115. 哪些建设用地可以以划拨方式取得？/ 063

116. 房地产公司在签署《土地使用权出让协议》后，擅自变更协议约定土地用途的，如何认定？/ 063

117. 购买商业用房土地使用权年限届满后如何处理？/ 063

118. 房地产公司与政府在签署的划拨国有土地使用权合同中约定使用年限是否合法？/ 064

119. 国有土地使用权出让合同因受让方过错解除后，已缴纳的出让金如何处理？/ 064

120. 拍卖土地是否需关注地下文物情况？／064
121. 未经抵押权人同意转让土地使用权，但受让人代为清偿债务时所签订的土地使用权合同是否有效？／065
122. 土地使用权转让不过户，但签署协议后公证是否有效？／065
123. 农村承包经营土地未经发包方同意的转包行为是否有效？／065
124. 土地使用权转让时，转让方尚未获得土地使用权证，如何认定其效力？／066
125. 如何认定"光地"转让合同的效力？／066
126. 如何认定"一地数卖"的效力？／067
127. 划拨土地使用权能否转让？／067
128. 划拨土地使用权是否必须办理出让手续后方可转让？／067
129. 土地使用权和地上建筑物、其他附着物所有权分割转让时，应如何处理？／068
130. 土地使用权转让后，受让人需要改变原土地使用权出让合同规定的土地用途时，如何处理？／068
131. 以建成房屋作为受让土地对价，是否属于土地使用权转让合同？／068
132. 在划拨土地上建造房屋并出售，签订的房屋买卖合同是否有效？／069
133. 以划拨土地与第三方所签订的合作建房合同，是否必然导致无效？／069
134. 通过股权转让获得土地应当进行哪些风险评估？／070
135. 项目公司股权转让按土地资产值计算价款是否等于土地使用权转让？／070
136. 土地使用权能否设定抵押？在建工程仅办理土地抵押，效力是否及于土地上建筑物？／071
137. 合作开发房地产项目，双方均不具有房地产开发资质，所签订的合作协议是否有效？／071
138. 合作开发房地产出现纠纷时，房地产项目尚未取得建设工程规划许可证，一方请求分配利润时如何处理？／072
139. 名为合作开发房地产合同实为其他性质合同的情形主要有哪些？／072
140. 设立地役权的土地使用权转让后，地役权是否消灭？／072
141. 企业抵押建筑物，担保财产是否包括建筑物占用范围内的建设用地

使用权？/ 073

142. 乡镇、村企业能否以其所有的建设用地使用权单独进行抵押？/ 073

143. 企业抵押建设用地使用权,抵押后新增的建筑物是否为抵押财产？/ 073

144. 拍卖在建工程,拍卖人未尽瑕疵告知义务,是否应当承担赔偿责任？/ 074

145. 哪些房地产禁止抵押？/ 074

146. 未经抵押权人同意转让抵押财产,是否影响转让不动产合同的效力？/ 074

147. 出售已抵押的房屋,能否办理房屋所有权转移登记(过户登记)？/ 075

148. 在购买商业用房时,是否需要考虑土地使用权的剩余年限？/ 075

149. 房地产开发企业违反控制性详细规划指标建设有哪些法律后果(例如商改住、超容积率建设等)？/ 076

150. 商品房售楼处未经客户许可收集客户人脸识别信息是否违法？应如何防范？/ 076

151. 开发商对项目规划范围外的承诺是否构成"要约"？/ 077

152. 作为出卖人的房地产开发企业在其未取得商品房预售许可证明之前与买受人签订的《商品房买卖合同》是否有效？/ 077

153. 如何判断商品房买卖合同中格式条款的效力？/ 078

154. 因不可归责于双方的原因导致在《房产认购意向书》约定日期不能订立《商品房买卖合同》的,房地产开发企业是否应当退还定金？/ 079

155. 规划和设计的变更是否必然导致买受人可以解除《商品房买卖合同》？/ 080

156. 房屋存在质量问题时法院一般如何认定购房人的损失？/ 081

157. 购房人因出卖人违约而遭遇限购政策,能否请求合同继续履行？/ 081

158. 预购商品房抵押的预告登记是否产生抵押效力？/ 082

159. 租赁合同解除后,房屋内装修如何处理？/ 082

160. 承租人租赁的房屋被出卖给其他人,新的买受人能否要求承租人搬离？/ 083

161. 开发商能否在商品房买卖合同中约定,位于底层商品房窗前、建有合围设施、由买受人专有使用的院落(绿地),连同底层商品房一并出售给

购房人？该约定需符合什么条件才为合法有效？/ 083

162. 无处分权人出卖房屋，但买受人按照市场价格购买并支付价款，且房屋已经实际交付，但未办理权属变更登记的，买受人能否善意取得该房屋的所有权？/ 084

163. 抵押权效力是否及于租金？/ 084

164. 小区公共收益归谁所有，如何支配？/ 084

165. 小区公共收益是否需要公示？具体公示哪些内容？/ 085

166. 什么是专项维修资金？维修资金的使用、续筹程序是怎样的？/ 085

167. 作为交付条件的"竣工验收合格"与"竣工验收备案"有何不同？/ 086

168. 在建筑物竣工验收交付后，物业管理用房的分割、转移、调整或重新配置由谁决定？/ 087

169. 什么是建筑物区分所有权？/ 087

170. 在建筑物区分所有权中，需要由业主共同决定的事项，必须由全体业主一致同意吗？/ 088

171. 如何认定业主建筑物的专有部分？/ 088

172. 业主将住宅当作经营性用房使用应履行什么手续？/ 089

173. 购房人逾期收房怎么办？/ 089

174. 在房地产项目建设过程中，因灾害性天气、突发性公共卫生事件、环保管控等原因导致交房延期如何处理？/ 089

175. 房屋平面图贴错怎么办？/ 090

176. 房屋层高纠纷如何解决？/ 090

177. 房屋存在哪些质量问题买受人可以解除合同？/ 091

178. 业主断供如何解决？/ 091

179. 企业因房屋被政府部门强拆，要求行政赔偿，房屋价格波动较大，房屋损失赔偿时点怎么确定？/ 091

180. 在涉及政府征收国有土地及地上房屋等财产过程中，如果政府没有解决补偿问题，企业是否有权拒绝交出房屋和土地？/ 092

181. 企业对取得使用权的国有土地闲置两年以上，政府部门是否可以无偿收回？/ 092

182. 企业作为房屋的承租人，因为涉案房屋被政府征收或者拆除，是否有

权主张损失？／092

183. 企业占用耕地养殖，是否需要办理农用地转用手续？／093

184. 对于企业的无证房屋，行政机关能否直接强制拆除？／093

建设工程篇

185. 承包人在签订施工合同时应注重审查发包人的哪些事项？／097

186. 未签订书面建设工程施工合同的承包人能否主张工程款？／097

187. 如何控制和防范发包人派驻施工现场的代表或监理工程师频繁变动的法律风险？／097

188. 如何防止工程设计变更引起的工程价款调增却得不到保护的法律风险？／098

189. 如何防范挂靠的项目经理将工程款挪作他用或虚列成本给承包人带来的风险？／098

190. 施工合同履行过程中，项目经理以工程项目部名义对外借款应否由公司承担还款责任？／099

191. 未经发包人同意的专业分包及劳务分包(具有相应资质)是否有效？／099

192. 中标合同的内容与招投文件不一致时，如何处理？／099

193. 另行签订的建设工程施工合同与中标合同不一致时，如何处理？／100

194. 建设工程施工合同无效，合同履行过程中达成的结算工程价款补充协议是否有效？／100

195. 招标前要求工程质量标准为合格，中标后又另行约定工程应拿到"鲁班奖"，否则不退还履约保证金，该约定是否有效？／101

196. 约定"中标合同仅作为备案使用，不作为工程价款结算的依据"能否排除中标合同的适用？／101

197. 建设工程施工合同无效后，发包人与承包人之间签订的以房抵工程款的协议是否也无效？／102

198. 建设工程施工合同无效，工程价款如何结算？／102

199. 多份建设工程施工合同均无效，如何结算工程价款？／103

200. 工程质量合格的举证责任在哪一方？未完工程，如何证明工程质量

合格?／103

201. 何种情况下,发包人应对工程质量不合格承担过错责任?／104
202. 工程质量不合格,是否意味着承包人不能向发包人主张任何费用?／104
203. 承包人、分包人、实际施工人如何承担工程质量责任?／104
204. 合同解除后,如何结算工程价款?／105
205. 如何认定开工日期?／105
206. 如何认定是否具备开工条件?／106
207. 具备开工条件后,承包人如何填写开工报告的有效时间?／106
208. 开工通知与实际进场日期不一致时如何认定?／107
209. 如何认定竣工日期?／107
210. 承包人对于《竣工验收报告》的提交及工程实际交付时间的确认有何重要意义?／107
211. 如何认定发包人拖延验收?／108
212. 合同约定以政府主管部门的竣工验收备案日期作为工程竣工日期,是否有效?／108
213. 约定工期顺延申请应在一定期限内提出,否则工期不予顺延,是否有效?已按期提出工期顺延申请,但发包人不予签认,如何处理?／109
214. 承包人提出工期顺延合理抗辩的事由有哪些?／109
215. 未经竣工验收发包人擅自使用后,是否有权要求承包人按照合同约定整改?承包人是否承担缺陷责任与保修责任?／110
216. 能否因发包人不支付工程款拒绝移交已竣工工程?／111
217. 发包人擅自使用后,工程经竣工验收不合格的,工程质量如何认定?发包人是否可以再提起工程质量鉴定?／111
218. 保修期内产生的修复费用,是否均由承包人承担?／111
219. 未约定工程质量保证金的返还期限,如何处理?／112
220. 约定的保修期低于或高于法定最低保修期是否有效?／112
221. 对工程量有争议的,如何证明?／113
222. 监理人对工程量的签认,能否作为确认工程量的依据?／113
223. 因工期延误、费用增加,承包人索赔需要收集哪些证据?／114
224. 发包人收到竣工结算文件后,不予答复是否视为默示认可?／115

225. 合同无效,逾期不答复视为认可的约定能否适用?／115
226. 工程欠款利息从何时起算?逾期付款违约金和利息能否一并主张?／116
227. 未约定利息,能否依据《保障中小企业款项支付条例》的规定按日万分之五利率主张利息?／117
228. 建设工程合同约定逾期付款违约金过高的如何调整?／117
229. 垫资利息的保护上限是多少?发包人向承包人借款建设工程,借款利息是否受垫资利息上限的约束?／118
230. 约定承包人对外融资进行垫资施工,发包人承担融资成本及利息的,融资成本是否受垫资利息上限的约束?／118
231. 当事人约定固定总价的,一方申请鉴定是否准许?／118
232. 达成结算协议后,一方是否有权就结算协议以外的事项主张权利?／119
233. 审计报告、财政评审结论等能否作为结算工程款的依据?／120
234. 发包方、承包方共同委托第三方出具的咨询意见,对双方是否具有约束力?／120
235. 承包人单方制作决算书,发包人对此不予认可,工程价款的举证责任如何负担?／121
236. 哪些主体能够享有建设工程价款优先受偿权?装饰装修工程的承包人能否享有?／121
237. 合同无效,是否影响建设工程价款优先受偿权的行使?／122
238. 建设工程价款优先受偿权的行使是否以工程竣工为条件?／122
239. 建设工程价款优先受偿权的担保范围有哪些?／123
240. 建设工程价款优先受偿权的行使方式有哪些?／123
241. 建设工程价款优先受偿权何时行使?合同终止履行或解除的,优先受偿权何时起算?／124
242. 一个合同项下存在多个单位工程或分期施工,建设工程价款优先受偿权何时起算?／125
243. 建设用地使用权能否为建设工程价款优先受偿权的客体?／125
244. 发包人并非建设工程所有权人的情况下,如何行使建设工程价款优先受偿权?／126

245. 承包人如何在另案执行程序中主张建设工程价款优先受偿权？/ 127
246. 承包人与发包人或第三人约定放弃或限制建设工程价款优先受偿权的效力如何？/ 127
247. 建设工程债权转让或建设工程转让的，是否影响建设工程价款优先受偿权的行使？/ 128
248. 工程款支付担保中，承包人如何平衡担保与建设工程价款优先受偿权的关系？/ 128
249. 建设工程价款优先受偿权与一般房屋买受人的权利、银行抵押权及其他债权间受偿顺位如何区分？/ 129
250. 以房抵债的房屋买受人，能否排除对抵债物的强制执行？/ 130
251. 以房抵债时应注意哪些问题？/ 131
252. 发包人欠付工程款的举证责任如何分配？/ 131
253. 农民工工资未支付到位对各承包主体有哪些影响？/ 132
254. 如何避免农民工工资发放法律风险？拖延或拒不支付农民工工资，有何法律风险？/ 132
255. 建设工程施工合同的发包方能否以承包方未开具发票为由拒绝支付工程款？/ 133
256. 什么是"背靠背"条款？何种情况下可以突破"背靠背"条款的约束？/ 133
257. 总包方如何就"背靠背"条款进行约定？/ 134
258. 作为分包人，如何合理利用"背靠背"条款？/ 134
259. 如何规避发包人向分包人或实际施工人直接付款的风险？/ 135
260. 建筑行业的居间中介合同是否有效？/ 135
261. 建设工程纠纷的管辖法院如何确定？与建设工程纠纷相关的哪些纠纷适用专属管辖？/ 135
262. 承包人与发包人约定仲裁，是否影响实际施工人行使诉权？/ 136
263. 结算协议、还款协议是否受施工合同约定仲裁管辖/专属管辖的制约？/ 136
264. 仅缴纳履约保证金，建设工程施工合同实际未履行，如何确定管辖法院？/ 137

265. 工程债权转让如何确定管辖？/ 137

266. 如何确定涉及建设工程的代位权诉讼纠纷的管辖？/ 138

267. 多份合同约定管辖不一致的，能否以实际履行合同为由提出管辖异议？/ 138

268. 工程分包时，如何约定分包合同的管辖？/ 139

知识产权篇

269. 授予专利权需要具备哪些条件？/ 143

270. 申请专利的授权审批程序是什么？/ 143

271. 申请专利是否必须委托专利代理机构？/ 144

272. 两个以上的申请人各自独立完成了同样的发明创造，专利权授予谁？/ 145

273. 申请人可否提交请求保护产品的局部的外观设计专利申请？/ 145

274. 申请专利和办理其他手续的费用有哪些？/ 145

275. 对经济困难的专利申请人，专利费用是否有减缴或缓缴制度？/ 146

276. 如何请求宣告专利权无效？/ 147

277. 专利权的保护期有多长？/ 148

278. 2021年5月31日（含本日）以前申请的外观设计专利，保护期限是多少年？/ 148

279. 专利权如何维持？/ 149

280. 专利权的保护范围如何确定？/ 149

281. 发现专利权被侵害后的维权方式有哪些？/ 150

282. 如何确定专利侵权赔偿数额？/ 150

283. 应对专利侵权指控的抗辩事由有哪些？/ 151

284. 什么是专利权质押？/ 151

285. 申请海外专利有哪些途径？/ 152

286. 企业在产品出口前应当重点关注哪些知识产权问题？/ 153

287. 商标的种类有哪些？/ 153

288. 集体商标与证明商标的区别是什么？/ 154

详目 015

289. 申请注册商标有哪些途径？／154
290. 商标注册程序包括哪些内容？／154
291. 申请以地理标志作为集体商标、证明商标注册的是否需要有关部门审批？／155
292. 注册商标的有效期是多少年？／155
293. 签订商标使用许可合同应注意哪些问题？／155
294. 什么是注册商标普通使用许可？注册商标排他使用许可？注册商标独占使用许可？／156
295. 有些商品或商品包装上标注的"TM"或者"SM"字样是何含义？／156
296. 商标侵权的常见情形有哪些？／157
297. 商标被冒用如何维护权益？／157
298. 合作开发完成的发明创造专利权的归属如何确定？／157
299. 著作权包括哪些权利？／158
300. 作品有哪些表现形式？／159
301. 哪些作品不受《著作权法》的保护？／159
302. 在哪些情形下，职务作品的署名权由作者享有，著作权的其他权利由法人或者非法人组织享有？／159
303. 受委托创作的作品，权利归属如何确定？／160
304. 著作权的保护期限是多长时间？／160
305. 哪种情况下使用作品，可以不经著作权人许可，不向其支付报酬？／161
306. 表演者有哪些权利及注意事项？／162
307. 录音录像制作者有哪些权利及注意事项？／162
308. 如何认定著作权侵权？侵权赔偿数额如何确定？／163
309. 计算机软件著作权证书可以在所在省市的版权登记部门办理吗？／163
310. 计算机软件著作权保护期限有多长？／164
311. 委托开发或合作开发的软件著作权归属如何确定？／164
312. 如何保护计算机软件著作权？／164
313. 在微信公众号中发推文，偶尔用到他人的文字和图片，且公众号阅读量不大、粉丝人数少，构成侵权吗？／165
314. 什么是商业秘密？如何取得？商业秘密中的"不为公众所知悉"指

什么？/ 165
315. 商业秘密的保护期限是多长时间？/ 166
316. 客户信息需要满足什么条件才能受到法律保护？/ 166
317. 收集公开信息形成的信息，是否属于商业秘密？/ 167
318. 侵犯商业秘密的行为有哪些？/ 167
319. 如何确定一项技术方案是通过申请专利还是按照商业秘密进行保护？/ 168
320. 侵犯商业秘密需要承担哪些民事法律责任？/ 168
321. 如何取得植物新品种权？/ 169
322. 在申请植物新品种权之前，有哪些注意事项？/ 169
323. 侵害他人植物新品种权的法律责任有哪些？/ 170

劳动篇

324. 企业规章制度怎样公示才有效？/ 175
325. 用人单位可以扣押劳动者的身份证或收取保证金吗？/ 175
326. 劳动合同分为哪几种类型？/ 176
327. 哪些情况下用人单位应当与劳动者订立无固定期限劳动合同？/ 176
328. 劳动合同履行地与用人单位注册地不一致的，劳动待遇标准如何确定？/ 177
329. 分公司、办事处等分支机构应如何签订劳动合同？/ 177
330. 用人单位与即将毕业的大学生订立的劳动合同有效吗？/ 178
331. 不以建立劳动关系为目的的劳动合同有效吗？/ 178
332. 试用期的期限是多长，最低工资标准是多少？/ 178
333. 试用期内可以任意辞退员工吗？/ 179
334. 试用期内用人单位应该给劳动者缴纳社会保险吗？/ 180
335. 加班费应该如何计算？/ 180
336. 未休年假的工资标准是日工资的200%还是300%？/ 181
337. 用人单位停工、停产的，还需要给劳动者发工资吗？/ 182
338. 企业已经按照规定为员工缴纳了社会保险费，是否与商业保险相冲

突?／182
339. 员工因第三方侵权导致工伤,企业能否以员工已经得到第三方赔偿为由拒绝承担工伤保险待遇的责任?／183
340. 什么是医疗期?／184
341. 劳动者非因工致残或患病不能从事工作的如何处理?／184
342. 医疗期满劳动者被辞退,单位除给予经济补偿外,给予医疗补助费吗?／185
343. 哪些情况下劳动者可以要求提前解除劳动合同?／185
344. 哪些情形下用人单位可以要求提前解除劳动合同?／186
345. 哪些情形下用人单位不能解除劳动合同?／187
346. 员工提交辞职申请后,用人单位可以要求其马上离职吗?／188
347. 用人单位单方解除劳动合同需要通知工会吗?／189
348. 哪些情况下可以进行经济性裁员?／189
349. 进行经济性裁员有哪些程序?／190
350. 以"末位淘汰"为由辞退劳动者是否违法?／191
351. 用人单位能在劳动者离职时扣"工装费"吗?／192
352. 哪些情况下用人单位应当支付经济补偿?／192
353. 职工因退休终止劳动合同是否需要给予经济补偿?／194
354. 劳动者被用人单位安排到新单位工作的,经济补偿应如何计算?／195
355. 哪些情况下劳动者可以要求用人单位支付赔偿金?／195
356. 哪些情况下劳动者应当支付违约金?／196
357. 单位对职工进行职业培训可以约定服务期吗?／196
358. 竞业限制补偿金的标准是什么?／197
359. 哪些情况下可以解除竞业限制协议?／197
360. 劳动者离职后利用在原单位掌握的技能从事与原单位有竞争的工作,违法吗?／198
361. 约定的竞业限制期限超过两年的应如何处理?／198
362. 解决劳动争议有哪些途径?／199
363. 工作地和单位注册地不一致的,发生劳动争议应由谁来管辖?／199
364. 哪些常见的案件实际上并不属于劳动争议?／200

365. 劳动者和用人单位因社会保险产生的纠纷是否属于劳动争议？／200

366. 对于一裁终局的仲裁裁决，用人单位有何救济途径？／201

367. 劳务派遣人员在工作中导致他人受伤，企业应否承担责任？／201

环 境 篇

368. 哪些企业需要对环境信息进行公开？／205

369. 企业需要对哪些环境信息进行公开？／205

370. 企业可以在哪些地方公开环境信息？／205

371. 造成生态环境损害的企业应赔偿哪些损失和费用？／206

372. 企业如何证明不应承担污染环境、破坏生态的责任？／206

373. 污染环境、破坏生态应如何承担责任？／206

374. 若企业有违法排污等行为，企业财产会被查封、扣押吗？／207

375. 企业违反国家规定破坏生态环境的，应承担哪些责任？／207

376. 企业是否可以向法院提起环境民事公益诉讼？／207

377. 环境保护主管部门如何对侵权人或企业实施按日连续处罚？／208

378. 企业建设对环境有影响的项目时需要先进行环境影响评价吗？／208

379. 建设项目未依法进行环境影响评价时，可能会受到哪些行政处罚？／209

380. 企业污染环境达到何种程度会被定性为"严重污染环境"？／209

381. 企业必须进行环境影响评价的对象包括哪些？政策和计划是否包括在内？／210

382. 专项规划的环境影响报告书应当包括哪些内容？／210

383. 企业如果要进行专项规划的环境影响评价，需要履行哪些程序？／211

384. 建设单位分别需要在什么情况下编制环境影响报告书、环境影响报告表或者填报环境影响登记表？／212

385. 建设项目的环境影响报告书应当包括哪些内容？／212

386. 建设单位是否可以自行开展环境影响评价工作？建设单位是否可以委托他人开展环境影响评价工作？／213

387. 企业的建设项目环境影响评价的审批机关及审批程序是什么？／213

388. 企业如果在建设工程项目开工建设后，发现距离建设项目的环境影

响评价文件获批准时间间隔过久的,或者项目建设、运行过程中发现不符合环境影响评价文件情形的,应如何处理?／214
389. 若建设单位的项目在建设过程中造成了环境污染或生态破坏的,将受到什么处罚?对企业建设项目的防治污染设施有什么要求?／214
390. 企业在经营过程中,哪些行为可能构成噪声污染?／215
391. 企业对生产经营活动中出现的工业噪声污染应该采取哪些防护与治理措施?／215
392. 企业对生产经营活动中出现的建筑施工噪声污染应该采取哪些防护与治理措施?／216
393. 企业对生产经营活动中出现的交通运输噪声污染应该采取哪些防护与治理措施?／217
394. 企业对生产经营活动中出现的社会生活噪声污染应该采取哪些防护与治理措施?／218
395. 企业的生产经营活动违反《噪声污染防治法》将会受到什么处罚?／219
396. 什么是土壤污染?／223
397. 土壤污染责任人不明确或者存在争议时,由谁来认定应当承担责任的主体?／223
398. 土壤污染责任人变更,相关土壤污染风险管控和修复义务应当由谁承担?／223
399. 哪些农用地地块会被重点监测?／223
400. 哪些建设用地地块会被重点监测?／224
401. 在农业生产过程中,哪些土壤污染行为被禁止实施?／224
402. 农业生产过程中,哪些土壤污染防治措施是受到国家鼓励和支持的?／225
403. 土壤污染防治基金是什么?怎么使用?／225
404. 土壤污染风险评估报告应当包括哪些内容?／225
405. 第三方土壤环境服务机构出具虚假报告的,应当承担哪些法律责任?／226
406. 从事土壤污染风险管控和修复的单位是否享有税收优惠?／226
407. 固体废物污染环境防治过程中,应当由谁承担责任?／226

408. 企业建设产生、贮存、利用、处置固体废物的项目，是否应当进行环境影响评价？／227

409. 应如何举报固体废物污染环境的单位和个人？／227

410. 在日常生产经营中产生工业固体废物的单位应当遵守哪些要求？／227

411. 工程施工单位对于施工过程中产生的建筑垃圾应如何处理？／228

412. 收集、贮存、利用、处置危险废物的单位有哪些法定义务？／228

413. 如果产生了危险废物，应如何转移危险废物？／229

414. 从事固体废物污染环境防治工作的企业是否享有税收优惠？／229

415. 企业在生产活动中排放的气体应达到何种标准？／229

416. 对于在生产经营活动中产生恶臭气体的企业，选址有哪些要求？／230

417. 餐饮服务类企业应该按照什么标准排放油烟？／230

418. 建设单位和施工单位应当如何防治扬尘污染？／230

419. 燃煤企业应当如何防治大气污染？／231

420. 企业所生产的机动车和非道路移动机械排放大气污染物超过标准时需要召回吗？／231

421. 企业的在用机动车如果排放大气污染物超过标准应如何处理？／232

422. 农业生产类的企业应当如何防治大气污染？／232

423. 企业的生产活动如果易产生扬尘，企业对该部分物料应当如何贮存？／232

424. 畜禽养殖类企业应当如何防治大气污染？／232

425. 未依法取得排污许可证排放大气污染物的企业应承担什么法律责任？／233

行 政 篇

426. 行政许可的实施机关有哪些？／237

427. 对哪些事项可以设定行政许可？／237

428. 对可以设定行政许可的事项，在哪些情形下可以不设定行政许可？／238

429. 什么是行政许可的统一办理、联合办理或者集中办理？／238

430. 《行政许可法》对行政许可申请的处理有哪些规定？／238

431. 对行政许可申请的审查有哪些方式？／239
432. 什么是行政许可听证？／239
433. 行政许可中听证的事项有哪些？／240
434. 行政许可的听证程序规则有哪些？／240
435. 需要通过检验、检测、检疫等方式进行审定的许可事项适用什么程序？／241
436. 《行政许可法》对行政许可的费用是怎么规定的？／241
437. 行政许可的一般期限是多长？／241
438. 被许可人在取得许可之后的禁止事项？／242
439. 固定资产投资项目需要办理节能审查吗？／242
440. 企业生产哪些产品需要申请生产许可证？／242
441. 申请生产许可证需要什么条件？／243
442. 申请食品生产许可需要具备什么条件？／243
443. 如何取得食品添加剂生产许可？／244
444. 食品生产许可到期后应如何延续？需要提交哪些材料？／244
445. 食品生产许可证有效期内生产者名称、现有设备布局和工艺流程、主要生产设备设施、食品类别等事项发生变化的是否需要对许可证进行变更？如未及时变更会有什么后果？／245
446. 申请药品经营许可证需要什么条件？有效期是多久？到期如何申请换证？／245
447. 药店在有药品经营许可证的情况下能否出售第二类精神药品？／246
448. 进口药品如何进行备案？／246
449. 如何进行检验检测机构资质认定？／247
450. 国产保健食品如何备案？／248
451. 如何申请特殊医学用途配方食品注册证书？／249
452. 制定药品追溯标准规范的依据是什么？／249
453. 药品追溯标准规范分类有哪些？／249
454. 药材进口单位需具备哪些资质？／250
455. 哪些特种设备生产行为必须经过许可？／250
456. 如何取得特种设备设计、生产单位许可？／251

457. 如何取得特种设备检验检测机构核准？／251
458. 厂房被政府部门违法拆除,相关的机器及物品被损坏或者丢失,企业怎样向政府部门主张赔偿损失？举证责任如何确定？／252
459. 企业在厂房拆除后,一直信访反映,是否时效中断,起诉期限如何计算？／252
460. 企业的厂房被行政机关认定为违建,并责令限期拆除,在复议或者起诉期限内,行政机关能否强制拆除？／253
461. 住房和城乡建设厅对产品使用者就建设工程质量问题作出的行政处罚决定,产品生产企业是否能够提起行政诉讼？／253
462. 政府为了拆迁需要,发文要求供电公司停止对企业供电,该行为是否违法？是否具有可诉性？／253
463. 行政机关能否依照造价指标计算违法建设工程造价？／254
464. 建设工程竣工验收备案行为是否属于人民法院受案范围？／254
465. 房屋竣工验收过程中,城乡建设部门的消防验收行为是否具有可诉性？／254
466. 房屋竣工验收过程中,自然资源和规划部门的规划核实行为是否具有可诉性？／254
467. 涉及强拆的行政赔偿诉讼中,法院是否支持利息损失？／254
468. 由于登记机构登记错误给企业造成损失的,是否应承担赔偿责任？／255
469. 公安机关开具的《训诫书》是否属于行政诉讼的受案范围？／255
470. 企业收到政府部门强行支付的附属物被拆除的补偿款,是否表示企业认可拆除行为或者附属物的赔偿价值？／256
471. 政府收回企业使用的国有农场土地依据何种标准进行赔偿或者补偿？／256
472. 相关公司参与企业厂房的拆除,怎样认定拆除主体？／256
473. 开办报废机动车回收企业,是否需要办理行政许可或类似的行政审批手续？／256
474. 企业申请报废机动车回收拆解资质认定需要具备什么条件？／257
475. 企业申请报废机动车回收拆解资质认定需要提交哪些材料？／257
476. 进行外贸活动是否需要办理审批？／258

477. 开办加油站需要具备什么条件？／ 258
478. 企业从事拍卖业务需要具备什么条件？／ 258
479. 经营对外输出劳务业务应当具备什么条件？／ 259
480. 将自有的经营资源许可他人按照统一的经营模式开展经营需要注意什么？／ 259
481. 特许经营合同应当具备哪些主要内容？／ 260
482. 进出口技术需要注意哪些事项？／ 261
483. 进出口国家允许的技术需要办理相关手续吗？／ 261
484. 开办二手车交易市场应当如何办理备案？／ 262
485. 开办汽车销售企业是否需要办理备案？／ 262
486. 发行预付卡需要注意哪些事项？／ 262
487. 举办焰火晚会以及其他大型焰火燃放活动需要向哪个部门申请许可？／ 263
488. 申请从事爆破作业的企业应具备哪些条件？／ 263
489. 如何申请烟花爆竹道路运输许可证？／ 264
490. 购买剧毒化学品需要办理许可吗？／ 264
491. 申请从事放射性物品道路运输经营的企业应提交哪些材料？／ 265
492. 如何申请典当行《特种行业许可证》？／ 265
493. 如何办理公章刻制业特种行业行政许可审批？／ 266
494. 如何办理互联网站备案？／ 266
495. 申请省内人力资源服务许可证，应当向哪个部门进行申请？／ 266
496. 进口化妆品原包装上标注有不符合我国化妆品法规相关要求的内容，应当如何申报？／ 267
497. 产品配方调整后，新配方产品沿用旧配方产品名称，能否增加"升级版"等字样予以区分？／ 267
498. 进口非特殊用途化妆品备案电子信息凭证的有效期如何设定？／ 267
499. 生产经营单位主要负责人对本单位安全生产工作的职责有哪些？／ 267
500. 应当设置安全生产管理机构或者配备专职安全生产管理人员的企业范围及职责范围有哪些？／ 268
501. 企业配备注册安全工程师的条件有哪些？／ 269

502. 发生生产安全事故后,生产经营单位应当采取哪些措施?/ 269

503. 安全风险等级有哪些?/ 269

504. 《优化营商环境条例》对加强市场主体平等保护、营造良好市场环境的规定有哪些?/ 270

505. 《优化营商环境条例》对规范和创新监管执法作了哪些规定?/ 270

506. 行业协会商会、中介服务机构的违法情形有哪些?/ 271

507. 哪些行为不属于行政诉讼的受案范围?/ 271

508. 可以作为行政诉讼的被告有哪些?/ 272

509. 原告提起行政诉讼的时效是多长时间?/ 273

510. 哪些行政案件适用调解?/ 273

511. 哪些行政案件适用简易程序?/ 273

512. 行政诉讼案件审理期限为多长时间?/ 274

513. 当事人上诉、申请再审期限为多长时间?/ 274

514. 能够提起行政诉讼的行政协议有哪些?/ 275

515. 关于行政协议的行政诉讼,被告行政机关能否提起反诉?/ 275

516. 行政协议诉讼能否调解?/ 275

517. 行政协议诉讼原告、被告的举证责任有哪些?/ 276

518. 行政协议诉讼,法院是否受原告诉讼请求的限制?/ 276

519. 行政协议的效力包括哪些情形?/ 276

520. 被告未依法履行、未按约定履行行政协议,原告如何把握充分赔偿原则?/ 277

521. 被告依法单方变更、解除行政协议,给原告造成损失的,原告能否要求补偿?/ 277

522. 被告依法行使行政职权,给行政协议的相对方造成损失的,行政相对方能否要求补偿?/ 278

刑 事 篇

523. 什么是虚开增值税专用发票、用于骗取出口退税、抵扣税款发票罪?单位构成犯罪应当如何处罚?/ 281

524. 单位让他人为自己虚开增值税普通发票,应承担什么责任?／281
525. 单位伪造或出售伪造的增值税专用发票是否构成犯罪?如何处罚?／282
526. 企业采取隐瞒手段进行虚假纳税申报应承担什么责任?／282
527. 构成非法吸收公众存款罪的情形及立案标准?／283
528. 单位构成集资诈骗的入罪条件?／284
529. 在签订合同过程中,哪些行为可能构成合同诈骗罪?如何处罚?／286
530. 单位保险诈骗罪有哪些表现形式?如何处罚?／286
531. 单位以欺骗手段取得银行贷款、票据承兑、信用证、保函等,是否构成犯罪?／287
532. 单位将银行贷款高利转贷他人,是否构成犯罪?／288
533. 企业擅自将外汇存放境外,是否构成犯罪?／289
534. 哪些行为涉嫌构成非法经营罪?／289
535. 单位有偿提供网络删帖服务,是否构成犯罪?／290
536. 行贿罪有哪些表现形式?／291
537. 单位能否构成行贿罪?／291
538. 单位向离职的国家工作人员行贿,是否构成行贿罪?／292
539. 单位为了顺利拿到项目,应国家机关要求给付财物的,是否构成犯罪?／293
540. 单位能否构成"商业贿赂"犯罪?／293
541. 企业员工利用职务便利收取回扣的行为是否构成犯罪?／294
542. 单位人员哪些行为涉嫌构成非法经营同类营业罪?／295
543. 单位人员哪些行为涉嫌构成挪用公款罪?有何处罚?／295
544. 非国家工作人员能否构成私分国有资产罪?／297
545. 单位人员挪用公司资金构成何种犯罪?有何处罚?／297
546. 单位人员私刻公司印章应承担什么刑事责任?／298
547. 违法占用耕地是否需要承担刑事责任?／299
548. 单位拒不执行法院的生效判决、裁定,哪些情况下构成犯罪?有何处罚?／300
549. 单位拒不支付劳动报酬应承担什么刑事责任?／301

550. 生产、销售伪劣产品罪的定罪量刑标准是什么？／302
551. 在生产、销售的食品中掺入有毒、有害的非食品原料,应当如何处罚？／302
552. 单位人员在生产、作业中违反有关安全管理的规定,有什么刑事风险？／303
553. 企业串通招投标应承担什么刑事责任？／304
554. 企业假冒注册商标并销售的应承担什么责任？／305
555. 单位构成逃避商检罪的刑事责任是什么？／306
556. 单位将境外废物走私入境,应当如何处罚？／306
557. 企业将在工作中获取的公民个人信息进行出售的,应承担什么责任？／307
558. 侵犯商业秘密罪的情形有哪些？／308
559. 非法侵入计算机信息系统的相关罪名包括哪些？刑事责任是什么？／309
560. 企业未经国家有关主管部门批准,擅自发行债券需要承担什么责任？／310
561. 欺诈发行证券需要承担什么刑事责任？／311
562. 什么是操控证券、期货市场罪？／312
563. 什么是内幕交易、泄露内幕信息罪？单位构成该罪的如何处罚？／313
564. 企业犯违规披露、不披露重要信息罪应如何处罚？／314
565. 虚报注册资本是否构成犯罪？／315
566. 虚假出资、抽逃出资是否构成刑事犯罪？／316
567. 企业虚构债务申请破产清算,应承担什么责任？／317
568. 企业在实施污染环境行为后积极采取了补救措施,能否从宽处理？／318
569. 单位犯污染环境罪应当如何处罚？／319
570. 承担环评职责的中介机构员工出具虚假的环境影响证明文件,情节严重,应当承担什么法律责任？／320

民商事篇

1. 公司注册资本认缴制下,是否认缴的越多越好?

答:公司股东并非认缴的注册资本越多越好,认缴制下公司股东依法享有期限利益,股东的出资义务只是暂缓缴纳,而不是永久免除,在认缴期限届满时,仍需缴纳该部分注册资本。且在公司经营发生重大变化时,如公司解散、清算或破产时,公司财产不足以清偿债务,债权人的债权无法从公司得到全部清偿,可要求未届出资期限的股东在其未出资范围内承担补充责任。

法律依据:

《公司法》第二十八条、《最高人民法院关于适用〈中华人民共和国公司法〉若干问题的规定(二)》第二十二条。

2. 公司未成立,对设立公司期间所产生的费用和债务应如何处理?

答:公司未成立,发起人间约定责任承担比例的,按照约定的责任承担比例分担责任;没有约定责任承担比例的,按照约定的出资比例分担责任;没有约定出资比例的,按照均等份额分担责任。同时,因部分发起人的过错导致公司未成立,其他发起人可主张其承担设立行为所产生的费用和债务,人民法院应当根据过错情况,确定过错一方的责任范围。

法律依据:

《公司法》第九十四条、《最高人民法院关于适用〈中华人民共和国公司法〉若干问题的规定(三)》第四条和第五条。

3. 有限责任公司设立的分公司在经营过程中产生的民事责任由谁承担?

答:分公司以自己的名义从事民事活动,产生的民事责任由设立分公司的法人承担。依据《民法典》第74条的规定,法人可以依法设立分支机构。法律、行政法规规定分支机构应当登记的,依照其规定。分支机构以自己的名义从事民事活动,产生的民事责任由法人承担;也可以先以该分支机构管理的财产承担,不足以承担的,由法人承担。

法律依据:

《民法典》第七十四条。

4. 公司股东可以用劳务作价出资吗?

答:不可以。《公司法》第 27 条第 1 款规定:股东可以用货币出资,也可以用实物、知识产权、土地使用权等可以用货币估价并可以依法转让的非货币财产作价出资;但是,法律、行政法规规定不得作为出资的财产除外。劳务不属于非货币财产,也不具有可以依法转让的属性,因此不能作价出资。

法律依据:

《公司法》第二十七条。

5. 公司股东能否以其他公司的股权出资?

答:可以。股东可以以其他公司的股权出资,但须符合以下条件:
(1)出资的股权由出资人合法持有并依法可以转让;
(2)出资的股权无权利瑕疵或者权利负担;
(3)出资人已履行关于股权转让的法定手续;
(4)出资的股权已依法进行了价值评估。

法律依据:

《最高人民法院关于适用〈中华人民共和国公司法〉若干问题的规定(三)》第十一条。

6. 合伙企业合伙人可以用劳务出资吗?

答:普通合伙人可以,有限合伙人不可以。普通合伙人可以用劳务出资,以劳务出资的,其评估办法由全体合伙人协商确定,并在合伙协议中载明;有限合伙人不得以劳务出资。

法律依据：

《合伙企业法》第十六条、第六十四条。

7.股东出资瑕疵如何承担责任?

答：股东出资瑕疵的民事责任可分为两类：

（1）出资瑕疵股东应当承担继续履行出资义务的责任，并应当对其他按期足额出资的股东承担违约责任。

未出资到位的股东应继续对公司承担补缴出资的责任。一是股东不按期足额缴纳公司章程中规定的出资的，应当向公司足额缴纳；二是公司成立以后，发现作为出资的非货币财产的实际价额显著低于公司章程所定价额的，应当由交付该出资的股东补足其差额，公司设立时的其他股东对"差额填补"承担连带责任。同时股东未按期缴纳出资的，应当对已按期足额缴纳出资的股东承担违约责任。对于违约责任的具体承担方式，根据股东之间的协议或者公司章程的规定确定。

（2）有出资瑕疵的股东与其他股东共同对公司债权人承担的民事责任。

公司成立后，若股东未按时足额缴纳出资，公司债权人有权要求未履行或者未全面履行出资义务的股东在未出资本息范围内对公司债务不能清偿的部分承担补充赔偿责任，同时债权人可要求公司的发起人与未履行或者未全面履行出资义务的股东承担连带责任。

法律依据：

《公司法》第二十八条、第八十三条，《最高人民法院关于适用〈中华人民共和国公司法〉若干问题的规定（三）》第十三条、第十四条。

8.有限责任公司股东未按照约定实缴出资的，能否限制其股东权利?

答：原则上可以。依据法律规定，股东按照实缴的出资比例分取红利；公司新增资本时，股东有权优先按照实缴的出资比例认缴出资。但是，全体股东约定不按照出资比例分取红利或者不按照出资比例优先认缴出资的除外。

法律依据：

《公司法》第三十四条。

9. 有限责任公司的股东未履行出资义务或者抽逃全部出资，可以解除该股东的股东资格吗？

答：可以。公司可以作出股东会决议解除未履行出资义务或者抽逃出资股东的股东资格，但应履行一定的程序：首先，以股东会决议解除该股东的股东资格前，应给该股东补正的机会，即应当催告该股东在合理期间内缴纳或者返还出资；其次，股东未在合理期限内缴纳或者返还出资，公司解除未履行出资义务或者抽逃全部出资股东的股东资格，应当依法召开股东会，作出股东会决议。

法律依据：

《最高人民法院关于适用〈中华人民共和国公司法〉若干问题的规定(三)》第十七条。

10. 在哪些情况下股东出资可能会被加速到期？

答：在注册资本认缴制下，股东依法享有期限利益。债权人以公司不能清偿到期债务为由，请求未届出资期限的股东在未出资范围内对公司不能清偿的债务承担补充赔偿责任的，人民法院不予支持。但是，下列情形除外：

（1）公司作为被执行人的案件，人民法院穷尽执行措施无财产可供执行，已具备破产原因，但不申请破产的；

（2）在公司债务产生后，公司股东(大)会决议或以其他方式延长股东出资期限的。

法律依据：

《企业破产法》第三十五条、《最高人民法院关于适用〈中华人民共和国公司法〉若干问题的规定(三)》第十三条、《最高人民法院关于民事执行中变更、追加当事人若干问题的规定》第十七条、《全国法院民商事审判工作会议纪要》第6条。

11. 哪些行为会被认定为股东抽逃出资？股东抽逃出资有什么法律后果？

答：对于以下行为均有可能被认定为股东抽逃出资：制作虚假财务会计报表虚增利润进行分配；通过虚构债权债务关系将其出资转出；利用关联交易将出资转出；其他未经法定程序将出资抽回的行为。

股东抽逃出资的，公司或者其他股东有权要求其向公司返还出资本息，协助抽逃出资的其他股东、董事、高级管理人员或者实际控制人对此承担连带责任。公司债权人有权要求抽逃出资的股东在抽逃出资本息范围内对公司债务不能清偿的部分承担补充赔偿责任，协助抽逃出资的其他股东、董事、高级管理人员或者实际控制人对此承担连带责任。

法律依据：

《最高人民法院关于适用〈中华人民共和国公司法〉若干问题的规定(三)》第十二条、第十四条、第十九条。

12. 公司减少注册资本程序不当时可能会构成抽逃出资，应如何避免？

答：公司减少注册资本时，应严格履行减资的相关法定程序，否则可能会构成实质意义上的抽逃出资，减资股东应在出资范围内对公司债务承担连带责任。公司减少注册资本应履行以下程序：

(1) 编制资产负债表和财产清单；

(2) 股东会(股东大会)作出减资决议，减资决议必须经代表2/3以上表决权的股东通过；

(3) 向债权人通知和公告；

(4) 减资登记。

法律依据：

《公司法》第四十三条、第一百七十七条。

13. 有限责任公司需增加一名股东,可通过什么途径?

答: 第一,通过增加公司注册资本的方式,由新股东认购相应的股份,从而成为公司股东。需注意的是,增加公司注册资本的决议需经代表 2/3 以上表决权的股东通过。第二,通过股权转让的方式,由现股东将一定股份转让给该股东,公司注册资本不变,从而该股东获得公司股东身份。需注意的是,股东向股东以外的人转让股权,应当经其他股东过半数同意。经股东同意转让的股权,在同等条件下,其他股东有优先购买权。

法律依据:

《公司法》第四十三条、第七十一条。

14. 股权转让后,应作哪些变更记载?

答: 公司应当注销原股东的出资证明书,向新股东签发出资证明书,并相应修改公司章程和股东名册中有关股东信息及其出资额的记载。对公司章程的该项修改不需再由股东会表决。同时应当向公司登记机关变更登记,未变更登记的,不得对抗善意第三人。

法律依据:

《公司法》第七十三条。

15. 股权转让后原股东能否请求其持股期间公司盈利的分红?

答: 应根据具体情况而定。如果在股权转让前股东会已经表决通过股利分配方案,只是没有落实,鉴于股利分配方案通过后股东对股利就有独立于股权的债权请求权,此时转让股权的股东可以向公司请求支付该分红;但如果公司的股利分配方案是在股权转让后通过的,由于分红收益权依附于股权,则转让了股权的股东无权请求该分红。当然,如果出让人与受让人在股权转让协议中对原持股期间的公司盈利分红有特别的约定,则从其约定。

法律依据：

《最高人民法院关于适用〈中华人民共和国公司法〉若干问题的规定(四)》第十四条。

16. 优先购买权受到侵犯的股东可否主张股权转让合同无效？法院强制执行股东股权，其他股东有无优先购买权？

答：优先购买权受到侵犯的股东可以主张股权转让合同无效，法院强制执行股东股权，其他股东有优先购买权。

有限责任公司的股东向股东以外的人转让股权，未就其股权转让事项征求其他股东意见，或者以欺诈、恶意串通等手段，损害其他股东优先购买权，其他股东主张按照同等条件购买该转让股权的，人民法院应当予以支持，但其他股东自知道或者应当知道行使优先购买权的同等条件之日起 30 日内没有主张，或者自股权变更登记之日起超过 1 年的除外。其他股东仅提出确认股权转让合同及股权变动效力等请求，未同时主张按照同等条件购买转让股权的，人民法院不予支持，但其他股东非因自身原因导致无法行使优先购买权，请求损害赔偿的除外。

人民法院依照法律规定的强制执行程序转让股东的股权时，应当通知公司及全体股东，其他股东在同等条件下有优先购买权。其他股东自人民法院通知之日起满 20 日不行使优先购买权的，视为放弃优先购买权。

法律依据：

《公司法》第七十二条、《最高人民法院关于适用〈中华人民共和国公司法〉若干问题的规定(四)》第二十一条。

17. 实际出资人与名义股东发生争议，实际出资人请求公司变更股东的，能否得到支持？

答：视情况而定。实际出资人未经公司其他股东半数以上同意，请求公司变更股东、签发出资证明书、记载于股东名册、记载于公司章程并办理公司登记机关登记的,人民法院不予支持。但若实际出资人能够举证证明公司过半数的其他股东知道其实际出资的事实,且对其实际行使股东权利未曾提出异议的,请求变更股东的,人民法院应予以支持。

法律依据:

《最高人民法院关于适用〈中华人民共和国公司法〉若干问题的规定(三)》第二十四条、《全国法院民商事审判工作会议纪要》第28条。

18. 名义股东处分股权,处分行为是否有效?

答: 取决于第三人是否善意取得股权。对于是否有效可参照《民法典》关于善意取得的制度处理,即若名义股东的股权登记构成第三人的一般信赖,第三人可以以登记的内容主张其不知道股权归属于实际出资人,属于善意取得该股权,有效;但若实际出资人能够举证证明第三人知道或者应当知道该股权归属于实际出资人,则该第三人不构成善意取得,实际出资人可以此为由主张名义股东处分股权的行为无效。

法律依据:

《民法典》第三百一十一条、《最高人民法院关于适用〈中华人民共和国公司法〉若干问题的规定(三)》第二十五条。

19. 股东会或者股东大会、董事会决议不成立的情形有哪些?

答: 股东会或者股东大会、董事会决议不成立的情形有:

(1)公司未召开会议的,但依据《公司法》第37条第2款或者公司章程规定可以不召开股东会或者股东大会而直接作出决定,并由全体股东在决定文件上签名、盖章的除外;

(2)会议未对决议事项进行表决的;

(3)出席会议的人数或者股东所持表决权不符合《公司法》或者公司章程规定的;

(4)会议的表决结果未达到《公司法》或者公司章程规定的通过比例的;

(5)导致决议不成立的其他情形。

法律依据：

《最高人民法院关于适用〈中华人民共和国公司法〉若干问题的规定(四)》第五条。

20. 哪些情况下即使债权人知道没有公司内部决议，也应当认定担保合同有效？

答：存在下列情形的，即便债权人知道或者应当知道没有公司机关决议，也应当认定担保合同符合公司的真实意思表示，合同有效：

（1）公司是以为他人提供担保为主营业务的担保公司，或者是开展保函业务的银行或者非银行金融机构；

（2）公司为其直接或者间接控制的公司开展经营活动向债权人提供担保；

（3）公司与主债务人之间存在相互担保等商业合作关系；

（4）担保合同系由单独或者共同持有公司 2/3 以上有表决权的股东签字同意。

法律依据：

《全国法院民商事审判工作会议纪要》第 19 条。

21. 在行使知情权过程中，股东可否委托他人查阅公司文件资料？

答：可以。股东有权查阅、复制公司章程、股东会会议记录、董事会会议决议、监事会会议决议和财务会计报告。股东可以要求查阅公司会计账簿。同时股东也可以聘请第三方进行查阅，且股东应同时在场。但出于对公司商业秘密的保护，查阅辅助人应限于负有法定保密义务的中介机构执业人员。

法律依据：

《公司法》第三十三条、《最高人民法院关于适用〈中华人民共和国公司法〉若干问题的规定(四)》第十条。

22. 公司经营管理困难，无法解决，股东该如何救济？

答：公司经营管理发生严重困难，继续存续会使股东利益受到重大损失，通过其他途径不能解决的，持有公司全部股东表决权 10% 以上的股东，可以请求人民法院解散公司。公司持续两年以上无法召开股东会或者股东大会，或虽然召开了股东会、股东大会，却持续两年以上不能作出有效的股东会或者股东大会决议，公司经营管理发生严重困难的，单独或者合计持有公司全部股东表决权 10% 以上的股东可向人民法院申请司法解散。

在司法解散过程中，在不违反法律、行政法规强制性规定的条件下，可以协商同意由公司或者其他股东收购股份，或者以减资等方式使公司存续。协商不成的，经人民法院审理后，认定符合司法解散条件时，可以判决公司解散。

法律依据：

《公司法》第一百八十二条、《最高人民法院关于适用〈中华人民共和国公司法〉若干问题的规定（二）》第一条。

23. 公司董监高、实际控制人、大股东损害公司利益，可通过什么途径救济？

答：依据法律规定，董事、监事、高级管理人员在执行公司职务时违反法律、行政法规或者公司章程的规定，给公司造成损失的，应当承担赔偿责任。

董事长、执行董事或者经理执行职务时损害公司利益的，有限责任公司的股东、股份有限公司连续 180 日以上单独或者合计持有公司 1% 以上股份的股东，可以书面请求监事会或者不设监事会的有限责任公司的监事向人民法院提起诉讼，请求赔偿损失。一般情况下，这是股东代表诉讼的前置程序。

但若监事会、不设监事会的有限责任公司的监事收到前述规定的股东书面请求后拒绝提起诉讼,或者自收到请求之日起30日内未提起诉讼,或者情况紧急、不立即提起诉讼将会使公司利益受到难以弥补的损害的,上述规定的股东有权为了公司的利益以自己的名义直接向人民法院提起诉讼。

法律依据:

《公司法》第一百四十九条、第一百五十一条,《最高人民法院关于适用〈中华人民共和国公司法〉若干问题的规定(五)》第一条、第二条。

24. 法定代表人超越权限订立的合同,对公司有效吗?

答:法人的法定代表人或者非法人组织的负责人超越权限订立的合同,除相对人知道或者应当知道其超越权限外,该代表行为有效,订立的合同对法人或者非法人组织发生效力。法定代表人超越权限擅自订立合同给公司造成损失的,公司有权要求其承担赔偿责任。

法律依据:

《民法典》第五百零四条。

25. 哪些行为可能构成公司人格与股东人格的混同?

答:认定公司人格与股东人格是否存在混同,最根本的判断标准是公司是否具有独立意思和独立财产,最主要的表现是公司财产与股东财产是否混同且无法区分。在认定是否构成人格混同时,应当综合考虑以下因素:

(1)股东无偿使用公司资金或者财产,不作财务记载的;

(2)股东用公司的资金偿还股东的债务,或者将公司的资金供关联公司无偿使用,不作财务记载的;

(3)公司账簿与股东账簿不分,致使公司财产与股东财产无法区分的;

(4)股东自身收益与公司盈利不加区分,致使双方利益不清的;

(5)公司的财产记载于股东名下,由股东占有、使用的;

(6)人格混同的其他情形。

法律依据：

《全国法院民商事审判工作会议纪要》第 10 条。

26. 实践中，公司控制股东对公司过度支配与控制的常见情形有哪些？

答：公司控制股东对公司过度支配与控制，操纵公司的决策过程，使公司完全丧失独立性，沦为控制股东的工具或躯壳，严重损害公司债权人利益，应当否认公司人格，由滥用控制权的股东对公司债务承担连带责任。实践中常见的情形包括：

(1) 母子公司之间或者子公司之间进行利益输送的；

(2) 母子公司或者子公司之间进行交易，收益归一方，损失却由另一方承担的；

(3) 先从原公司抽走资金，然后再成立经营目的相同或者类似的公司，逃避原公司债务的；

(4) 先解散公司，再以原公司场所、设备、人员及相同或者相似的经营目的另设公司，逃避原公司债务的；

(5) 过度支配与控制的其他情形。

法律依据：

《全国法院民商事审判工作会议纪要》第 11 条。

27. 公司解散时，股东尚未缴纳的出资应如何处理？

答：公司解散时，股东尚未缴纳的出资均应作为清算财产。股东尚未缴纳的出资，包括到期应缴未缴的出资，以及依照《公司法》第 26 条和第 80 条的规定分期缴纳期限尚未届满的出资。公司财产不足以清偿债务时，债权人主张未缴纳出资的股东，以及公司设立时的其他股东或者发起人在未缴纳出资范围内对公司债务承担连带清偿责任的，人民法院应依法予以支持。

法律依据：

《最高人民法院关于适用〈中华人民共和国公司法〉若干问题的规

定(二)》第二十二条。

28. 公司未经清算即办理注销登记,债权人能否要求公司股东对公司债务承担清偿责任?

答:可以。公司解散应当在依法清算完毕后,申请办理注销登记。公司未经清算即办理注销登记,导致公司无法进行清算,债权人主张有限责任公司的股东、股份有限公司的董事和控股股东,以及公司的实际控制人对公司债务承担清偿责任的,人民法院应依法予以支持。公司未经依法清算即办理注销登记,股东或者第三人在公司登记机关办理注销登记时承诺对公司债务承担责任,债权人主张其对公司债务承担相应民事责任的,人民法院应依法予以支持。

法律依据:

《最高人民法院关于适用〈中华人民共和国公司法〉若干问题的规定(二)》第二十条。

29. 公司清算期间的诉讼主体是谁?债权人能否申请法院指定清算组清算公司?

答:公司清算期间由清算组代表公司参加诉讼。有下列情形之一,债权人、公司股东、董事或其他利害关系人申请人民法院指定清算组进行清算的,人民法院应予受理:

(1)公司解散逾期不成立清算组进行清算的;
(2)虽然成立清算组但故意拖延清算的;
(3)违法清算可能严重损害债权人或者股东利益的。

法律依据:

《公司法》第一百八十四条,《最高人民法院关于适用〈中华人民共和国公司法〉若干问题的规定(二)》第七条、第十条。

30. 公司法定代表人、董事、监事、高级管理人员执行职务给公司造成损失的，公司能否要求其赔偿？

答：可以。法定代表人因执行职务造成他人损害的，由法人承担民事责任。法人承担民事责任后，依照法律或者法人章程的规定，可以向有过错的法定代表人追偿。董事、监事、高级管理人员执行公司职务时违反法律、行政法规或者公司章程的规定，给公司造成损失的，也应当承担赔偿责任。董事、高级管理人员不得有下列行为：挪用公司资金；将公司资金以其个人名义或者以其他个人名义开立账户存储；违反公司章程的规定，未经股东会、股东大会或者董事会同意，将公司资金借贷给他人或者以公司财产为他人提供担保；违反公司章程的规定或者未经股东会、股东大会同意，与本公司订立合同或者进行交易；未经股东会或者股东大会同意，利用职务便利为自己或者他人谋取属于公司的商业机会，自营或者为他人经营与所任职公司同类的业务；接受他人与公司交易的佣金归为己用；擅自披露公司秘密；违反对公司忠实义务的其他行为。

法律依据：

《民法典》第六十二条，《公司法》第一百四十八条、第一百四十九条，《全国法院民商事审判工作会议纪要》第 21 条。

31. 法定代表人违法担保时如何处理？

答：公司的法定代表人违反公司法关于公司对外担保决议程序的规定，超越权限代表公司与相对人订立担保合同，人民法院应当依照《民法典》第 61 条和第 504 条等规定处理，即相对人善意的，担保合同对公司发生效力；相对人请求公司承担担保责任的，人民法院应予支持。相对人非善意的，担保合同对公司不发生效力；相对人请求公司承担赔偿责任的，应区分双方是否存在过错确定赔偿责任。法定代表人超越权限提供担保造成公司损失，公司请求法定代表人承担赔偿责任的，人民法院应予支持。

所谓善意,是指相对人在订立担保合同时不知道且不应当知道法定代表人超越权限。相对人有证据证明已对公司决议进行了合理审查,人民法院应当认定其构成善意,但是公司有证据证明相对人知道或者应当知道决议系伪造、变造的除外。

法律依据:

《公司法》第十六条,《最高人民法院关于适用〈中华人民共和国民法典〉有关担保制度的解释》第七条,《全国法院民商事审判工作会议纪要》第17条、第18条、第20条、第21条。

32. 公司股东利用公司的法人独立地位和股东有限责任,逃避债务,严重损害公司债权人利益的应如何处理?

答:应当与公司承担连带责任。公司股东滥用公司法人独立地位和股东有限责任,逃避债务,严重损害公司债权人利益的,应当对公司债务承担连带责任。执行程序中,债权人有充分证据证明被执行人通过离婚析产、不依法清算、改制重组、关联交易、财产混同等方式恶意转移财产规避执行的,可以向执行法院申请追加被执行人或者通过诉讼程序追回被转移的财产。

法律依据:

《公司法》第二十条,《最高人民法院关于依法制裁规避执行行为的若干意见》第20条。

33. 可以采用电子邮件、传真等形式订立合同吗?

答:可以。当事人订立合同,可以采用书面形式、口头形式或者其他形式。书面形式是合同书、信件、电报、电传、传真等可以有形地表现所载内容的形式。以电子数据交换、电子邮件等方式能够有形地表现所载内容,并可以随时调取查用的数据电文,视为书面形式。注意要保留电传、传真原件,最好注明传真时间及来往电话号码、通话记录。

法律依据:

《民法典》第四百六十九条。

34. 当事人假借订立合同,恶意进行磋商,造成对方损失的,是否应当承担赔偿责任?

答:当事人在订立合同过程中有下列情形之一,造成对方损失的,应当承担赔偿责任:
(1)假借订立合同,恶意进行磋商;
(2)故意隐瞒与订立合同有关的重要事实或者提供虚假情况;
(3)有其他违背诚信原则的行为。
法律依据:
《民法典》第五百条。

35. 超越经营范围订立的合同是否一定无效?

答:不是。当事人超越经营范围订立的合同的效力,不得仅以超越经营范围确认合同无效,应当以民事法律行为本身是否存在无效情形、相对人是否知情以及是否应办理行政审批手续等有关规定来确定合同的效力。
法律依据:
《民法典》第五百零五条。

36. 合同中约定造成对方人身损害而无须担责的条款是否有效?

答:无效。一般情况下,经当事人协商确定的免责条款,若不存在损害社会公共利益等无效情形,法律承认免责条款的效力。但合同中的下列免责条款无效:
(1)造成对方人身损害的;
(2)因故意或者重大过失造成对方财产损失的。
法律依据:
《民法典》第五百零六条。

37. 债务人对他人享有债权却不主张,债权人应如何保护自身的合法权益?

答：可以行使代位权。因债务人怠于行使其债权或者与该债权有关的从权利,影响债权人的到期债权实现的,债权人可以向人民法院请求以自己的名义代位行使债务人对相对人的权利,但是该权利专属于债务人自身的除外。

债权人的债权到期前,债务人的债权或者与该债权有关的从权利存在诉讼时效期间即将届满或者未及时申报破产债权等情形,影响债权人的债权实现的,债权人也可以代位向债务人的相对人请求其向债务人履行、向破产管理人申报或者作出其他必要的行为。

法律依据：

《民法典》第五百三十五条、第五百三十六条。

38. 计算违约损失时,合同履行后可以获得的利益是否可以计算?

答：可以,但不得超过违约方订立合同时预见到或者应当预见到的因违约可能造成的损失。

当事人一方不履行合同义务或者履行合同义务不符合约定,造成对方损失的,损失赔偿金额应当相当于因违约所造成的损失,包括合同履行后可以获得的利益。根据交易的性质、合同的目的等因素,可得利益损失主要分为生产利益损失、经营利润损失和转售利润损失等类型。确定可得利益损失数额,必须以"可预见"为限,包括以实际损失、合同约定、类比同类型合同中守约方可得利益为参考等方式来计算赔偿数额。司法实践中一般需要合同当事人在签订合同时约定违约赔偿包括可得利益或间接损失。

法律依据：

《民法典》第五百八十四条。

39. 合同约定分批交付,某批无法完成交付,买受人是否有权解除合同?

答:若该批标的物合同目的不能实现,买受人有权就该批标的物解除合同,若单批无法完成交付致使整个合同目的或后续合同目的不能实现,也有权解除整个合同或后续批次合同。

(1)就某批标的物单独解除。出卖人分批交付标的物的,出卖人对其中一批标的物不交付或交付不符合约定,致使该批标的物不能实现合同目的,买受人可以就该批标的物解除。首先,适用该规定的重要前提是每批交付的标的物应具有相对独立性;其次,在针对某批标的物的履行过程中,出卖人对其中一批标的物不交付或交付不符合约定的违约行为必须达到构成根本违约的严重程度,如果没有达到这一严重程度的,则不适用该规定。

(2)解除未来待交付标的物。出卖人不交付其中一批标的物或者交付不符合约定,致使之后其他各批标的物的交付不能实现合同目的的,买受人可以就该批以及之后其他各批标的物解除。适用此该规定应注意以下两点:第一,出卖人应履行此次交付义务,但其未交付该批标的物或交付不符合合同约定;第二,买受人有充分理由断定出卖人此次的违约行为将导致之后其他批标的物的交付不能实现合同目的。因此,如果出卖人对某批标的物的根本违约将导致对该批之后各批标的物的根本违约,买受人有权就该批以及其后各批标的物解除合同。但此时解除权针对的是该次交付以及以后的交付,而不及于之前已经履行的部分。

(3)解除全部。买受人如果就其中一批标的物解除,该批标的物与其他各批标的物相互依存的,可以就已经交付和未交付的各批标的物解除。该规定是在上述两个解除条件的基础上,赋予买受人宣告解除整个合同的权利。首先,在合同履行过程中,出卖人的某批标的物的交付行为已经符合第(1)项规定解除的情形;其次,尽管合同项下的标的物系分批交付,但均属于同一个合同,在功能上存在一定的关联性,且有着共同的合同目的。该批次违约的标的物与其他各批已交付和未交付的标的物之间存在相互依存关系,某次违约交付将导致整个合同的履行不可能完成或没有意义。在这种情况下,买受人可以就已经交付和未交付的各批标的物一并主张解除合同。

法律依据:

《民法典》第六百三十三条。

40. 遇到自然灾害、突发状况等情况能否以不可抗力为由主张解除合同?

答:视具体情况而定。不可抗力与情势变更均为遇到突发状况、无法预见、不属于商业风险的重大变化。不可抗力其实质为致使合同无法继续履行,而情势变更实质为合同可以继续履行,但继续履行会对当事人一方明显不公平。因此,在遇到自然灾害或者突发状况时,双方可以重新协商,也可以视情况以不可抗力或者情势变更为由主张解除合同。

法律依据:

《民法典》第五百三十三条。

41. 抵押权人在债务履行期限届满前,能否与抵押人约定债务人不履行到期债务时抵押财产归债权人所有?

答:不能。抵押权人在债务履行期限届满前,不得与抵押人约定在债务人不履行到期债务时,抵押财产归债权人所有。抵押权人和抵押人订立的流押条款一律无效。抵押权人只能依法就抵押财产优先受偿。

法律依据:

《民法典》第四百零一条。

42. 企业购买的房屋、厂房出现漏水、渗水等情况,如何解决?

答:如果企业购买的房屋、厂房出现漏水、渗水等情况,可先联系物业服务企业,查找漏水、渗水原因,如果是因为其他房屋的所有权人原因导致房屋漏水,可以向其索赔。如果是房屋本身原因导致,在保修期内可以要求开发商进行维修和赔偿,如果超出保修期,且属于共有部分的,可以要求物业服务企业申请使用维修基金。

法律依据:

《民法典》第九百四十二条。

43. 抵押物因故出现损失或者价值降低的,抵押权人如何保护自身权益?

答:在抵押物因抵押人的行为或者因故导致损失或者价值降低的,抵押权人有权请求抵押人停止其行为,并有权要求进行修复,如无法修复的或者修复后无法达到抵押时的价值,抵押权人有权要求抵押人提供新的与减少的价值相应的担保,可以是保证担保,也可以是新的抵押担保。

法律依据:

《民法典》第四百零八条。

44. 因质权人原因导致质押财产毁损或灭失的,出质人如何维护自身权益?

答:质权人负有妥善保管质押财产的义务,因保管不善致使质押财产毁损、灭失的,应当承担赔偿责任。质权人的行为可能使质押财产毁损、灭失的,出质人可以请求质权人将质押财产提存,或者请求提前清偿债务并返还质押财产。

法律依据:

《民法典》第四百三十二条。

45. 企业能否留置拖欠款项的其他企业财产?留置权如何实现?权利人怠于处置质押或留置财产,出质人或债务人应如何处理?

答:企业可以留置拖欠款项的其他企业财产。企业之间存在债务,债权人留置债务人的财产是符合法律规定的,而且留置的财产可以与到期债务无关,但法律规定或者当事人明确约定不得留置的动产,不得留置。

留置权人处置留置财产的,一般需要留给债务人60日以上的履行期,如果留置财产系鲜活易腐等不易保管的动产则可以例外。如债务人到期未能履行,留置权人有权就留置财产参照市场价格拍卖、变卖,并优先受偿。

质权人或留置权人怠于行使权利的,出质人或债务人有权请求人民法院进行拍卖、变卖。其中,质权人怠于行使权利给出质人造成损害的,应当承担赔偿责任。

法律依据:

《民法典》第四百三十七条、第四百五十三条、第四百五十四条。

46. 签订的保证合同中对保证方式没有约定或约定不明的,是否需要承担保证责任?承担何种保证责任?保证期间如何确定?

答: 需要承担一般保证责任。当事人在保证合同中对保证方式没有约定或者约定不明确的,按照一般保证承担保证责任。司法实践中,一般保证的保证人在主合同纠纷未经审判或者仲裁,并就债务人财产依法强制执行仍不能履行债务前,除《民法典》第687条第2款但书规定的情形外,有权拒绝向债权人承担保证责任。也就是说,只有在债务人财产不能或不足以履行债务时,才由保证人承担保证责任,法律另有规定的除外。

债权人与保证人可以约定保证期间,但是约定的保证期间早于主债务履行期限或者与主债务履行期限同时届满的,视为没有约定;没有约定或者约定不明确的,保证期间为主债务履行期限届满之日起6个月。

法律依据:

《民法典》第六百八十六条、第六百八十七条、第六百九十二条第二款。

47. 因疫情、灾情影响，企业能否申请延期偿还银行贷款本息？能否申请减免房租？

答：因疫情、灾情影响，导致企业经营困难，资金紧张，无法正常按照贷款合同约定节点偿还贷款本息的，可以向贷款银行申请就本息偿还事宜另行签订书面的补充协议或展期协议。疫情、灾情发生之前，因企业自身原因已经出现逾期的，一般不得以此为由主张延期。

因疫情、灾情的原因，出租人给予承租人适当的租金减免优惠，是符合一般情理的，但这并非法定义务。因暴雨或疫情管控措施，导致企业无法正常开展业务或经营收益明显减少，企业继续按照租赁合同的约定履行义务致使损失加大，明显导致权利义务失衡的，有违公平原则，企业可以与出租人协商，免除或者减少相应期间的租金或适当延长租赁期限。

法律依据：

《民法典》第五百三十三条。

48. 在联运过程中发生货物损失，损害赔偿责任如何承担？

答：区分单式联运和多式联运，在单式联运中，损害发生在某一区段的，与托运人订立运输合同的承运人与相应区段的承运人承担连带责任。在多式联运中，损失发生在某一区段的，与托运人订立运输合同的承运人应当承担损害赔偿责任，相应区段的承运人不必承担损害赔偿责任，与托运人订立运输合同的承运人在承担损害赔偿责任后可以向相应区段的承运人追偿。

法律依据：

《民法典》第八百三十四条。

49. 企业可能面临哪些侵权责任？

答：侵权责任是指行为人侵害他人财产或对他人人身造成损害，依法应当承担民事责任的行为。侵权责任的类型主要包括五类：①侵害他人人身的侵权行为；②侵害人格利益的侵权行为；③侵害身份权的侵权行为；④侵害财产权的侵权行为；⑤侵害知识产权的侵权行为。

企业在对外经营过程中，可能会发生侵权行为，如产品致人损害而产生的侵权、提供的服务对他人或者其他主体造成的侵权。对于有些企业，更会产生特定的具有行业特点的侵权行为，如化工、电网等高度危险行业、运输行业、商业服务行业、医疗行业等容易发生环境污染、人身损害纠纷。

法律依据：

《民法典》第一千一百八十二条、第一千一百八十三条、第一千一百八十四条、第一千一百八十五条。

50. 他人在企业经营的公共场所发生损害，企业是否要承担侵权责任？

答：视企业是否尽到安全保障义务而定。宾馆、商场、银行、车站、机场、体育场馆、娱乐场所等经营场所、公共场所的经营者、管理者或群众性活动的组织者，未尽到安全保障义务，造成他人损害的，应当承担侵权责任。

因第三人的行为造成他人损害的，由第三人承担侵权责任。经营者、管理者或者组织者未尽到安全保障义务的，承担相应的补充责任。经营者、管理者或者组织者承担补充责任后，可以向第三人追偿。

法律依据：

《民法典》第一千一百九十八条。

税收金融篇

51. 小规模纳税人的减征增值税政策是什么？

答：根据《财政部、税务总局关于明确增值税小规模纳税人减免增值税等政策的公告》(财政部、税务总局公告2023年第1号)和《国家税务总局关于增值税小规模纳税人减免增值税等政策有关征管事项的公告》(国家税务总局公告2023年第1号)的规定，自2023年1月1日至2023年12月31日，增值税小规模纳税人适用3%征收率的应税销售收入，减按1%征收率征收增值税；适用3%预征率的预缴增值税项目，减按1%预征率预缴增值税。

52. 集团公司总部向下属分公司无偿出借资金，是否需要缴纳增值税？

答：根据《财政部、税务总局关于延长部分税收优惠政策执行期限的公告》(财政部、税务总局2021年第6号)和《财政部、税务总局关于明确养老机构免征增值税等政策的通知》(财税〔2019〕20号)的规定，自2019年2月1日至2023年12月31日，对企业集团内单位(含企业集团)之间的资金无偿借贷行为，免征增值税。因此，集团公司总部向下属分公司无偿拆借资金，可按上述规定适用免征增值税政策。

53. 企业或个人遭受洪涝灾害后，获得的保险赔付是否需要缴纳增值税？

答：根据《财政部、国家税务总局关于全面推开营业税改征增值税试点的通知》(财税〔2016〕36号)附件2的规定，被保险人获得的保险赔付为不征收增值税项目，不需要缴纳增值税。因此，企业或者个人为财产投交保险，在洪涝灾害后经保险公司查勘损失后确定的保险赔付，按照税收政策规定不属于征收增值税的项目，无须缴纳增值税。

54. 单位收到电子专用发票,是否可以只以纸质打印件作为报销入账归档依据?

答:《财政部、国家档案局关于规范电子会计凭证报销入账归档的通知》(财会〔2020〕6号)规定:"单位以电子会计凭证的纸质打印件作为报销入账归档依据的,必须同时保存打印该纸质件的电子会计凭证。"因此,单位如果以电子专用发票的纸质打印件作为报销入账归档依据的,必须同时保存打印该纸质件的电子会计凭证。

55. 农民出租土地使用权用于农业生产是否缴纳增值税?

答:《财政部、国家税务总局关于建筑服务等营改增试点政策的通知》(财税〔2017〕58号)规定:"纳税人采取转包、出租、互换、转让、入股等方式将承包地流转给农业生产者用于农业生产,免征增值税。"

56. 小规模纳税人是否可以根据经营需要自行选择按月或者按季申报?

答:小规模纳税人可以自行选择按月纳税或按季纳税。但是需要注意的是,纳税期限一经选择,一个会计年度内不得变更。纳税期限不同,其享受免税政策的效果可能存在差异。

57. 小规模纳税人提供货物运输服务,向哪里的税务机关申请代开专用发票?

答:《货物运输业小规模纳税人申请代开增值税专用发票管理办法》(国家税务总局公告2019年第45号)第2条规定:"同时具备以下条件的增值税纳税人(以下简称纳税人)适用本办法:(一)在中华人民共和国境内(以下简称境内)提供公路或内河货物运输服务,并办理了税务登记(包括临时税务登记)。(二)提供公路货物运输服务的

(以4.5吨及以下普通货运车辆从事普通道路货物运输经营的除外),取得《中华人民共和国道路运输经营许可证》和《中华人民共和国道路运输证》;提供内河货物运输服务的,取得《国内水路运输经营许可证》和《船舶营业运输证》。(三)在税务登记地主管税务机关按增值税小规模纳税人管理。"第3条规定:"纳税人在境内提供公路或内河货物运输服务,需要开具增值税专用发票的,可在税务登记地、货物起运地、货物到达地或运输业务承揽地(含互联网物流平台所在地)中任何一地,就近向税务机关(以下称代开单位)申请代开增值税专用发票。"

58. 单位和个体工商户适用增值税减征、免征政策的,是否需要办理备案手续?

答:不需要办理备案手续。按照"放管服"改革的要求,税收管理方式进行优化,推行"备案逐步向留存备查转变"。单位和个体工商户适用增值税减征、免征政策的,在增值税纳税申报时按规定填写申报表相应减免税栏次即可享受,相关政策规定的证明材料留存备查。

59. 电子商务出口企业出口未取得有效进货凭证的货物是否可以免征增值税?

答:《财政部、税务总局、商务部、海关总署关于跨境电子商务综合试验区零售出口货物税收政策的通知》(财税〔2018〕103号)规定:"对综试区电子商务出口企业出口未取得有效进货凭证的货物,同时符合下列条件的,试行增值税、消费税免税政策:(一)电子商务出口企业在综试区注册,并在注册地跨境电子商务线上综合服务平台登记出口日期、货物名称、计量单位、数量、单价、金额。(二)出口货物通过综试区所在地海关办理电子商务出口申报手续。(三)出口货物不属于财政部和税务总局根据国务院决定明确取消出口退(免)税的货物。"

60. 客运企业开出的免税增值税电子普通发票，是否可以抵扣？

答：《财政部、税务总局、海关总署关于深化增值税改革有关政策的公告》(财政部、税务总局、海关总署公告 2019 年第 39 号) 第 6 条规定，纳税人购进国内旅客运输服务，若未取得增值税专用发票的，可以暂以取得的增值税电子普通发票上注明的税额，从销项税额中抵扣。

61. 员工在国外进行学历继续教育并拿到技能证书，可以享受专项附加扣除吗？

答：根据《个人所得税专项附加扣除暂行办法》的规定，纳税人在中国境内接受学历(学位)继续教育的支出，以及接受技能人员职业资格继续教育、专业技术人员职业资格继续教育的支出，可以按规定享受扣除。对于纳税人在国外接受的学历继续教育和国外颁发的技能证书，不符合"中国境内"的规定，不能享受专项附加扣除。

62. 员工除在公司领取工资外，在关联企业也领取工资，个税年度汇算可以让两个公司分别报吗？

答：不可以。纳税人不得同时选择多个扣缴义务人代办汇算清缴。

63. 定期定额征收税收的个体户，可以享受年应纳税所得额 100 万元以内部分减半征收个人所得税政策吗？

答：根据《国家税务总局关于落实支持小型微利企业和个体工商户发展所得税优惠政策有关事项的公告》(国家税务总局公告 2021 年第 8 号) 的规定，个体工商户不区分征收方式，均可享受该项政策。

64. 从多处取得经营所得的个体工商户如何享受优惠政策？

答：按照现行政策的规定，纳税人从两处以上取得经营所得的，应当选择向其中一处经营管理所在地主管税务机关办理年度汇总申报。若个体工商户从两处以上取得经营所得，需在办理年度汇总纳税申报时，合并个体工商户经营所得年应纳税所得额，重新计算减免税额，多退少补。

65. 个体工商户申请代开货运发票时，预征个人所得税吗？

答：《国家税务总局关于落实支持小型微利企业和个体工商户发展所得税优惠政策有关事项的公告》（国家税务总局公告2021年第8号）规定，自2021年4月1日起，个体工商户、个人独资企业、合伙企业和个人申请代开货物运输业增值税发票时，税务机关不再预征个人所得税，而是由纳税人依法自行申报缴纳。

66. 防汛救灾过程中对捐助救灾的企业，企业所得税方面有什么优惠政策？

答：企业通过公益性社会组织、县级以上人民政府及其部门等国家机关，用于符合法律规定的公益慈善事业捐赠支出，准予按税法规定在计算应纳税所得额时扣除。其中，企业发生的公益性捐赠支出，在年度利润总额12%以内的部分，准予在计算应纳税所得额时扣除；超过年度利润总额12%的部分，准予结转以后3年内在计算应纳税所得额时扣除。

法律依据：

《财政部、税务总局、民政部关于公益性捐赠税前扣除有关事项的规定》第一条、《财政部、税务总局关于公益性捐赠支出企业所得税税前结转扣除有关政策的通知》第一条。

67. 公司取得政府给付的财政补助，在企业所得税上的收入时间如何确认？

答：根据《国家税务总局关于企业所得税若干政策征管口径问题的公告》（国家税务总局公告2021年第17号）的规定，关于企业取得政府财政资金的收入时间确认问题，企业按照市场价格销售货物、提供劳务服务等，凡由政府财政部门根据企业销售货物、提供劳务服务的数量、金额的一定比例给予全部或部分资金支付的，应当按照权责发生制原则确认收入。除上述情形外，企业取得的各种政府财政支付，如财政补贴、补助、补偿、退税等，应当按照实际取得收入的时间确认收入。本公告适用于2021年及以后年度汇算清缴。

68. 集成电路生产企业或项目可以享受什么企业所得税优惠？

答：根据《财政部、税务总局、国家发展改革委、工业和信息化部关于促进集成电路产业和软件产业高质量发展企业所得税政策的公告》（财政部、税务总局、国家发展改革委、工业和信息化部公告2020年第45号）的规定，国家鼓励的集成电路线宽小于28纳米（含），且经营期在15年以上的集成电路生产企业或项目，第一年至第十年免征企业所得税；国家鼓励的集成电路线宽小于65纳米（含），且经营期在15年以上的集成电路生产企业或项目，第一年至第五年免征企业所得税，第六年至第十年按照25%的法定税率减半征收企业所得税；国家鼓励的集成电路线宽小于130纳米（含），且经营期在10年以上的集成电路生产企业或项目，第一年至第二年免征企业所得税，第三年至第五年按照25%的法定税率减半征收企业所得税。

国家鼓励的线宽小于130纳米（含）的集成电路生产企业，属于国家鼓励的集成电路生产企业清单年度之前5个纳税年度发生的尚未弥补完的亏损，准予向以后年度结转，总结转年限最长不得超过10年。

69. 国家鼓励的集成电路设计、装备、材料、封装、测试企业和软件企业，所得税上有何优惠？

答：根据《财政部、税务总局、国家发展改革委、工业和信息化部关于促进集成电路产业和软件产业高质量发展企业所得税政策的公告》(财政部、税务总局、国家发展改革委、工业和信息化部公告 2020 年第 45 号)的规定，国家鼓励的集成电路设计、装备、材料、封装、测试企业和软件企业，自获利年度起，第一年至第二年免征企业所得税，第三年至第五年按照 25% 的法定税率减半征收企业所得税。

70. 国家鼓励的重点集成电路设计企业和软件企业，企业所得税上有何优惠？

答：根据《财政部、税务总局、国家发展改革委、工业和信息化部关于促进集成电路产业和软件产业高质量发展企业所得税政策的公告》(财政部、税务总局、国家发展改革委、工业和信息化部公告 2020 年第 45 号)的规定，国家鼓励的重点集成电路设计企业和软件企业，自获利年度起，第一年至第五年免征企业所得税，接续年度减按 10% 的税率征收企业所得税。

国家鼓励的重点集成电路设计企业和软件企业清单由国家发展改革委、工业和信息化部会同财政部、税务总局等相关部门制定。

71. 企业年度亏损，还能否享受研发费用加计扣除政策？

答：对于亏损企业而言，只要会计核算健全、实行查账征收，能够准确归集研发费用，且不属于负面清单行业，就能享受研发费用加计扣除政策。亏损企业当年不需缴税，其享受加计扣除政策将进一步加大亏损额，可以在以后年度结转弥补，减少以后年度的应纳税款。

72. 软件企业收到即征即退的增值税税款,是否需要缴纳企业所得税?

答:《财政部、国家税务总局关于进一步鼓励软件产业和集成电路产业发展企业所得税政策的通知》(财税〔2012〕27号)规定:符合条件的软件企业按照《财政部、国家税务总局关于软件产品增值税政策的通知》(财税〔2011〕100号)规定取得的即征即退增值税款,由企业专项用于软件产品研发和扩大再生产并单独进行核算,可以作为不征税收入,在计算应纳税所得额时从收入总额中减除。

73. 享受延续执行的企业所得税优惠政策需要向税务机关申请吗?

答:按照《国家税务总局关于发布修订后的〈企业所得税优惠政策事项办理办法〉的公告》(国家税务总局公告2018年第23号)的规定,企业享受企业所得税优惠事项均采取"自行判别、申报享受、相关资料留存备查"的办理方式,以此降低企业享受优惠政策的办理成本。企业享受延续执行的企业所得税优惠政策,无须向税务机关申请,直接按照本公告规定申报享受。

74. 小型微利企业如何申报享受企业所得税优惠政策?

答:小型微利企业享受优惠采取"自行判别、申报享受、相关资料留存备查"的办理方式,企业无须向税务机关报送任何资料,而应根据经营情况以及相关税收规定自行判断是否符合优惠事项规定的条件,符合条件的,可以通过填报企业所得税纳税申报表享受税收优惠,同时归集和留存相关资料备查。

75. 小型微利企业享受优惠政策需要留存备查哪些资料?

答:小型微利企业享受优惠政策的,需要自行留存备查下列资料:
(1)所从事行业不属于限制和禁止行业的说明;
(2)从业人数的计算过程;
(3)资产总额的计算过程。

76. 境外机构投资境内债券市场取得的债券利息收入是否征收企业所得税和增值税?

答:《财政部、税务总局关于延续境外机构投资境内债券市场企业所得税、增值税政策的公告》(财政部、税务总局公告2021年第34号)规定,自2021年11月7日起至2025年12月31日止,对境外机构投资境内债券市场取得的债券利息收入暂免征收企业所得税和增值税。

77. 对物流企业自有(包括自用和出租)或承租的大宗商品仓储设施用地,如何计征城镇土地使用税?

答:根据《财政部、税务总局关于继续实施物流企业大宗商品仓储设施用地城镇土地使用税优惠政策的公告》(财政部、税务总局公告2023年第5号)的规定,自2023年1月1日起至2027年12月31日止,对物流企业自有(包括自用和出租)或承租的大宗商品仓储设施用地,减按所属土地等级适用税额标准的50%计征城镇土地使用税。

78. 企业从事多业经营,在判断是否符合制造业条件时,收入总额如何掌握?

答:收入总额按照《企业所得税法》第6条的规定执行,具体是指企业以货币形式和非货币形式从各种来源取得的收入,包括销售货物收入、提供劳务收入、转让财产收入、股息和红利等权益性投资收益、利息收入、租金收入、特许权使用费收入、接受捐赠收入、其他收入。

79. 企业符合研发费用税前加计扣除政策的规定，该政策是否可以长期享受？

答：按照《财政部、税务总局关于进一步完善研发费用税前加计扣除政策的公告》(财政部、税务总局公告 2023 年第 7 号)的规定，企业开展研发活动中实际发生的研发费用，未形成无形资产计入当期损益的，在按规定据实扣除的基础上，自 2023 年 1 月 1 日起，再按照实际发生额的 100% 在税前加计扣除；形成无形资产的，自 2023 年 1 月 1 日起，按照无形资产成本的 200% 在税前摊销。上述政策作为制度性安排长期实施。

80. 企业因技术开发费加计扣除形成的年度亏损，可以结转以后年度弥补吗？

答：(1)《企业所得税法》第 18 条规定："企业纳税年度发生的亏损，准予向以后年度结转，用以后年度的所得弥补，但结转年限最长不得超过五年。"

(2) 根据《国家税务总局关于企业所得税若干税务事项衔接问题的通知》(国税函〔2009〕98 号)的规定，关于技术开发费的加计扣除形成的亏损的处理，企业技术开发费加计扣除部分已形成企业年度亏损，可以用以后年度所得弥补，但结转年限最长不得超过 5 年。

(3) 根据《财政部、税务总局关于支持新型冠状病毒感染的肺炎疫情防控有关税收政策的公告》(财政部、税务总局公告 2020 年第 8 号)的规定，受疫情影响较大的困难行业企业 2020 年度发生的亏损，最长结转年限由 5 年延长至 8 年。

(4)《财政部、税务总局关于延长高新技术企业和科技型中小企业亏损结转年限的通知》(财税〔2018〕76 号)规定："自 2018 年 1 月 1 日起，当年具备高新技术企业或科技型中小企业资格(以下统称资格)的企业，其具备资格年度之前 5 个年度发生的尚未弥补完的亏损，准予结转以后年度弥补,最长结转年限由 5 年延长至 10 年。"

81. 公益性捐赠应当使用什么票据?

答:《财政部、税务总局、民政部关于公益性捐赠税前扣除有关事项的公告》(财政部、税务总局、民政部公告 2020 年第 27 号)规定:"公益性社会组织、县级以上人民政府及其部门等国家机关在接受捐赠时,应当按照行政管理级次分别使用由财政部或省、自治区、直辖市财政部门监(印)制的公益事业捐赠票据,并加盖本单位的印章。企业或个人将符合条件的公益性捐赠支出进行税前扣除,应当留存相关票据备查。"

《财政部、税务总局关于通过公益性群众团体的公益性捐赠税前扣除有关事项的公告》(财政部、税务总局公告 2021 年第 20 号)规定:"公益性群众团体在接受捐赠时,应按照行政管理级次分别使用由财政部或省、自治区、直辖市财政部门监(印)制的公益事业捐赠票据,并加盖本单位的印章;对个人索取捐赠票据的,应予以开具。企业或个人将符合条件的公益性捐赠支出进行税前扣除,应当留存相关票据备查。"

82. 企业享受研发费用加计扣除优惠需准备哪些资料?

答:企业享受此项优惠实行"真实发生、自行判别、申报享受、相关资料留存备查"的方式,依据实际发生的研发费用支出,按税收政策规定在预缴申报表中直接填写前三季度的加计扣除金额,准备前三季度的研发支出辅助账和《研发费用加计扣除优惠明细表》(A107012)等留存备查。

83. 研发费用税前加计扣除比例为多少?

答:根据《财政部、税务总局关于进一步完善研发费用税前加计扣除政策的公告》(财政部、税务总局公告 2023 年第 7 号)的相关规定,未形成无形资产计入当期损益的,在按规定据实扣除的基础上,自 2023 年 1 月 1 日起,再按照实际发生额的 100% 在税前加计扣除;形成无形资产的,自 2023 年 1 月 1 日起,按照无形资产成本的 200%在税前摊销。

84. 因自然灾害或疫情等原因导致企业营业中断,已购买商业保险,企业能否获得保险赔偿?

答:在购买企业财产一切险作为主险的前提下,可以购买一个附加的财产保险,即营业中断险,承保企业的生产营业设备(建筑物、机器等)由于遭受自然灾害或疫情造成企业生产停顿或营业中断而带来的间接损失,即预期毛利润的损失和营业中断期间仍需要支付的必要费用。企业参加雇主责任险、公众责任险等责任保险,按照规定缴纳的保险费,准予在企业所得税税前扣除。

法律依据:

《国家税务总局关于责任保险费企业所得税税前扣除有关问题的公告》。

85. 法院拍卖的房产,是否需要缴纳契税?

答:《契税法》第 1 条规定:"在中华人民共和国境内转移土地、房屋权属,承受的单位和个人为契税的纳税人,应当依照本法规定缴纳契税。"根据《财政部、税务总局关于贯彻实施契税法若干事项执行口径的公告》(财政部、税务总局公告 2021 年第 23 号)的规定,关于土地、房屋权属转移:(1)征收契税的土地、房屋权属,具体为土地使用权、房屋所有权。(2)下列情形发生土地、房屋权属转移的,承受方应当依法缴纳契税:……③因人民法院、仲裁委员会的生效法律文书或者监察机关出具的监察文书等因素,发生土地、房屋权属转移的。《国家税务总局、河南省税务局关于契税征收管理有关事项的公告》(国家税务总局、河南省税务局公告 2021 年第 6 号)规定:"二、因人民法院、仲裁机构的生效法律文书或者监察机关出具的监察文书等因素,发生土地、房屋权属转移的,纳税人可持生效法律文书或者监察文书等原件及相关资料申报缴纳契税,负责契税征收的税务机关应当予以受理和办理。三、因网络司法拍卖本身形成的契税,应当依照相关税收法律、行政法规的规定,由相应主体承担和申报缴纳;没有规定或者规定不明的,由人民法院根据法律原则和案件实际情况确定的主体承担和申报缴纳。"

86. 法院判决转让不动产产权无效的,是否应退还已征契税?

答:《契税法》第12条规定:"在依法办理土地、房屋权属登记前,权属转移合同、权属转移合同性质凭证不生效、无效、被撤销或者被解除的,纳税人可以向税务机关申请退还已缴纳的税款,税务机关应当依法办理。"

87. 改制后公司承受原企业土地、房屋权属的,是否需要缴纳契税?

答:根据《财政部、税务总局关于继续执行企业事业单位改制重组有关契税政策的公告》(财政部、税务总局公告2021年第17号)的规定:企业按照《公司法》有关规定整体改制,包括非公司制企业改制为有限责任公司或股份有限公司,有限责任公司变更为股份有限公司,股份有限公司变更为有限责任公司,原企业投资主体存续并在改制(变更)后的公司中所持股权(股份)比例超过75%,且改制(变更)后公司承继原企业权利、义务的,对改制(变更)后公司承受原企业土地、房屋权属,免征契税。本公告自2021年1月1日起至2023年12月31日执行。自执行之日起,企业、事业单位在改制重组过程中,符合本公告规定但已缴纳契税的,可申请退税;涉及的契税尚未处理且符合本公告规定的,可按本公告执行。

88. 纳税人符合什么条件可以申请困难性减免房产税?

答:《河南省人民政府关于做好房产税征管工作的通知》规定:"纳税人同时符合下列条件的,可申请减征或者免征房产税。(一)纳税人所处的行业及经营项目符合国家产业政策;(二)纳税人生产经营困难、连续三年发生亏损或遭受严重自然灾害、损失严重;(三)纳税人年度内发放职工工资困难,且纳税人职工平均工资低于当地职工平均工资水平。"

89. 纳税人在开采或者生产应税产品过程中，因意外事故或者自然灾害等原因遭受重大损失，能否减征资源税？

答：按照《资源税法》第 7 条的规定，有下列情形之一的，省、自治区、直辖市可以决定免征或者减征资源税：①纳税人开采或者生产应税产品过程中，因意外事故或者自然灾害等原因遭受重大损失；②纳税人开采共伴生矿、低品位矿、尾矿。前款规定的免征或者减征资源税的具体办法，由省、自治区、直辖市人民政府提出，报同级人民代表大会常务委员会决定，并报全国人民代表大会常务委员会和国务院备案。

90.《城市维护建设税法》施行后，继续执行的城市维护建设税优惠有哪些？

答：《财政部、税务总局关于继续执行的城市维护建设税优惠政策的公告》（财政部、税务总局公告 2021 年第 27 号）规定："为贯彻落实城市维护建设税法，现将税法施行后继续执行的城市维护建设税优惠政策公告如下：1. 对黄金交易所会员单位通过黄金交易所销售且发生实物交割的标准黄金，免征城市维护建设税。具体操作按照《财政部、国家税务总局关于黄金税收政策问题的通知》（财税〔2002〕142 号）有关规定执行。2. 对上海期货交易所会员和客户通过上海期货交易所销售且发生实物交割并已出库的标准黄金，免征城市维护建设税。具体操作按照《财政部、国家税务总局关于黄金期货交易有关税收政策的通知》（财税〔2008〕5 号）有关规定执行。3. 对国家重大水利工程建设基金免征城市维护建设税。具体操作按照《财政部、国家税务总局关于免征国家重大水利工程建设基金的城市维护建设税和教育费附加的通知》（财税〔2010〕44 号）有关规定执行。……6. 自 2019 年 1 月 1 日至 2025 年 12 月 31 日，实施支持和促进重点群体创业就业城市维护建设税减免。具体操作按照《财政部、税务总局、人力资源社会保障部、国务院扶贫办关于进一步支持和促进重点群体创业就业有关税收政策的通知》（财税

〔2019〕22号）、《财政部、税务总局、人力资源社会保障部、国家乡村振兴局关于延长部分扶贫税收优惠政策执行期限的公告》（财政部、税务总局、人力资源社会保障部、国家乡村振兴局公告2021年第18号）有关规定执行。"

91. 城镇土地使用税困难性减免的条件是什么？

答：《河南省城镇土地使用税实施办法》第8条规定："除本办法第七条规定外，纳税人缴纳城镇土地使用税确有困难需定期减免的，由县级以上税务机关批准。符合以下情形之一的属于确有困难：（一）因不可抗力导致纳税人发生较大损失，正常生产经营活动受到较大影响的；（二）从事国家鼓励和支持产业或社会公益事业发生严重亏损的；（三）省级以上税务机关规定的确有困难的其他情形。"

92. 如小型微利企业不了解国家优惠政策，年度结束后，是否还有机会享受？

答：升级后的金税三期系统和网上申报软件，在企业填报申报表时将部分实现自动识别、自动计算、自动填报、自动成表等智能化功能，帮助企业正确判断政策适用性，力争实现符合条件的小型微利企业在预缴申报时应尽享优惠政策。假如符合条件的小型微利企业在年度中间预缴时由于各种原因没有享受优惠，在年度终了汇算清缴时，税务机关将根据企业申报情况，再次提醒企业可以享受小型微利企业税收优惠政策，小型微利企业仍可享受相关优惠政策。

93. 增值税小规模纳税人减征印花税优惠是否可以与其他政策叠加？

答：《财政部、税务总局关于实施小微企业普惠性税收减免政策的通知》（财税〔2019〕13号）明确，增值税小规模纳税人已依法享受资源税、城市维护建设税、房产税、城镇土地使用税、印花税、耕地占用税、教育费附加、地方教育附加其他优惠政策的,可叠加享受本通知第 3 条规定的优惠政策。因此,增值税小规模纳税人减征印花税优惠可以与其他政策叠加。

94. 符合哪些条件可以适用税务行政处罚"首违不罚"?

答:根据《国家税务总局关于发布〈税务行政处罚"首违不罚"事项清单〉的公告》(国家税务总局公告 2021 年第 6 号)的规定,对于首次发生清单中所列事项且危害后果轻微,在税务机关发现前主动改正或者在税务机关责令限期改正的期限内改正的,不予行政处罚。自 2021 年 4 月 1 日起施行。

税务行政处罚"首违不罚"事项清单:

序号	事项
1	纳税人未按照税收征收管理法及实施细则等有关规定将其全部银行账号向税务机关报送
2	纳税人未按照税收征收管理法及实施细则等有关规定设置、保管账簿或者保管记账凭证和有关资料
3	纳税人未按照税收征收管理法及实施细则等有关规定的期限办理纳税申报和报送纳税资料
4	纳税人使用税控装置开具发票,未按照税收征收管理法及实施细则、发票管理办法等有关规定的期限向主管税务机关报送开具发票的数据且没有违法所得
5	纳税人未按照税收征收管理法及实施细则、发票管理办法等有关规定取得发票,以其他凭证代替发票使用且没有违法所得
6	纳税人未按照税收征收管理法及实施细则、发票管理办法等有关规定缴销发票且没有违法所得
7	扣缴义务人未按照税收征收管理法及实施细则等有关规定设置、保管代扣代缴、代收代缴税款账簿或者保管代扣代缴、代收代缴税款记账凭证及有关资料

（续表）

序号	事项
8	扣缴义务人未按照税收征收管理法及实施细则等有关规定的期限报送代扣代缴、代收代缴税款有关资料
9	扣缴义务人未按照《税收票证管理办法》的规定开具税收票证
10	境内机构或个人向非居民发包工程作业或劳务项目，未按照《非居民承包工程作业和提供劳务税收管理暂行办法》的规定向主管税务机关报告有关事项

95. 增值税电子专用发票金额开错应如何处理？

答：增值税电子专用发票（以下简称"电子专票"）的载体由税务机关监制的增值税纸质专用发票转变为符合税务机关规定格式的电子文件，一旦开具无法作废。如发生开票有误的情形，可以按照《国家税务总局关于在新办纳税人中实行增值税专用发票电子化有关事项的公告》（国家税务总局公告2020年第22号）第7条的规定，先开具红字电子专票进行冲回，再按照正确的金额重新开具一张蓝字电子专票即可。

96. 如何界定私募基金涉及非法集资？

答：现实中，一些机构和人员以私募基金的名义进行非法集资犯罪活动，致使大量投资者上当受骗。我国的非法集资犯罪，在私募基金领域主要有非法吸收公众存款罪、集资诈骗罪两种。《最高人民法院关于审理非法集资刑事案件具体应用法律若干问题的解释》规定，非法吸收公众存款是指违反国家金融管理法律规定，向社会公众（包括单位和个人）吸收资金的行为。非法吸收公众存款需同时具备"四个条件"：①未经有关部门依法许可或者借用合法经营的形式吸收资金；②通过网络、媒体、推介会、传单、手机短信等途径向社会公开宣传；③承诺在一定期限内以货币、实物、股权等方式还本付息或者给付回报；④向社会公众即社会不特定对象吸收资金。集资诈骗罪与非法吸收公众存款罪的区别主要表现在主观故意不同，集资诈骗罪是行为人采用虚构事实、隐瞒真相的方法意图永久非法占有社会不特定公众的资金，具有非法占有的主观故意；非法吸收公众存款罪的行为人只是临时占用投资人的资金，行为人承诺而且也意图还本付息。违反上述规定，以私募基金名义向不特定群体吸收资金，即可能涉嫌非法吸收公众存款罪或集资诈骗罪。

97. 私募股权投资基金面临的主要法律问题？

答：私募股权投资基金面临的主要法律问题包括委托人与资金管理人之间的委托管理的民法调整问题、基金的组织形式受到商法兼容问题、基金运行中受到相关证券期货方面法律法规规制问题、基金的市场准入和退出及相关善后的法律法规规制问题、有关非法集资甚至刑事责任问题。

98. 私募股权投资基金按照其组织形式划分有哪几种形式？

答：私募股权投资基金按照其组织形式划分主要有公司制、有限合伙制（即"GP+LP"形式）、基金管理公司+有限合伙制企业形式、信托制、"公司+信托"形式、母基金（FOF，是一种专门投资于其他基金的基金，也称为基金中的基金，其通过设立私募股权投资基金，进而参与到其他股权投资基金中）等形式，而这几种形式中又以有限合伙制的形式最为常见。

99. 在私募股权投资基金的设立与运营过程中，私募股权投资基金存在哪些情况可能会被判定属于民间借贷法律关系？

答：私募股权投资基金存在以下情况可能被判定为属于民间借贷法律关系：

（1）在有限合伙协议中约定固定的年化收益率及兑付日；

（2）私募基金投资者不关心资金的实际用途、不关心GP的经营决策，追求固定收益是其缔约目的，加入有限合伙也未经全体合伙人一致同意；

（3）基金公司未能提交证据证明资金用途；

(4) 基金公司定期支付收益；

(5) 投资者不适格或未被登记为有限合伙人，私募产品未备案；

(6) 在推销产品时，基金公司销售人员口头或书面承诺投资者资金不受损失，承诺投资者最低收益。

100. 有限合伙制私募基金纠纷中关于承诺收益的法律风险有哪些？

答： 有限合伙制私募基金纠纷最为多发的情况是，私募基金管理人在与投资者签订的有限合伙协议中明确私募基金的资金投资方向与双方权利义务，为便于推介，协议通常对投资期限、预期收益率等条款作出明确约定，并承诺到期一次性返还投资本金及收益。投资方向明确、投资回报高等表象，使投资者往往误解为私募基金投资期满后就可返还投资本金并获得预期收益，进而实现投资资金的退出。

实践中，私募基金管理人因无法兑现返还投资本金及承诺的收益而出现违约的现象时常发生，有限合伙人起诉普通合伙人或有限合伙基金的纠纷由此增加。对于此类纠纷，法院或仲裁机构往往会尊重有限合伙协议的约定，在有限合伙协议并未作出明确约定的情况下并不倾向于支持赔偿的请求。原因分析如下：

《合伙企业法》虽以充分尊重企业各方约定为主，但出于对债权人的保护和有限合伙企业正常经营的考量，对于有限合伙人的相关权利仍采取了限制的态度。合伙人的出资、以合伙企业名义取得的收益和依法取得的其他财产，均为合伙企业财产，合伙人在合伙企业清算前私自转移或者处分合伙企业财产的，合伙企业不得以此对抗善意第三人。此规定的目的在于保障合伙企业财产的独立性和完整性，维护全体合伙人乃至合伙企业债权人的合法权益。

GP 作为基金主要发起人，通过非公开方式向投资者募集资金，以合伙企业形式设立有限合伙投资基金，该投资基金即为有限合伙企业，GP 与投资者均为合伙人，各合伙人向基金投入的资金转化为基金财产（即有限合伙企业财产），该资金为投资者作为基金的有限合伙人所履行的出资义务。GP 作为基金管理人，以基金的名义，将基金财产对外进行股权投资、取得基金收益后再通过约定的收益分配方式实现各投资人的预期收益。投资人应按合伙协议约定进行收益分配和风险承担。因此,投资人只有在满足基金终止条件的情况后,才能要求对基金财产进行清算、分配,实现投资资金的退出。终止的条件又分为有限合伙人的退伙和有限合伙企业解散。

《合伙企业法》第 45 条、第 46 条、第 48 条规定了有限合伙人的三种退伙类型:一是约定及特定事项退伙,二是自愿退伙,三是当然退伙。通常有限合伙私募基金均设有固定期限,因而《合伙企业法》下有限合伙人尚不能进行自愿退伙。合伙人退伙,其他合伙人应当与该退伙人按照退伙时的合伙企业财产状况进行结算,退还退伙人的财产份额。退伙人对给合伙企业造成的损失负有赔偿责任的,相应扣减其应当赔偿的数额。退伙时有未了结的合伙企业事务的,待该事务了结后进行结算。

《合伙企业法》第 85 条规定了合伙企业解散的事由,包括合伙期限届满,合伙人决定不再经营;合伙协议约定的解散事由出现;全体合伙人决定解散等 7 项。合伙企业解散的事由出现后,合伙企业解散,由清算人进行清算。

因此,在不具备退伙或解散清算条件且有限合伙协议未对投资款的返还作出明确约定的前提下,有限合伙人单方要求返还投资并不当然得到支持。

101. 关于私募股权投资中投资款项返还的相关纠纷有哪些?

答: 实践中,法院或仲裁机构支持有限合伙人返还投资款项及收益的诉求的情况主要包括:

(1) GP 向投资者出具还款承诺书。投资者与 GP 签订合伙协议后,如 GP 通过向投资者出具承诺书或类似形式的法律文件,明确承诺投资到期将向投资者返还投资本金及收益,则事实上形成了 GP 作为资金管理人对投资者返还出资的义务;类似于银行理财产品中"保本浮动收益型理财计划"或委托投资中保本保收益的承诺,GP 应按此承诺履行到期返还投资本金及收益的义务,否则 GP 应承担由此产生的违约责任。

(2) 第三人提供担保。在由第三人对到期返还投资本金及收益提供担保的情况下，投资者可以要求第三人承担履行返还投资本金及收益的担保义务。

（3）基金本身作出承诺。实践中，亦存在基金本身向 LP 作出兑付承诺的情况，对此，有限合伙企业与有限责任公司的情况有所不同。《合伙企业法》对有限合伙人投资资金退出无明确禁止性规定，此种承诺行为并不违反法律、行政法规的强制性规定，应遵循契约自由原则，允许有限合伙人和普通合伙人之间的权利义务约定；只要在不损害第三人利益的情况下，充分认可有限合伙协议的法律效力，承认有限合伙人和普通合伙人之间就执行有限合伙协议约定的违约责任及其他权利制约。

102. 融资租赁的法律风险有哪些？

答： 国内融资租赁行业资产规模、业务规模增长较快，在经济发展方式转变、结构调整的大背景下，国家及地方扶持政策不断加码，支撑融资租赁行业的四大支柱不断完善，融资租赁行业发展步入黄金期。但是融资租赁行业在我国发展尚未成熟，存在较多法律风险，总结如下：

（1）承租人、回购人等对融资租赁法律关系存在认识误区。租赁物的质量存在重大瑕疵，是实践中常见的承租人抗辩事由之一。一些承租人将融资租赁与普通租赁相混淆，或误认为是借贷关系或买卖关系，还有些承租人缺乏合同意识，忽视对交付租赁物的质量检验而直接签收受领租赁物。回购人出于销售利益驱动，为承租人违约兜底，承担回购责任，却因对回购法律风险的预判和控制不足，最终选择拒绝承担回购责任的现象并不少见。承租人、回购人对融资租赁法律关系存在性质上的认识误区，是导致履约瑕疵或争议的重要原因。

（2）出租人的资信审查、交付监督、跟踪服务机制存在疏漏。在缔约过程中，出租人没有建立完善缜密的资信审查和风险管理机制，个别业务人员出于销售业绩驱动，重项目数量轻资质审查，承租人的资信状况良莠不齐，加大了出现坏账等融资风险的概率。在合同履行过程中，出租人疏于对租赁物交付行为的监督，甚至出现承租人与出卖人串通，虚构租赁物及虚假交付，套取出租人资金的行为。在租赁物使用过程中，出租人忽视融资后跟踪服务，对承租人的经营恶化趋势未能及时察觉和采取措施,租赁物风险问题尤为突出,租赁物下落不明以及承租人擅自向第三人转让租赁物的现象时有发生。

(3)合同约定不明。融资租赁合同一般是由出租人事先制定并提供的格式合同,但出租人对一些业务术语和容易引发争议的问题未作清晰明确的约定。例如,合同约定承租人需在合同签订时向出租人支付首付款、保证金,但对该款项的性质、用途并未作出明确界定;又如,合同中对租赁物残值使用何种评估方法和估算方式无明确约定,而出租人与承租人往往在该问题上存在较大分歧和争议;再如,合同通常会约定出租人将向出卖人的索赔权让渡于承租人,其仅负协助索赔义务,但合同中对出租人如何履行协助索赔义务并无明确约定。

(4)业务模式创新增大风险。出租人为保障自身融资融物安全,创新业务举措,例如,要求租赁物的制造商或经销商在承租人违约时回购租赁物、出租人同意承租人委托经销商转付租金等,却因回购合同的法律定性不明、经销商不及时向出租人转付租金甚至截留租金等情况,导致出租人和承租人的合同风险被人为地增大,为纠纷的产生埋下隐患。

103. 融资租赁应如何防范法律风险?

答:(1)提高法律意识,加强风险预判

①提高承租人的法律意识。寻求融资租赁方式开展经营活动的企业和个人,应当增强融资租赁交易的法律与合同意识。在接洽融资租赁业务之初,应主动索取和认真研读融资租赁合同文本。如有疑虑可要求出租人予以解答,必要时还可向法律专业人士寻求指导。对于同一租赁物,拒签"阴阳合同"(承租人与两名不同的出租人就同一租赁物签订融资租赁合同),应以特定出租人为合同相对方所提供的融资租赁合同为准。承租人应认真核对交付租赁物的型号与融资租赁合同约定是否相符,加强对交付租赁物的质量检验。

②回购人、保证人等加强风险预判。融资租赁交易中的回购人、保证人等应充分评估销售利润、可得利益与回购责任、保证责任之间的利害关系。特别是在回购合同的签订过程中,重视涉及标的物取回可行性控制的条款约定,对回购标的物的灭失、毁损风险责任承担作出明确约

定;在融资租赁合同履行过程中,加强对承租人经营状况、履约情况、租赁物现状的信息掌握。

(2)加强资信审核,施行全程监督

①完善承租人资信审查机制。建立承租人资信评级机制,根据审核结果评定承租人资信等级。对能够反映承租人经营状况、商业信用的营业执照、税务登记证、银行信贷还款记录、财务报表、验资报告等材料进行认真审核。

②建立租赁物交付监督机制。作为租赁物的所有权人,出租人应树立融物与融资并重的意识,在出卖人向承租人交付租赁物的过程中,积极协调参与检验,或现场监督租赁物交接。

③完善承租人经营跟踪机制。在融资租赁合同履行过程中,出租人应与承租人建立常态化的沟通机制,实时掌握承租人的经营状况以及租赁物的使用情况,可采取在租赁设备上安装定位装置、标记所有权人信息等多种技术措施,公示所有权,在现有的具有一定公信力的租赁物信息登记平台进行权利登记,防止承租人擅自处分租赁物。

④完善业务人员业绩考评机制。在融资租赁业务进程的每个环节对业务人员进行全面化业绩考核,适当加大承租人实际履约情况在业绩考核中的比重,促使业务人员在开展融资租赁业务过程中切实履职尽责。

(3)完善合同条款,保障交易安全

①完善合同条款和重视解释说明。出租人对融资租赁交易的认识程度、专业素质一般强于承租人。出租方作为格式合同提供方,应根据已有案件反映出的问题不断增补和完善合同条款,并重视对合同条款的解释、说明。关注重点在于首付款、保证金的性质及用途、租赁物质量问题与支付租金的关系、索赔权利的行使、违约责任的承担、租赁物残值评估方式等影响当事人重要权利义务的条款。

②规范开展售后回租业务。出租人应严格审查承租人(即出卖人)对转让标的物具有处分权的权利凭证,现场查验标的物的真实性并登记在册,办理所有权转让手续。对标的物价值的评估应当真实客观,避免转让价格与标的物价值严重偏离的情况发生。

③规范租金支付方式。出租人应增强服务客户的意识,主动延伸融资租赁服务环节,为承租人提供安全和便利并重的租金支付途径,取消租金支付的非必要中间流转环节,防止发生第三方截留租金等增大融资风险的情况。

(4)加强行业联系

融资租赁作为国内新兴的金融行业,其发展现状和动态一般难以为业外人士所深入了解。融资租赁公司可以举办有关融资租赁行业动态、交易模式创新、公司经营和管理等方面的专题讲座,促进公司职工对融资租赁行业的了解、储备相关的专业金融知识。在行业内建立常态化的沟通机制,并借助有效资源和力量共同创新发展模式。

104. 融资租赁合同无效的情形有哪些?

答:根据我国目前法律、法规的规定,融资租赁合同无效的情形有以下三种:

(1)融资租赁物违法或虚构,导致合同无效。融资租赁物若属法律明文限制从事交易的财产(如军火装备)和一些日用消费品、生产材料,则导致融资租赁合同无效。其他各类动产和不动产均可采取融资租赁方式进行交易。此外,当事人以虚构租赁物方式订立的融资租赁合同也属于无效的情形。

(2)承租人与出卖人恶意串通,骗取出租人资金的融资租赁合同无效。由于在融资租赁中,租赁物多是由承租人选择,出卖人多是由承租人指定,因此,为承租人与出卖人串通骗取占用出租人的资金提供了方便条件。该种情形视为恶意串通、损害第三人利益的合同,应为无效合同。

(3)违反法律、行政法规的强制性规定的融资租赁合同为无效合同。此情形实为以合法形式掩盖非法目的,依照有关法律、法规规定应认定为无效的融资租赁合同。

法律依据:

《民法典》第一百五十三条、第一百五十四条、第七百三十七条。

105. 融资租赁物是否可以作为破产财产进行处理？

答：不可以。根据《民法典》第757条的规定，出租人和承租人可以约定租赁期限届满租赁物的归属；对租赁物的归属没有约定或者约定不明确，依据本法第510条的规定仍不能确定的，租赁物的所有权归出租人。承租人破产的，租赁物不属于破产财产，亦即债权人不得就租赁物受偿。由于租赁物毁损、灭失或者附合导致承租人不能返还租赁物的，出租人可以要求给予合理补偿。若租赁合同无效，租赁物的归属有约定从约定，无约定归出租人所有。但是由于承租人的原因致使合同无效，出租人不请求返还或者返还后显著降低租赁物价值的，租赁物的所有权归承租人，由承租人给予出租人合理补偿。

106. 企业首次公开发行股票需要具备哪些条件？

答：根据《首次公开发行股票注册管理办法》第10条至第13条的规定，发行人应当符合下列条件：

（1）发行人是依法设立且持续经营3年以上的股份有限公司，具备健全且运行良好的组织机构，相关机构和人员能够依法履行职责。

有限责任公司按原账面净资产值折股整体变更为股份有限公司的，持续经营时间可以从有限责任公司成立之日起计算。

（2）发行人会计基础工作规范，财务报表的编制和披露符合企业会计准则和相关信息披露规则的规定，在所有重大方面公允地反映了发行人的财务状况、经营成果和现金流量，最近3年财务会计报告由注册会计师出具无保留意见的审计报告。

发行人内部控制制度健全且被有效执行，能够合理保证公司运行效率、合法合规和财务报告的可靠性，并由注册会计师出具无保留结论的内部控制鉴证报告。

（3）发行人业务完整，具有直接面向市场独立持续经营的能力：

①资产完整，业务及人员、财务、机构独立，与控股股东、实际控制人

及其控制的其他企业间不存在对发行人构成重大不利影响的同业竞争,不存在严重影响独立性或者显失公平的关联交易。

②主营业务、控制权和管理团队稳定,首次公开发行股票并在主板上市的,最近3年内主营业务和董事、高级管理人员均没有发生重大不利变化;首次公开发行股票并在科创板、创业板上市的,最近2年内主营业务和董事、高级管理人员均没有发生重大不利变化;首次公开发行股票并在科创板上市的,核心技术人员应当稳定且最近2年内没有发生重大不利变化。

发行人的股份权属清晰,不存在导致控制权可能变更的重大权属纠纷,首次公开发行股票并在主板上市的,最近3年实际控制人没有发生变更;首次公开发行股票并在科创板、创业板上市的,最近2年实际控制人没有发生变更。

③不存在涉及主要资产、核心技术、商标等的重大权属纠纷,重大偿债风险,重大担保、诉讼、仲裁等或有事项,经营环境已经或者将要发生重大变化等对持续经营有重大不利影响的事项。

(4)发行人生产经营符合法律、行政法规的规定,符合国家产业政策。

最近3年内,发行人及其控股股东、实际控制人不存在贪污、贿赂、侵占财产、挪用财产或者破坏社会主义市场经济秩序的刑事犯罪,不存在欺诈发行、重大信息披露违法或者其他涉及国家安全、公共安全、生态安全、生产安全、公众健康安全等领域的重大违法行为。

董事、监事和高级管理人员不存在最近3年内受到中国证监会行政处罚,或者因涉嫌犯罪正在被司法机关立案侦查或者涉嫌违法违规正在被中国证监会立案调查且尚未有明确结论意见等情形。

107. 交易所发行上市审核有哪些步骤?

答:(1)申请与受理。发行人申请股票首次发行上市,应按照规定聘请保荐人进行保荐,并委托保荐人通过交易所发行上市审核业务系统报送发行上市申请文件。发行上市申请文件的内容与格式应当符合中国证监会和交易所的相关规定。交易所收到发行上市申请文件后5个工作日内,对文件进行核对,作出是否受理的决定,告知发行人及其保荐人,并在交易所网站公示。

(2)审核。交易所对发行上市申请文件进行审核,通过提出问题、回答问题等多种方式,督促发行人及其保荐人、证券服务机构完善信息披露,真实、准确、完整地披露信息,提高信息披露的针对性、有效性和可读性,提升信息披露质量。审核程序包括:审核机构审核,由交易所设立的发行上市审核机构,对发行人的发行上市申请文件进行审核,出具审核报告。上市委员会审议,由交易所上市委员会对发行上市审核机构出具的审核报告和发行上市申请文件进行审议,提出审议意见。向证监会报送审核意见,交易所审核通过的,向中国证监会报送发行人符合发行条件、上市条件和信息披露要求的审核意见、相关审核资料和发行人的发行上市申请文件。此外,审核还可能涉及会后事项、审核中止与终止、复审等程序。

108. 新三板挂牌企业 IPO 的主要流程有哪些?

答:目前,已有多家新三板挂牌企业通过 IPO 成功登陆证券交易所市场,还有不少挂牌企业正在积极筹备从新三板转到证券交易所市场。在直接转板机制尚未推出之前,新三板挂牌企业登陆证券交易所市场,还需要遵守首次公开发行并上市的审核流程。

新三板挂牌企业 IPO 主要流程包括:内部决策、辅导备案、申报材料、申请停牌、发行审核、核准发行、终止挂牌、发行上市。

109. 创业板发行条件规定发行人最近 2 年内董事、高级管理人员没有发生重大不利变化,应当如何理解?

答:发行人应当按照要求披露董事、高级管理人员的变动情况。中介机构对发行人的董事、高级管理人员是否发生重大不利变化的认定,应当本着实质重于形式的原则,综合两方面因素分析:一是最近 2 年内的变动人数及比例,在计算人数比例时,以上述人员合计总数作为基数;二是上述人员离职或无法正常参与发行人的生产经营是否对发行人生产经营产生重大不利影响。如果最近 2 年内发行人上述人员变动人数比例较大或上述人员中的核心人员发生变化,进而对发行人的生产经营产生重大不利影响的,应视为发生重大不利变化。变动后新增的董事、高级管理人员来自原股东委派或发行人内部培养产生的,原则上不构成人员的重大不利变化。发行人管理层因退休、调任等原因发生岗位变化的,不轻易认定为重大不利变化,但发行人应当披露相关人员变动对公司生产经营的影响。

110. 发行人在新三板挂牌期间形成契约型基金、信托计划、资产管理计划等"三类股东"的,对于相关信息的核查和披露有何要求?

答:发行人在新三板挂牌期间形成三类股东持有发行人股份的,中介机构和发行人应从以下方面核查披露相关信息:

(1)中介机构应核查确认公司控股股东、实际控制人、第一大股东不属于"三类股东"。

(2)中介机构应核查确认发行人的"三类股东"依法设立并有效存续,已纳入国家金融监管部门有效监管,并已按照规定履行审批、备案或报告程序,其管理人也已依法注册登记。

(3)发行人应当按照首发信息披露准则的要求对"三类股东"进行信息披露。通过协议转让、特定事项协议转让和大宗交易方式形成的"三类股东",中介机构应对控股股东、实际控制人、董事、监事、高级管理人员及其近亲属,本次发行的中介机构及其负责人、高级管理人员、经办人员是否直接或间接在该等"三类股东"中持有权益进行核查并发表明确意见。

(4)中介机构应核查确认"三类股东"已作出合理安排,可确保符合现行锁定期和减持规则要求。

111. 如何理解发行条件中"其他涉及国家安全、公共安全、生态安全、生产安全、公众健康安全等领域的重大违法行为"?

答:最近3年内,发行人及其控股股东、实际控制人在国家安全、公共安全、生态安全、生产安全、公众健康安全等领域,存在以下违法行为之一的,原则上视为重大违法行为:被处以罚款等处罚且情节严重;导致严重环境污染、重大人员伤亡、社会影响恶劣等。

有以下情形之一且中介机构出具明确核查结论的,可以不认定为重大违法行为:违法行为显著轻微、罚款数额较小;相关规定或处罚决定未认定该行为属于情节严重;有权机关证明该行为不属于重大违法。但违法行为导致严重环境污染、重大人员伤亡、社会影响恶劣等并被处以罚款等处罚的,不适用上述情形。

发行人合并报表范围内的各级子公司,若对发行人主营业务收入或净利润不具有重要影响(占比不超过 5%),其违法行为可不视为发行人本身存在相关情形,但其违法行为导致严重环境污染、重大人员伤亡或社会影响恶劣的除外。如被处罚主体为发行人收购而来,且相关处罚于发行人收购完成之前执行完毕,原则上不视为发行人存在相关情形。但发行人主营业务收入和净利润主要来源于被处罚主体或违法行为社会影响恶劣的除外。最近 3 年内无重大违法行为的起算时点,从刑罚执行完毕或行政处罚执行完毕之日起计算。保荐人和发行人律师应对发行人及其控股股东、实际控制人是否存在上述事项进行核查,并对是否构成重大违法行为及发行上市的法律障碍发表明确意见。

112. 北交所 IPO 上市条件是什么?

答:北交所 IPO 分为"前期整改准备、申报材料准备、在会审核、发行上市"四个阶段。此外,北交所 IPO 实行注册制,即北交所审核+证监会注册,从时间上看,北交所审核 2 个月。从理论上计算,想要在北交所上市,从申报到上市的时间为 6~8 个月。

(1)预计市值不低于 2 亿元,最近 2 年净利润均不低于 1500 万元且加权平均净资产收益率平均不低于 8%,或者最近 1 年净利润不低于 2500 万元且加权平均净资产收益率不低于 8%;

(2)预计市值不低于 4 亿元,最近 2 年营业收入平均不低于 1 亿元,且最近 1 年营业收入增长率不低于 30%,最近 1 年经营活动产生的现金流量净额为正;

(3) 预计市值不低于 8 亿元，最近 1 年营业收入不低于 2 亿元，最近 2 年研发投入合计占最近 2 年营业收入合计比例不低于 8%；

(4) 预计市值不低于 15 亿元，最近 2 年研发投入合计不低于 5000 万元。

上市规则方面，北交所与证券交易所保荐督导保持一致，不再实行主办券商持续督导制度。

113. 不良资产投资基金分为几种形式？

答：按照投资标的和处置方式的不同，可将不良资产投资基金分为债转股基金、破产企业司法重整基金、困境企业并购重组基金三种形式。

(1) 债转股基金。债转股基金既要符合国家监管政策，也要匹配市场需要。根据市场需求，市场化、法治化是本轮债转股基金的重要原则。不良资产处置方与社会资本联合成立的私募基金可对一级市场购买的不良资产包进行梳理，将其中一些运营尚可维持状态，财务状况相对良好，因为短期资金链断裂而形成商业银行不良贷款的相对优质企业甄别出来，作为债转股基金的主要标的资产。债转股基金将此类标的资产的债权转为股权，通过改善企业经营效率而提升企业价值，最终通过 IPO、并购、重组等退出，实现股权资产的增值。

(2) 破产企业司法重整基金。破产制度是市场化资源配置的一种重要法律形式。实践表明，破产重整基金是对困境企业救助的一种重要模式，符合新一轮不良资产处置市场化、法治化的基本原则，在处置破产企业问题时优势明显：第一，司法重整基金业务有利于资产管理公司（AMC）等金融机构切实服务实体经济并发挥问题企业重组并购和结构性调整的救助性功能，实现"企业脱困重生、银行化解不良、政府维护稳定、公司实现创利"多方共赢；第二，企业破产重整基金可以将广大社会资本出资人的资本优势和普通合伙人的处置经验优势结合，共同参与困境企业的重整过程，提高企业不良资产的处置效率；第三，从司法角度看，基金的投资安全性更高。对于破产企业重整计划，只要通过法院裁决依法具有了法律效力，就对参与破产程序的全体当事人皆产生约束力，所以不会因个别债权人、小股东或其他利益关系人的特殊要求而阻碍重组的进行。

(3)困境企业并购重组基金。对于因经营不善而导致困境的上市公司,AMC 也可以使用法庭外的并购重组模式,改善公司经营局面,以盘活困境企业。与司法重整方案不同的是,法庭外并购重组方案不需要法院司法裁决,而是处置方与困境企业之间的市场化行为。正因为如此,并购重组基金在标的企业的选择方面,应该避免介入连续亏损、不符合结构调整、转型升级的"僵尸"企业,而是挑选有更高盘活期望的高价值企业。并购重组基金的基本模式是 AMC 通过与外部投资者设立有限合伙企业,在重组基金中分别担任一般合伙人、有限合伙人共同参与困境企业的重组。一般的困境企业重组基金的重组方案包括债务减免、债务重组、流动性资金支持和退出等步骤。企业重组的关键是选择适合的重组方式,为企业创造价值,实现资本增值。

土地房产篇

114. 管委会与房地产公司签署的国有土地使用权出让协议是否有效？

答：无效。《最高人民法院关于审理涉及国有土地使用权合同纠纷案件适用法律问题的解释》第2条第1款明确规定：开发区管理委员会作为出让方与受让方订立的土地使用权出让合同，应当认定无效。无效协议的法律后果为：返还财产，没收违法所得并由过错方赔偿相应损失。

115. 哪些建设用地可以以划拨方式取得？

答：(1)国家机关用地和军事用地；
(2)城市基础设施用地和公益事业用地；
(3)国家重点扶持的能源、交通、水利等基础设施用地；
(4)法律、行政法规规定的其他用地。

116. 房地产公司在签署《土地使用权出让协议》后，擅自变更协议约定土地用途的，如何认定？

答：实践中，房地产公司在建设过程中将批准为住宅用途的土地变更为商住两用或者直接作为商业用途的情况比较常见。如在获得政府同意的情况下，合法有效，但如政府不同意或者在建设过程中擅自变更政府批准的方案设计，根据相关法律规定，土地的出让方有权解除土地使用权出让协议。如出让方解除协议，则房地产公司面临土地收回的问题。

法律依据：

《最高人民法院关于审理涉及国有土地使用权合同纠纷案件适用法律问题的解释》第六条。

117. 购买商业用房土地使用权年限届满后如何处理？

答：根据法律规定，如购买商业用房的，在土地使用权期限届满后,如需要继续使用土地的,应于期限届满前申请续期,除根据社会公共利益需要收回土地的,应当予以批准。经批准准予续期的,应当重新签订土地使用权出让合同,依据规定缴纳土地使用权出让金。

法律依据:

《城市房地产管理法》第二十二条。

118. 房地产公司与政府在签署的划拨国有土地使用权合同中约定使用年限是否合法?

答:法律没有规定划拨土地使用权的年限,但如政府与房地产公司在签署的协议中明确约定了划拨土地使用权年限的,该约定并未违反法律的强制性规定,应为合法约定。

法律依据:

《城市房地产管理法》第二十三条。

119. 国有土地使用权出让合同因受让方过错解除后,已缴纳的出让金如何处理?

答:如国有土地使用权出让合同中有明确约定的,应当按照合同约定进行处理。对于已缴纳的出让金,如其中涉及定金的,受让人违约导致能够适用定金罚则的,出让人有权不返还定金部分。对于已缴纳的出让金除定金以外的部分,出让人则无权扣除,应当予以返还,但受让人仍需就其违约行为承担相应的违约责任,原则上出让人有权从应当返还的出让金中扣除违约部分。

120. 拍卖土地是否需关注地下文物情况?

答:需要。根据我国相关法律规定,在进行大中型基本建设时,建设单位必须事先会同当地文化(文物)行政管理部门,对工程项目范围内(包括起土区)进行文物调查和勘探工作,确认无文物埋藏后,城乡建设规划部门方准发给施工许可证;在进行其他基本建设和生产建设时,工程范围内有可能埋藏文物的,也要进行文物调查和勘探工作。在基本建设中发现文物的,应立即停工或局部停工,指定专人负责保护,并报告当地文化、文物部门处理。如属重要发现,当地文化(文物)行政管理部门需及时报请省文化(文物)行政管理部门处理。但对何为大中型基本建设的界定标准,目前我省尚未明确规定。

法律依据:

《文物保护法》第二十九条、《河南省实施〈中华人民共和国文物保护法〉办法》第二十九条。

121. 未经抵押权人同意转让土地使用权,但受让人代为清偿债务时所签订的土地使用权合同是否有效?

答:根据相关法律规定,抵押期间,抵押人可以转让抵押财产。抵押人转让抵押财产的,应当及时通知抵押权人。但并未规定转让时未通知抵押权人的后果如何。学界认为抵押财产的转让,抵押权随之转让,原则上不会损害抵押权人的利益。不应因未通知抵押权人,就确认其转让无效。而且抵押期间,抵押人将抵押财产转让的,抵押权不受影响。

122. 土地使用权转让不过户,但签署协议后公证是否有效?

答:根据相关司法解释的规定,该土地使用权转让是有效的,但是按照《民法典》的规定,土地以登记的所有权人或使用权人为准,如果没有变更登记,合同的权利人只是取得了债权而没有取得物权。如果产生纠纷,则权利人的物权不一定能受到保护,所以建议办理使用权变更登记。

法律依据:

《最高人民法院关于审理涉及国有土地使用权合同纠纷案件适用法律问题的解释》第八条、《民法典》第二百零九条。

123. 农村承包经营土地未经发包方同意的转包行为是否有效?

答:根据相关法律规定,土地承包经营权采取转包、出租、互换、转让或者其他方式流转,应当经发包方同意,采取转包、出租、互换或者其他方式流转的,应当报发包方备案,承包方未经发包方同意,采取转让方式流转其土地承包经营权的,转让合同无效,故该行为无效。

法律依据:

《农村土地承包法》第三十六条、《最高人民法院关于审理涉及农村土地承包纠纷案件适用法律问题的解释》第十三条。

124. 土地使用权转让时,转让方尚未获得土地使用权证,如何认定其效力?

答:实践中经常存在一方土地使用权证正在办理过程中,但已经与第三方签署土地使用权转让协议的情况,在这种情况下,转让方未取得土地使用权证与受让方订立的土地使用权转让合同,就属于无权处分的情形。对无权处分行为的效力认定,通常认为:没有取得土地使用权证而签署的合同应属于效力待定合同,提供土地使用权一方的行为属于无权处分行为,该无权处分行为在转让方取得出让土地使用权证书或者经有批准权的人民政府批准之前属于效力待定的法律行为。但该无权处分行为的效力待定不是无期限的,在当事人向人民法院起诉前取得土地使用权证的,应认定合同有效。

125. 如何认定"光地"转让合同的效力?

答:"光地"转让主要违反了以出让方式取得土地使用权的,转让房地产时,应当符合"完成开发投资总额的百分之二十五以上"的规定,但该转让行为是否有效,我们倾向性认为法律之所以作此规定只是对土地使用权人"炒地"行为的限制,属于政府土地行政管理部门对土地转让的一种监管措施,而非针对土地使用权转让合同这种债权行为所作的禁止性规定。因此,相关法律作出的转让的土地没有达到法定投资开发条件不得转让的规定,仅仅是从行政管理的角度,规定转让的土地不符合法定投资开发条件的,不得办理土地使用权权属变更登记手续,但不能因而否认合同的效力。

法律依据：

《城市房地产管理法》、第三十九条。

126. 如何认定"一地数卖"的效力？

答：根据相关法律规定，对于存在"一地数卖"情况的，按照如下原则处理：在数个合同中，已经办理土地使用权变更登记手续的受让方，请求转让方履行交付土地等合同义务的，应予支持；如均未办理土地使用权变更登记手续，已先行合法占有投资开发土地的受让方请求转让方履行土地使用权变更登记等合同义务的，应予支持；如均未办理土地使用权变更登记手续，又未合法占有投资开发土地，先行支付土地转让款的受让方请求转让方履行交付土地和办理土地使用权变更登记等合同义务的，应予支持；合同均未履行，依法成立在先的合同受让方请求履行合同的，应予支持。

法律依据：

《最高人民法院关于审理涉及国有土地使用权合同纠纷案件适用法律问题的解释》第九条。

127. 划拨土地使用权能否转让？

答：根据相关法律规定，转让划拨土地使用权未经有批准权的人民政府批准，签署划拨土地使用权转让合同的，应当认定合同无效。但起诉前已经有批准权的人民政府批准办理土地使用权出让手续的，应当认定合同有效。

法律依据：

《最高人民法院关于审理涉及国有土地使用权合同纠纷案件适用法律问题的解释》第十一条、《城市房地产管理法》第四十条。

128. 划拨土地使用权是否必须办理出让手续后方可转让？

答：根据相关法律规定，如划拨土地使用权转让协议经有批准权的人民政府批准可以不办理出让手续的，可以将该划拨土地使用权直接划拨给受让方使用。这类情况主要发生在：转让方与受让方均为合法使用划拨土地使用权的主体，使用划拨土地符合国家关于《划拨土地用地目录》的情况。

法律依据：

《最高人民法院关于审理涉及国有土地使用权合同纠纷案件适用法律问题的解释》第十条、《城市房地产管理法》第四十条。

129. 土地使用权和地上建筑物、其他附着物所有权分割转让时，应如何处理？

答：根据相关法律规定，土地使用权和地上建筑物、其他附着物分割转让的，应当经市、县人民政府土地管理部门和房地产管理部门批准，并依照规定办理过户手续。

法律依据：

《城镇国有土地使用权出让和转让暂行条例》第二十五条。

130. 土地使用权转让后，受让人需要改变原土地使用权出让合同规定的土地用途时，如何处理？

答：根据相关法律规定，土地使用权转让后，需要改变土地使用权出让合同规定的土地用途的，应当征得出让方同意并经土地管理部门和城市规划部门批准，依据有关规定重新签订土地使用权出让合同，调整土地使用权出让金。

法律依据：

《城镇国有土地使用权出让和转让暂行条例》第十八条、第二十七条。

131. 以建成房屋作为受让土地对价，是否属于土地使用权转让合同？

答：应结合合同的具体约定来认定合同的性质。如果土地出让方不参与房地产的开发经营，不承担经营风险，只收取固定利益的，应当认定为土地使用权转让合同。

法律依据：

《最高人民法院关于审理涉及国有土地使用权合同纠纷案件适用法律问题的解释》第七条、第十二条、第二十一条。

132. 在划拨土地上建造房屋并出售，签订的房屋买卖合同是否有效？

答：在司法实践中存在一定争议，部分观点认为，在划拨土地上建造房屋并出售，签订的房屋买卖合同是无效的；部分观点则认为，在划拨土地上建造房屋并出售，签订的房屋买卖合同有效。

无效论的主要依据是《城市房地产管理法》第40条、《城镇国有土地使用权出让和转让暂行条例》第44条和第45条等，该观点认为上述规定除适用于划拨土地使用权转让情形外同样适用于划拨土地上房屋买卖合同纠纷。

有效论则认为，《城市房地产管理法》第40条、《城镇国有土地使用权出让和转让暂行条例》第44条和第45条均为管理性规定，与合同效力无关，刘某某、北京市农工商开发贸易公司确认合同无效纠纷再审案［(2019)最高法民再235号］也采信了该观点。

值得注意的是，《民法典》第215条规定："当事人之间订立有关设立、变更、转让和消灭不动产物权的合同，除法律另有规定或者当事人另有约定外，自合同成立时生效；未办理物权登记的，不影响合同效力。"因此，我们倾向认为房屋买卖合同有效，但未经主管行政部门批准并补交土地出让金，通常情况下买受人后续无法取得物权登记。

133. 以划拨土地与第三方所签订的合作建房合同，是否必然导致无效？

答：以划拨土地与第三方所签订的合作建房合同，并不必然导致合同无效。2005年发布的《最高人民法院关于审理涉及国有土地使用权合同纠纷案件适用法律问题的解释》第16条规定："土地使用权人未经有批准权的人民政府批准,以划拨土地使用权作为投资与他人订立合同合作开发房地产的,应当认定合同无效。但起诉前已经办理批准手续的,应当认定合同有效。"《民法典》出台后,因该条规定与《民法典》第215条规定不符,2020年修正后的《最高人民法院关于审理涉及国有土地使用权合同纠纷案件适用法律问题的解释》将该规定予以删除。因为,合作建房合同虽有效,但并不必然因合作建房而原始取得物权。

法律依据:

《民法典》第二百一十五条。

134. 通过股权转让获得土地应当进行哪些风险评估?

答: 通过股权转让方式获得土地,是目前常见的获取土地的方式之一,无须变更土地使用权证以及其他相关证件,只需要更换投资人即可,操作比较方便。但由于新股东需要承继目标公司的全部债权债务,所以对目标公司的前期考察非常重要。一般而言,进行股权转让之前需要进行如下尽职调查:①经营状况,主要对目标公司的未来可营利性进行判断分析;②财务调查,主要审查目标公司财务状况、完税状况、账面显示的债权债务状况等;③法务调查,主要审查工商登记状况、债权债务状况、有无隐形或其他遗留问题;④人事调查,主要对目标公司的劳动关系状况、薪金状况、人员状况、三金退休等问题进行审查。

135. 项目公司股权转让按土地资产值计算价款是否等于土地使用权转让?

答: 项目公司股权转让按土地资产值计算价款不等于土地使用权转让。

股权是一项综合性权利,包括社员权和财产权,而土地使用权系单纯的财产性权利,不存在社员权,因此股权转让不等于土地使用权转让。但是,在税收征管中,对于股权转让存在按照土地使用权转让征收土地增值税的做法。《国家税务总局关于以转让股权名义转让房地产行为征收土地增值税问题的批复》(国税函〔2000〕687号)中指出,鉴于深圳市能源集团有限公司和深圳能源投资股份有限公司一次性共同转让深圳能源(钦州)实业有限公司100%的股权,且这些以股权形式表现的资产主要是土地使用权、地上建筑物及附着物,经研究,对此应按土地增值税的规定征税。

136. 土地使用权能否设定抵押?在建工程仅办理土地抵押,效力是否及于土地上建筑物?

答:土地使用权可以设定抵押,但法律法规明确禁止抵押的除外。在建工程仅办理土地抵押分两种情况:①办理抵押时已存在的在建工程仅办理土地抵押的,效力及于地上建筑物。②办理抵押时尚不存在的在建工程,抵押效力不及于其后续建、新建部分。

当事人以正在建造的建筑物抵押,抵押权的效力范围限于已办理抵押登记的部分。当事人按照担保合同的约定,主张抵押权的效力及于续建部分、新增建筑物以及规划中尚未建造的建筑物的,人民法院不予支持。

法律依据:

《城市房地产管理法》第四十八条,《民法典》第三百九十七条、第三百九十八条、第四百一十七条,《最高人民法院关于适用〈中华人民共和国民法典〉有关担保制度的解释》第五十一条。

137. 合作开发房地产项目,双方均不具有房地产开发资质,所签订的合作协议是否有效?

答:根据相关法律规定,合作开发房地产项目的当事人双方均不具有房地产开发资质的,应当认定该合同无效。但起诉前当事人一方已经取得房地产开发经营资质或者已依法合作成立具有房地产开发经营资质的房地产开发企业的,应当认定合同有效。

法律依据:

《最高人民法院关于审理涉及国有土地使用权合同纠纷案件适用法律问题的解释》第十三条。

138. 合作开发房地产出现纠纷时，房地产项目尚未取得建设工程规划许可证，一方请求分配利润时如何处理？

答： 根据相关法律规定，对于合作开发房地产项目，在项目尚未取得建设工程规划许可证时出现纠纷，视为双方尚未进行合作，任何一方不能要求分配利润。如要求分配利润的一方向法院诉讼时，法院不予受理，如已经受理的，驳回起诉。

法律依据：

《最高人民法院关于审理涉及国有土地使用权合同纠纷案件适用法律问题的解释》第十六条。

139. 名为合作开发房地产合同实为其他性质合同的情形主要有哪些？

答： 合作开发房地产合同约定提供土地使用权的当事人不承担经营风险，只收取固定利益的，应当认定为土地使用权转让合同；合作开发房地产合同约定提供资金的当事人不承担经营风险，只分配固定数量房屋的，应当认定为房屋买卖合同；合作开发房地产合同约定提供资金的当事人不承担经营风险，只收取固定数额货币的，应当认定为借款合同；合作开发房地产合同约定提供资金的当事人不承担经营风险，只以租赁或者其他形式使用房屋的，应当认定为房屋租赁合同。

法律依据：

《最高人民法院关于审理涉及国有土地使用权合同纠纷案件适用法律问题的解释》第二十一条、第二十二条、第二十三条、第二十四条。

140. 设立地役权的土地使用权转让后，地役权是否消灭？

答： 不消灭。地役权自地役权合同生效时设立。地役权随着设立地役权的土地流转，地役权对供役地受让人具有法律约束力，但需注意,受让人继续承担地役权,地役权必须进行登记,未经登记,受让人构成善意取得的,不承担地役权。

法律依据:

《民法典》第三百七十四条、第三百八十条。

141. 企业抵押建筑物,担保财产是否包括建筑物占用范围内的建设用地使用权?

答:包括。以建筑物抵押的,该建筑物占用范围内的建设用地使用权一并抵押。以建设用地使用权抵押的,该土地上的建筑物一并抵押。抵押人未一并抵押的,未抵押的财产视为一并抵押。

法律依据:

《民法典》第三百九十七条。

142. 乡镇、村企业能否以其所有的建设用地使用权单独进行抵押?

答:不能。乡镇、村企业的建设用地使用权不得单独抵押。以乡镇、村企业的厂房等建筑物抵押的,其占用范围内的建设用地使用权一并抵押。

法律依据:

《民法典》第三百九十八条。

143. 企业抵押建设用地使用权,抵押后新增的建筑物是否为抵押财产?

答:不是。企业抵押建设用地使用权的,抵押的效力及于已经存在的建筑物,但是抵押后新增的建筑物不属于抵押财产。但在处置时,应当一并处置,对新增建筑物所得价款,抵押权人无权优先受偿。

法律依据:

《民法典》第四百一十七条。

144. 拍卖在建工程,拍卖人未尽瑕疵告知义务,是否应当承担赔偿责任?

答:在在建工程拍卖活动中,拍卖人向竞买人告知拍卖标的存在的瑕疵属于拍卖人的法定义务,除非拍卖人在拍卖前申明不能保证拍卖标的的真伪或品质的。拍卖人对拍卖标的的瑕疵告知义务负有严格的证明责任,且对买受人的损害承担先行赔付责任。如属于委托人责任的,拍卖人可向委托人追偿。

法律依据:

《拍卖法》第六十一条。

145. 哪些房地产禁止抵押?

答:下列房地产不得设定抵押:

(1)权属有争议的房地产;

(2)用于教育、医疗、市政等公共福利事业的房地产;

(3)列入文物保护的建筑物和有重要纪念意义的其他建筑物;

(4)已依法公告列入拆迁范围的房地产;

(5)被依法查封、扣押、监管或者以其他形式限制的房地产;

(6)依法不得抵押的其他房地产。

法律依据:

《城市房地产抵押管理办法》第八条。

146. 未经抵押权人同意转让抵押财产,是否影响转让不动产合同的效力?

答:不影响。《民法典》第406条第1款规定:"抵押期间,抵押人可以转让抵押财产。当事人另有约定的,按照其约定。抵押财产转让的,抵押权不受影响。"《最高人民法院关于适用〈中华人民共和国民法典〉有关担保制度的解释》第 43 条规定:"当事人约定禁止或者限制转让抵押财产但是未将约定登记,抵押人违反约定转让抵押财产,抵押权人请求确认转让合同无效的,人民法院不予支持;抵押财产已经交付或者登记,抵押权人请求确认转让不发生物权效力的,人民法院不予支持,但是抵押权人有证据证明受让人知道的除外;抵押权人请求抵押人承担违约责任的,人民法院依法予以支持。当事人约定禁止或者限制转让抵押财产且已经将约定登记,抵押人违反约定转让抵押财产,抵押权人请求确认转让合同无效的,人民法院不予支持;抵押财产已经交付或者登记,抵押权人主张转让不发生物权效力的,人民法院应予支持,但是因受让人代替债务人清偿债务导致抵押权消灭的除外。"

147. 出售已抵押的房屋,能否办理房屋所有权转移登记(过户登记)?

答:可以办理。如果抵押权人和抵押人约定,抵押期间抵押人不得转让抵押财产,并且将该约定在不动产登记机构进行了登记,抵押人将抵押的房屋转让时,不动产登记机构不予办理房屋所有权转移登记。即使办理了房屋所有权转移登记,购房人也不能取得房屋所有权,房屋所有权仍然没有转移。

法律依据:

《民法典》第四百零六条、《最高人民法院关于适用〈中华人民共和国民法典〉有关担保制度的解释》第四十三条。

148. 在购买商业用房时,是否需要考虑土地使用权的剩余年限?

答:房地不可分离,购买商业用房,应当特别注意商业用地土地使用权的剩余年限。根据法律规定,商业用地的土地使用权最高年限是50年,在购买房屋时一定要注意土地使用权剩余年限,因为到期后,需要补交土地出让金。在确定交易价格时要把土地使用权剩余年限作为重要因素之一。

149. 房地产开发企业违反控制性详细规划指标建设有哪些法律后果(例如商改住、超容积率建设等)?

答：房地产开发企业申请办理建设工程规划许可证的,只有符合控制性详细规划和规划条件的,由城市、县人民政府城乡规划主管部门或者省、自治区、直辖市人民政府确定的镇人民政府核发建设工程规划许可证。

如房地产开发企业违反控制性详细规划指标建设即违反了《城乡规划法》第40条的规定,将无法取得建设工程规划许可证。根据《城乡规划法》第64条的规定,未取得建设工程规划许可证或者未按照建设工程规划许可证的规定进行建设的,由县级以上地方人民政府城乡规划主管部门责令停止建设;尚可采取改正措施消除对规划实施的影响的,限期改正,处建设工程造价5%以上10%以下的罚款;无法采取改正措施消除影响的,限期拆除,不能拆除的,没收实物或者违法收入,可以并处建设工程造价10%以下的罚款。

法律依据：
《城乡规划法》第四十条、第六十四条。

150. 商品房售楼处未经客户许可收集客户人脸识别信息是否违法？应如何防范？

答：违法。根据《最高人民法院关于审理使用人脸识别技术处理个人信息相关民事案件适用法律若干问题的规定》的规定,建议如下：

(1)采用店堂公示等方式在入口位置明确提示意向消费者,售楼处存在人脸识别及生物信息采集系统,该个人信息采集系统会对消费者个人信息进行收集。

(2)在消费者看房购房流程中要求消费者签署知情同意书(难度较大,但是系合规所必须),允许售楼处设置人脸识别及生物信息收集系统收集、存储、使用消费者个人信息,告知消费者处理人脸信息的规则或者目的、方式、范围。

(3) 按照《个人信息保护法》的规定,在公共场所安装图像采集、个人身份识别设备,应当为维护公共安全所必需,遵守国家有关规定,并设置显著的提示标识。所收集的个人图像、身份识别信息只能用于维护公共安全的目的,不得用于其他目的;取得个人单独同意的除外。

法律依据:

《个人信息保护法》第二十六条、《最高人民法院关于审理使用人脸识别技术处理个人信息相关民事案件适用法律若干问题的规定》。

151. 开发商对项目规划范围外的承诺是否构成"要约"?

答: 商品房的销售广告和宣传资料成为要约必须同时符合以下条件:一是出卖人就房屋及相关设施所作的说明和允诺仅限于商品房开发规划范围内;二是所作的说明和允诺应为具体、确定的;三是对商品房买卖合同的订立及房屋价格的确定有重大影响。仅限于商品房开发规范范围内,即要约应当针对商品房本身。相关设施包括基础设施(如供暖、供电、供水、小区内景观、小区内道路、停车场)和配套设施(如商业、服务业、医疗、教育、公共交通),开发规划范围内的界定具体以当地主管部门的规划设计为主。若规划范围之外的环境、公益设施等未纳入合同中的事项,则不应视为合同内容,买受人不得以此追究出卖人的合同违约责任。出卖人仅能控制其开发范围红线内的房屋规划、绿化等相关事宜,开发范围以外的事项,出卖人不可控,若因政府市政规划等原因发生变化,出卖人无法提前预知或阻止其改变,故出卖人无须对此承担违约责任。

当然,对规划范围外的相关设施承诺不构成要约不代表开发商可以随意承诺,甚至进行虚假宣传,即使相关内容不被认定为有约束力的合同内容,出卖人也有可能承担缔约过失责任。

152. 作为出卖人的房地产开发企业在其未取得商品房预售许可证明之前与买受人签订的《商品房买卖合同》是否有效?

答: 无效,但是在起诉前取得商品房预售许可证明的,可以认定有效。

因此，作为出卖人的房地产开发企业在其未取得商品房预售许可证明，且在起诉前仍未取得的，通常应当认定双方签订的《商品房买卖合同》为无效合同。《全国法院民商事审判工作会议纪要》第32条第2款规定，"在确定合同不成立、无效或者被撤销后财产返还或者折价补偿范围时，要根据诚实信用原则的要求，在当事人之间合理分配，不能使不诚信的当事人因合同不成立、无效或者被撤销而获益。合同不成立、无效或者被撤销情况下，当事人所承担的缔约过失责任不应超过合同履行利益"。司法实践中，应当关注当事人是否违反诚实信用原则，是否存在恶意主张合同无效。特殊情况下，法院可以根据具体情况，认定双方签订的商品房预售合同为有效合同（如西安闻天科技实业集团有限公司与李某某确认合同无效纠纷案）。

153. 如何判断商品房买卖合同中格式条款的效力？

答： 因格式条款具有定型化特点，无法进行协商，合同双方在交易过程中权利义务是否对等、是否遵循最基本的公平原则，则成为考察格式条款效力的主要标准。故《民法典》第497条规定："有下列情形之一的，该格式条款无效：（一）具有本法第一编第六章第三节和本法第五百零六条规定的无效情形；（二）提供格式条款一方不合理地免除或者减轻其责任、加重对方责任、限制对方主要权利；（三）提供格式条款一方排除对方主要权利。"检索相关案例可知，法院在认定格式条款是否有效时主要判定案涉格式条款是否遵循基本的公平原则，即格式条款中是否存在免除己方责任、加重对方责任、排除对方主要权利的情形。

法律并没有对"免除己方责任、加重对方责任、排除对方主要权利"作出具体的解释说明和列举，但是《合同行政监督管理办法》对于经营者与消费者采用格式条款订立合同时经营者的责任作了具体规定，如：第7条规定："经营者与消费者订立合同，不得利用格式条款等方式作出减轻或者免除自身责任的规定。格式条款中不得含有以下内容：（一）免除或者减轻经营者造成消费者人身伤害依法应当承担的责任；（二）免除或者减轻经营者因故意或者重大过失造成消费者财产损失依法应当承担的责任；（三）免除或者减轻经营者对其所提供的商品或者服务依法应当承担的修理、重作、更换、退货、补足商品数量、退还货款和服务费用等责任;(四)免除或者减轻经营者依法应当承担的违约责任;(五)免除或者减轻经营者根据合同的性质和目的应当履行的协助、通知、保密等义务;(六)其他免除或者减轻经营者自身责任的内容。"第8条规定:"经营者与消费者订立合同,不得利用格式条款等方式作出加重消费者责任、排除或者限制消费者权利的规定。格式条款中不得含有以下内容:(一)要求消费者承担的违约金或者损害赔偿金超过法定数额或者合理数额;(二)要求消费者承担依法应当由经营者承担的经营风险;(三)排除或者限制消费者依法自主选择商品或者服务的权利;(四)排除或者限制消费者依法变更或者解除合同的权利;(五)排除或者限制消费者依法请求支付违约金或者损害赔偿金的权利;(六)排除或者限制消费者依法投诉、举报、请求调解、申请仲裁、提起诉讼的权利;(七)经营者单方享有解释权或者最终解释权;(八)其他加重消费者责任、排除或者限制消费者权利的内容。"

154. 因不可归责于双方的原因导致在《房产认购意向书》约定日期不能订立《商品房买卖合同》的,房地产开发企业是否应当退还定金?

答: 应当退还。《房产认购意向书》多数情况下属于预约合同,是购房者与房地产开发企业以签订本约合同即《商品房买卖合同》为目标而预先签订的临时性合同。定金是《房产认购意向书》中一个很重要的内容,也是买卖双方容易发生争议的重点问题。不可归责于双方的原因包括房地产新政策的出台引起的购房资格受限、首付比例提高、政府收购等因素,同时还包括不可抗力,如发生自然灾害等。因不可归责于当事人双方的原因导致在《房产认购意向书》约定日期不能订立《商品房买卖合同》的,房地产开发企业应当退还定金。

法律依据:

《最高人民法院关于审理商品房买卖合同纠纷案件适用法律若干问题的解释》第四条。

155. 规划和设计的变更是否必然导致买受人可以解除《商品房买卖合同》？

答：规划和设计的变更不必然导致买受人可以解除《商品房买卖合同》。规划、设计形态是商品房的基本状况的组成部分，对商品房的价格及买受人对商品房的选择等都具有很大的影响。实践中，常有房地产开发企业在预售商品房以后发生变更规划、设计的行为，由此引发一系列法律问题，尤其是买卖双方之间的合同纠纷和房地产开发企业由此承担的民事责任。在商品房项目建设过程中，规划变更一般是对建筑面积、容积率、绿化率、公共配套、层高、楼栋布局等进行的变更，规划主管部门对此监管严格，除审查变更的必要性和合理性之外，还需要通过公告征求项目业主或者买受人的意见、召开听证会等流程方能批准。而设计变更较为常见，设计单位依据房地产开发企业的要求，对原设计内容进行修改、完善、优化，设计变更一般以图纸或设计变更通知单的形式发出。《商品房销售管理办法》第 24 条规定："房地产开发企业应当按照批准的规划、设计建设商品房。商品房销售后，房地产开发企业不得擅自变更规划、设计。经规划部门批准的规划变更、设计单位同意的设计变更导致商品房的结构型式、户型、空间尺寸、朝向变化，以及出现合同当事人约定的其他影响商品房质量或者使用功能情形的，房地产开发企业应当在变更确立之日起 10 日内，书面通知买受人。买受人有权在通知到达之日起 15 日内做出是否退房的书面答复。买受人在通知到达之日起 15 日内未作书面答复的，视同接受规划、设计变更以及由此引起的房价款的变更。房地产开发企业未在规定时限内通知买受人的，买受人有权退房；买受人退房的，由房地产开发企业承担违约责任。"根据以上规定，规划变更导致商品房的结构型式、户型、空间尺寸、朝向变化，以及出现合同当事人约定的其他影响商品房质量或者使用功能情形的，房地产开发企业应当书面通知买受人且买受人有权选择退房，也就是解除合同，反之，若不存在该情形的，房地产开发企业无须通知买受人，买受人也无权解除合同。上述规定一般会约定在商品房买卖合同示范文本中,且示范文本中除上述约定外,也约定规划变更"涉及该商品房规划用途、面积、容积率、绿地率、基础设施、公共服务以及其他配套设施等规划许可内容经城乡规划主管部门批准变更的",房地产开发企业均应书面通知买受人且买受人有权选择解除合同。综上,并非所有规划、设计变更,房地产开发企业应当书面通知买受人,且买受人有权解除合同,而是在符合合同约定的情形下才产生如此法律后果。

156. 房屋存在质量问题时法院一般如何认定购房人的损失?

答:法院在对购房人的损失进行认定时,主要分为以下两种情形:第一,买受人自行或者委托他人修复的费用,对于政府机关及职能部门、司法鉴定单位出具的材料,人民法院应当对其真实性、合法性以及与待证事实的关联性进行判断,通常情况下可以采信,但如上述证据不能真实反映案件的真实情况或合法性、关联性方面存在问题,则不能当然作为人民法院认定案件事实的根据。第二,在修复费用及修复期间造成的其他损失,如致购房人无法对房屋正常使用、收益,双方当事人对由此造成的实际损失如何计算未作明确约定的,人民法院可以参考房屋同期租金(根据市场一般行情,决定房屋租赁价格的因素主要包括房屋面积、户型、地理位置、装潢档次、周边环境等因素)作为标准计算购房人的实际损失。

法律依据:

《民法典》第五百七十七条、第五百八十三条、第五百八十四条,《最高人民法院关于审理商品房买卖合同纠纷案件适用法律若干问题的解释》第九条、第十条。

157. 购房人因出卖人违约而遭遇限购政策,能否请求合同继续履行?

答:限购是国家对房地产行业进行调控的政策之一,若购房人被认定为限购对象,不具备购房的主体资格,那么房屋买卖合同在事实上已经无法继续履行,符合《民法典》第580条第1款规定的请求履行的情形除外,购房人不能请求继续履行合同,可以请求解除商品房买卖合同,并要求卖房人返还所收受的购房款或定金,如限购系因卖房人的原因造成的,则购房人可以追究卖房人的违约责任并要求赔偿其所受到的损失。

法律依据:

《民法典》第五百八十条。

158. 预购商品房抵押的预告登记是否产生抵押效力?

答:预购商品房抵押的预告登记经审查已经办理建筑物所有权首次登记,且不存在预告登记失效等情形的,应当认定抵押权自预告登记之日起设立并产生抵押效力。

法律依据:

《民法典》第二百二十一条、《最高人民法院关于适用〈中华人民共和国民法典〉有关担保制度的解释》第五十二条。

159. 租赁合同解除后,房屋内装修如何处理?

答:(1)在承租人经出租人同意装饰装修的情况下,除当事人另有约定外,对未形成附合的装饰装修物,可由承租人拆除。因拆除造成房屋毁损的,承租人应当恢复原状;对已形成附合的装饰装修物的处理,有约定的按约定,没有约定的,人民法院按照下列情形分别处理:①因出租人违约导致合同解除,承租人请求出租人赔偿剩余租赁期内装饰装修残值损失的,应予支持。②因承租人违约导致合同解除,承租人请求出租人赔偿剩余租赁期内装饰装修残值损失的,不予支持。但出租人同意利用的,应在利用价值范围内予以适当补偿。③因双方违约导致合同解除,剩余租赁期内的装饰装修残值损失,由双方根据各自的过错承担相应的责任。④因不可归责于双方的事由导致合同解除的,剩余租赁期内的装饰装修残值损失,由双方按照公平原则分担。

(2)承租人未经出租人同意装饰装修发生的费用,由承租人负担。出租人请求承租人恢复原状或者赔偿损失的,人民法院应予支持。

160. 承租人租赁的房屋被出卖给其他人，新的买受人能否要求承租人搬离？

答：不能。若租赁权设立在先，则买卖不破租赁，房屋买卖后，承租人租赁权不受影响，可以继续使用其所租赁的房屋。

法律依据：

《民法典》第七百二十五条。

161. 开发商能否在商品房买卖合同中约定，位于底层商品房窗前、建有合围设施、由买受人专有使用的院落（绿地），连同底层商品房一并出售给购房人？该约定需符合什么条件才为合法有效？

答：根据《民法典》第274条的规定，建筑区划内的绿地，原则上属于业主共有，但也存在属于个人使用的例外情形，该例外情形需符合"明示"这一条件，才能发生买受人享有专有使用权的法律效果。

所谓"明示"要同时具备以下两个要素：一是窗前绿地规划必须经过规划部门事先批准。如果仅是商品房规划获得有关部门批准而窗前绿地未报批，或报批未获批准，或开发商私下与买受人就窗前绿地使用权签订买卖协议后未补办规划批准手续的，都不能认定窗前绿地专有使用权的约定有效。二是开发商在出售商品房时，已经通过广告、合同或其他有效方式向其他业主明确表示窗前绿地属于底层业主专有或独占使用。

简言之，因为开发商的"广而告之"，其他业主知道或者应当知道窗前绿地属于底层业主专有使用。但应当注意以下三点：一是窗前绿地应当与底层商品房一同取得，一并转让；底层业主取得窗前绿地的仅是专有使用权而非所有权，但对绿地上的植被享有所有权。二是窗前绿地不得妨碍建筑区划内公共道路、公共场所、公用设施及物业服务用地等事关全体业主利益的公用设施的建设和使用。三是窗前绿地的专有使用权费用及绿地维护费用单独计算，由享有该专有使用权的业主承担，其他业主不承担此项费用。

法律依据：

《民法典》第二百七十四条。

162. 无处分权人出卖房屋，但买受人按照市场价格购买并支付价款，且房屋已经实际交付，但未办理权属变更登记的，买受人能否善意取得该房屋的所有权？

答：不能。根据《民法典》第209条、第311条的规定，房屋属于不动产，取得该房屋所有权需办理登记手续，同时需要满足善意取得条件。所以，因为没有办理权属变更登记，不能依据善意取得制度取得该房屋的所有权。

163. 抵押权效力是否及于租金？

答：及于租金。根据《民法典》第412条的规定，租金作为抵押物的孳息，自抵押之日起，抵押权人有权予以收取。

164. 小区公共收益归谁所有，如何支配？

答：根据《民法典》第282条的规定，小区的公告牌、道闸、电梯厢等广告费及地上车位费、公共区域场地占用费等均属于公共收益，在扣除合理成本之后，属于业主共有。

关于公共收益支配问题，《民法典》第283条规定："建筑物及其附属设施的费用分摊、收益分配等事项，有约定的，按照约定；没有约定或者约定不明确的，按照业主专有部分面积所占比例确定。"也就是说，如果业主大会或者相关业主希望公共收益能够用于补充专项维修资金、业主委员会工作经费或者物业管理方面的其他需要，按照相关约定处理；若无约定，应当按照业主专有部分面积所占比例确定公共收益的分配。

165. 小区公共收益是否需要公示？具体公示哪些内容？

答：需要公示。根据《民法典》第943条的规定，物业服务人应当定期将服务的事项、负责人员、质量要求、收费项目、收费标准、履行情况，以及维修资金使用情况、业主共有部分的经营与收益情况等以合理方式向业主公开并向业主大会、业主委员会报告。

以郑州市为例，《郑州市物业管理条例》规定，公共收益收支账目等会计资料应当在物业服务区域内显著位置公示，具体包括：①依法利用业主共有的停车场、公共场地、绿地、道路等共有部分经营所得的收益；②利用业主共有的游泳池、篮球场等共用设施经营所得的收益；③利用业主共有的停车场出入设施、电梯间、楼道及户外区域设置广告获得的收益；④因共用设施设备被侵占、损害所得的补偿、赔偿费用；⑤公共电信设施占用场地使用费等；⑥共有部分被依法征收的补偿费用；⑦公共收益的孳息；⑧依法属于全体业主的其他收益。

166. 什么是专项维修资金？维修资金的使用、续筹程序是怎样的？

答：专项维修资金是指专项用于物业共有部分、共用设施设备保修期满后的维修、更新和改造，属于业主共有且不得随意挪作他用的资金。

使用建筑物及其附属设施的维修资金，应当由专有部分面积占比2/3以上的业主且人数占比2/3以上的业主参与表决，经参与表决专有部分面积过半数的业主且参与表决人数过半数的业主同意。筹集建筑物及其附属设施的维修资金，应当由专有部分面积占比2/3以上的业主且人数占比2/3以上的业主参与表决，经参与表决专有部分面积3/4以上的业主且参与表决人数3/4以上的业主同意。

167. 作为交付条件的"竣工验收合格"与"竣工验收备案"有何不同？

答：《建筑法》第 61 条规定："交付竣工验收的建筑工程，必须符合规定的建筑工程质量标准，有完整的工程技术经济资料和经签署的工程保修书，并具备国家规定的其他竣工条件。建筑工程竣工验收合格后，方可交付使用；未经验收或者验收不合格的，不得交付使用。"《城市房地产管理法》第 27 条规定："房地产开发项目的设计、施工，必须符合国家的有关标准和规范。房地产开发项目竣工，经验收合格后，方可交付使用。"《建设工程质量管理条例》第 16 条规定："建设单位收到建设工程竣工报告后，应当组织设计、施工、工程监理等有关单位进行竣工验收。建设工程竣工验收应当具备下列条件：（一）完成建设工程设计和合同约定的各项内容；（二）有完整的技术档案和施工管理资料；（三）有工程使用的主要建筑材料、建筑构配件和设备的进场试验报告；（四）有勘察、设计、施工、工程监理等单位分别签署的质量合格文件；（五）有施工单位签署的工程保修书。建设工程经验收合格的，方可交付使用。"《城市房地产开发经营管理条例》第 17 条规定："房地产开发项目竣工，依照《建设工程质量管理条例》的规定验收合格后，方可交付使用。"

基于上述规定，商品房项目在建设完成之后实现"竣工验收合格"方可交付使用，这属于强制性交付条件。同时，《建设工程质量管理条例》第 49 条第 1 款规定："建设单位应当自建设工程竣工验收合格之日起 15 日内，将建设工程竣工验收报告和规划、公安消防、环保等部门出具的认可文件或者准许使用文件报建设行政主管部门或者其他有关部门备案。"《房屋建筑和市政基础设施工程竣工验收备案管理办法》第 4 条规定："建设单位应当自工程竣工验收合格之日起 15 日内，依照本办法规定，向工程所在地的县级以上地方人民政府建设主管部门（以下简称备案机关）备案。"第 5 条规定："建设单位办理工程竣工验收备案应当提交下列文件：（一）工程竣工验收备案表；（二）工程竣工验收报告。竣工验收报告应当包括工程报建日期，施工许可证号，施工图设计文件审查意见,勘察、设计、施工、工程监理等单位分别签署的质量合格文件及验收人员签署的竣工验收原始文件,市政基础设施的有关质量检测和功能性试验资料以及备案机关认为需要提供的有关资料;(三)法律、行政法规规定应当由规划、环保等部门出具的认可文件或者准许使用文件;(四)法律规定应当由公安消防部门出具的对大型的人员密集场所和其他特殊建设工程验收合格的证明文件;(五)施工单位签署的工程质量保修书;(六)法规、规章规定必须提供的其他文件。住宅工程还应当提交《住宅质量保证书》和《住宅使用说明书》。"据此有观点认为,商品房实现竣工验收合格的交付条件,应当还包括完成"竣工验收备案",或者说"竣工验收备案"属于法定强制性交付条件。应当自建设工程竣工验收合格之日起15日内,将建设工程竣工验收报告和规划、公安消防、环保等部门出具的认可文件或者准许使用文件报建设行政主管部门或者其他有关部门备案,可见"竣工验收合格"与"竣工验收备案"属于两个不同的流程,不能混为一谈。开发商在完成商品房建设之后,组织施工、设计、勘察、监理单位依法进行竣工验收并形成《竣工验收报告》(俗称"五方验收报告"),即为完成"竣工验收"的主要标志,而后在完成其他环节验收程序后,将相关资料送交主管部门进行竣工验收备案是按照行政管理要求实施的行为,也是之后进行不动产首次登记的必备条件之一,但该备案行为不属于"竣工验收合格"的内容,也即《商品房买卖合同》若约定"竣工验收合格"为交付条件的,竣工验收备案表(证)不是交付条件的内容,也不属于"竣工验收合格"的证明文件。

168. 在建筑物竣工验收交付后,物业管理用房的分割、转移、调整或重新配置由谁决定?

答:在建筑物竣工验收交付后,物业管理用房为业主共有,其分割、转移、调整或重新配置需经过业主大会决议由业主共同决定。

169. 什么是建筑物区分所有权?

答:建筑物区分所有权是不动产所有权的一种形态。所谓建筑物区分所有权,指的是权利人即业主对于一栋建筑物中自己专有部分的单独所有权、对共有部分的共有权以及因共有关系而产生的管理权的结合。

法律依据:

《民法典》第二百七十一条。

170. 在建筑物区分所有权中,需要由业主共同决定的事项,必须由全体业主一致同意吗?

答:根据《民法典》第278条的规定,下列事项由业主共同决定:

(1)制定和修改业主大会议事规则;

(2)制定和修改管理规约;

(3)选举业主委员会或者更换业主委员会成员;

(4)选聘和解聘物业服务企业或者其他管理人;

(5)使用建筑物及其附属设施的维修资金;

(6)筹集建筑物及其附属设施的维修资金;

(7)改建、重建建筑物及其附属设施;

(8)改变共有部分的用途或者利用共有部分从事经营活动;

(9)有关共有和共同管理权利的其他重大事项。

业主共同决定事项,应当由专有部分面积占比2/3以上的业主且人数占比2/3以上的业主参与表决。决定前述第(6)项至第(8)项规定的事项,应当经参与表决专有部分面积3/4以上的业主且参与表决人数3/4以上的业主同意。决定前述其他事项,应当经参与表决专有部分面积过半数的业主且参与表决人数过半数的业主同意。

171. 如何认定业主建筑物的专有部分?

答:《最高人民法院关于审理建筑物区分所有权纠纷案件适用法律若干问题的解释》第2条规定:"建筑区划内符合下列条件的房屋,以及车位、摊位等特定空间,应当认定为民法典第二编第六章所称的专有部分:(一)具有构造上的独立性,能够明确区分;(二)具有利用上的独立性,可以排他使用;(三)能够登记成为特定业主所有权的客体。规划上专属于特定房屋,且建设单位销售时已经根据规划列入该特定房屋买卖合同中的露台等,应当认定为前款所称的专有部分的组成部分。本条第一款所称房屋,包括整栋建筑物。"

172. 业主将住宅当作经营性用房使用应履行什么手续?

答:业主将其住宅当作经营性用房使用除应遵守相关法律、法规和小区管理规约之外,还应取得有利害关系的业主的一致同意。一般来说,该"有利害关系的业主"包含本建筑物内的其他业主,如建筑区划内本栋建筑物之外的业主主张与自己有利害关系的,应证明其房屋价值、生活质量受到或者可能受到不利影响。

法律依据:

《民法典》第二百七十九条、《最高人民法院关于审理建筑物区分所有权纠纷案件适用法律若干问题的解释》第十一条。

173. 购房人逾期收房怎么办?

答:《最高人民法院关于审理商品房买卖合同纠纷案件适用法律若干问题的解释》第8条规定:"对房屋的转移占有,视为房屋的交付使用,但当事人另有约定的除外。房屋毁损、灭失的风险,在交付使用前由出卖人承担,交付使用后由买受人承担;买受人接到出卖人的书面交房通知,无正当理由拒绝接收的,房屋毁损、灭失的风险自书面交房通知确定的交付使用之日起由买受人承担,但法律另有规定或者当事人另有约定的除外。"因此,如果双方在《商品房买卖合同》中约定因买受人原因未能按期交付的,视为在出卖人发出的《入伙通知函》等文件载明的交付日期已经交付,则开发商可以按照该约定执行。

174. 在房地产项目建设过程中,因灾害性天气、突发性公共卫生事件、环保管控等原因导致交房延期如何处理?

答:在开发商与业主签订的《商品房买卖合同》中,一般都约定在房屋建设期间因灾害性天气、突发性公共卫生事件、环保管控等原因导致交房延期的,开发商可以顺延交房日期。因此,开发商应实事求是统计因上述原因导致施工受影响的时间,然后根据具体情况与业主充分协商解决。业主向法院提起诉讼的,开发商可以依据合同约定和受影响的具体事实提出自己的答辩意见。

175. 房屋平面图贴错怎么办?

答:在签订《商品房买卖合同》时,贴错房屋平面图的情况时有发生。经检索郑州市及相关地区的案例,在贴反东、西户型平面图等类似情况下,法院会判决解除购房合同、开发商返还客户购房款及利息;在平面图与交付房屋存在细微差异影响采光、布局等情况下,法院一般会根据情况酌定是否判令开发商对客户进行一定的赔偿。因此,出现平面图贴错问题,开发商可以先与业主充分协商解决。如协商不成,业主向法院提起诉讼的,开发商可以根据合同约定和平面图贴错的具体原因提出相应的答辩意见。

176. 房屋层高纠纷如何解决?

答:在近些年的房屋交付过程中多有业主提出层高问题,根据《住宅设计规范》(GB 50096-2011)的规定,层高指上下相邻两层楼面或楼面与地面之间的垂直距离。层高不足的原因主要有设计变更、施工误差、填写笔误三种情况。对于设计变更,变更后开发商应及时书面告知业主,业主有权选择是否解除购房合同,如果没有提前告知的,业主有权在验房交付阶段及入住后合理时间内提出解除购房合同。对于施工误差,因施工中存在不同的施工工艺,加之部分开发商"精装"交付,双方可能基于对"层高"概念认识上的不同产生纠纷,此种情况下开发商应与业主充分沟通,打消业主的疑虑。如果业主向法院提起诉讼,开发商可以据实提出自己的答辩意见。对于填写笔误,开发商可以与业主充分协商,业主向法院提起诉讼的,开发商可以据实提出自己的答辩意见。

177. 房屋存在哪些质量问题买受人可以解除合同?

答:因房屋主体结构质量不合格不能交付使用,或者房屋交付使用后,房屋主体结构质量经核验确属不合格,以及因房屋质量问题严重影响正常居住使用的,业主可以请求解除购房合同并要求赔偿。

法律依据:

《最高人民法院关于审理商品房买卖合同纠纷案件适用法律若干问题的解释》第九条、第十条。

178. 业主断供如何解决?

答:在售房过程中,按揭贷款客户在与银行签订借款合同时,银行往往要求开发商提供阶段性连带责任担保,即开发商的担保责任一直到业主取得不动产权属证书并办理完毕抵押登记手续。而房屋从签订商品房买卖合同、借款合同到取得不动产权属证书并办理完毕抵押登记手续需要一定的周期,在此期间,如果业主断供,银行往往选择要求开发商承担担保责任,从开发商保证金账户中直接扣除保证金。实践中,只有在业主断供时间太长而开发商无保证金可以扣划的情况下银行才会考虑起诉业主和开发商。因此,出现业主断供开发商代偿的情况,开发商要及时了解业主现实经济状况,及时向业主发出支付开发商代缴款项的通知书向业主追偿,如果业主经济状况严重恶化,开发商可以根据情况考虑解除购房合同以减少损失。

179. 企业因房屋被政府部门强拆,要求行政赔偿,房屋价格波动较大,房屋损失赔偿时点怎么确定?

答:在征收案件中,评估报告是确定房屋补偿价值的核心证据。评估中如何选择评估时点,很大程度上决定了案件争议能否得到实质化解,合法权益能否得到充分保障。《国有土地上房屋征收与补偿条例》第 2 条规定的"应当对被征收房屋所有权人(以下称被征收人)给予公平补偿"原则,应贯穿于征收与补偿的全过程。房屋作为一种特殊的财物,价格波动较大,为了最大限度地保护当事人的权益,房屋损失赔偿时点的确定,应当选择最能弥补当事人损失的时点。在房屋价格增长较快的情况下,以违法行政行为发生时间为准,无法弥补当事人的损失,以法院委托评估时间为准,更加符合公平合理的补偿原则。

180. 在涉及政府征收国有土地及地上房屋等财产过程中,如果政府没有解决补偿问题,企业是否有权拒绝交出房屋和土地?

答:政府应该依法征收企业财产,严格遵守《国有土地上房屋征收与补偿条例》的规定,有征收必有补偿,无补偿则无征收。征收补偿应当遵循及时补偿原则和公平补偿原则。补偿问题未依法定程序解决前,被征收人有权拒绝交出房屋和土地。

181. 企业对取得使用权的国有土地闲置两年以上,政府部门是否可以无偿收回?

答:可以。土地未动工开发满两年的,由市、县国土资源主管部门报经有批准权的人民政府批准后,向国有建设用地使用权人下达《收回国有建设用地使用权决定书》,无偿收回国有建设用地使用权。闲置土地设有抵押权的,同时抄送相关土地抵押权人。属于政府、政府有关部门的行为造成动工开发延迟的,国有建设用地使用权人应当向市、县国土资源主管部门提供土地闲置原因说明材料,经审核属实的,可以采用延长动工开发期限,调整土地用途、规划条件,由政府安排临时使用,协议有偿收回国有建设用地使用权,置换土地等方式处理。

182. 企业作为房屋的承租人,因为涉案房屋被政府征收或者拆除,是否有权主张损失?

答:针对集体土地及其上的房屋的征收行为是国家将集体土地由农民集体所有转为国家所有,以及将农民所有的房屋转为国家所有的过程,引起的是土地所有权和房屋所有权的转移。一般而言,仅对土地所有权人、使用权人和房屋的所有权人等物权人的权益产生影响,普通承租人与征收行为之间不具有利害关系,不能针对征收行为提起行政诉讼。拆除房屋是征收过程中将房屋归于消灭的行为,具有独立存在的价值,其影响的范围不仅及于房屋本身,还及于房屋消灭时波及范围内的权益。毕竟,用于经营的房屋被拆除,承租人的经营设施等存在遭受强拆行为损害的可能。故拆除房屋行为不仅会对房屋所有权人的权益造成损害,也有可能对合法经营的承租人权益造成损害,政府在实施拆除房屋行为时,对房屋实际承租人可能存在的权益予以考虑并采取必要措施避免损失发生是其应尽的义务。故作为承租方的企业有权主张合法权益。

183. 企业占用耕地养殖,是否需要办理农用地转用手续?

答:根据《自然资源部、农业农村部关于设施农业用地管理有关问题的通知》的规定,设施农业用地包括农业生产中直接用于作物种植和畜禽水产养殖的设施用地。设施农业属于农业内部结构调整,可以使用一般耕地,不需落实占补平衡。不需要办理农业用地转用审批手续。

184. 对于企业的无证房屋,行政机关能否直接强制拆除?

答:不可以。无证房屋不等于无主房,无建房手续、没有取得房屋所有权证的房屋,如未被认定为违法建筑,政府及其职能部门不能任意强制拆除。房主对强拆行为不服的,有权向人民法院提起诉讼。

法律依据:
《城乡规划法》第六十四条。

建设工程篇

185. 承包人在签订施工合同时应注重审查发包人的哪些事项？

答：承包人在签订施工合同前，应注重审查作为建设方的发包人是否取得建筑工程规划许可证，作为工程总承包人的发包人对外分包时是否征得建设方的同意或者其分包的工程是否属于劳务分包。

186. 未签订书面建设工程施工合同的承包人能否主张工程款？

答：对已施工的工程，认定合同已经成立，工程质量合格的，如合同有效且能够根据当事人的举证确定双方对工程价款有约定的，则按照当事人约定支付工程价款；如合同无效，则参照当事人约定，折价补偿承包人；如当事人不能举证证明双方对工程价款达成一致的，按照市场造价进行鉴定确定支付工程价款或折价补偿的金额。已施工的工程质量不合格且无法修复或修复后仍不合格的，承包人主张支付工程价款的，人民法院不予支持。

法律依据：
《民法典》第四百九十条。

187. 如何控制和防范发包人派驻施工现场的代表或监理工程师频繁变动的法律风险？

答：为降低风险，在发包人派驻施工现场的代表人员变动时，承包人应及时索要《人员变动通知书》，并要求加盖单位印章。因建设工程多存在履行期限长、双方来往手续多等特点，在合同履行过程中，原备案合同中注明的发包人派驻施工现场履行合同的代表以及监理工程师，中途往往会发生变动。上述人员变动时，发包人往往仅口头通知承包人。但当竣工结算产生纠纷时，承包人手持仅有个人签名而无发包人或监理单位盖章的文件，要求增加工程款或要求工期顺延时，却遭到发包人的拒绝。此时，举证责任就转移到承包人，承包人需举证证明在相关文件上的签名者系发包人所派的现场代表，或系监理单位新派的监理工程师,否则该文件的有效性不能确认。这势必增加承包人的举证难度,往往导致承包人的合法利益受损。

188. 如何防止工程设计变更引起的工程价款调增却得不到保护的法律风险?

答:在合同履行过程中,因工程的设计变更,势必引起工程价款的变动,但是由于合同中索赔程序性条款的约定,往往导致承包人得不到因工程设计变更而本应相应调增的部分价款。《建设工程施工合同(示范文本)》(GF-2017-0201)通用条款第10.4.2条规定,承包人应在收到变更指示后14天内,向监理人提交变更估价申请。监理人应在收到承包人提交的变更估价申请后7天内审查完毕并报送发包人,监理人对变更估价申请有异议,通知承包人修改后重新提交。发包人应在承包人提交变更估价申请后14天内审批完毕。发包人逾期未完成审批或未提出异议的,视为认可承包人提交的变更估价申请。

189. 如何防范挂靠的项目经理将工程款挪作他用或虚列成本给承包人带来的风险?

答:对于挂靠的项目经理将业主给付的项目工程款挪用到其他项目中,而不及时支付工人工资和材料商的材料款,甚至虚列生产成本,故意造成严重亏损,导致材料商、分包人等起诉被挂靠公司索要款项。内部承包协议客观上已无法约束挂靠的项目经理,施工企业为了维护自身的声誉和施工资质,不得不先垫资材料商的材料款和工人工资。

为降低风险,施工企业应与挂靠项目经理签订正式规范的劳动合同,并依法为其办理社会保险,使企业与该项目经理之间建立名副其实的劳动关系;同时完善企业内部承包合同条款,明确项目经理应如实列支生产成本,不得挪用工程款等义务;明确只有在如实扣除各项生产成本之后,若有盈余,项目经理才有权自主分配。上述条件具备后,如果项目经理仍发生挪用工程款等行为,施工企业可以向公安机关报案,以追究其刑事责任。

190. 施工合同履行过程中,项目经理以工程项目部名义对外借款应否由公司承担还款责任?

答:施工合同履行过程中,对项目经理尤其是挂靠的项目经理,要加强教育管理,以免给公司造成重大损失。第三人向施工企业提起民间借贷之诉,施工企业应当积极应对,提出有效抗辩。司法实践中认为,项目经理以工程项目部名义对外借款由施工企业承担还款责任需要满足三个条件:首先,行为人具有代理权外观。例如,借条上有公司项目经理的签名,或加盖项目部印章。其次,相对人善意且无过失。相对人知道或者应当知道项目经理只有权进行与工程有关的行为,对外借款一般情况下不属于其职责范围内的事务,相对人需举证证明其有理由相信项目经理有权代表公司对外借款。最后,所借款项实际用于工程建设。

191. 未经发包人同意的专业分包及劳务分包(具有相应资质)是否有效?

答:未经发包人同意的专业分包(具有相应资质)有效,未经发包人同意的专业分包不属于违法分包。同时,未经发包人同意的劳务分包(具有相应资质)也有效。具有劳务作业法定资质的承包人与总承包人、分包人签订的劳务分包合同,当事人请求确认无效的,人民法院依法不予支持。

法律依据:

《建设工程质量管理条例》第七十八条、《建筑工程施工发包与承包违法行为认定查处管理办法》第十二条、《最高人民法院关于审理建设工程施工合同纠纷案件适用法律问题的解释(一)》第一条和第五条。

192. 中标合同的内容与招投文件不一致时,如何处理?

答:当事人签订的建设工程施工合同与招标文件、投标文件、中标通知书载明的工程范围、建设工期、工程质量、工程价款不一致,一方当事人请求将招标文件、投标文件、中标通知书作为结算工程价款的依据的,人民法院应予支持。当然,对于工程范围、建设工期、工程质量、工程价款之外的内容,应根据中标合同的约定执行。

法律依据:

《最高人民法院关于审理建设工程施工合同纠纷案件适用法律问题的解释(一)》第二十二条。

193. 另行签订的建设工程施工合同与中标合同不一致时,如何处理?

答:招标人和中标人另行签订的建设工程施工合同约定的工程范围、建设工期、工程质量、工程价款等实质性内容,与中标合同不一致,一方当事人请求按照中标合同确定权利义务的,人民法院应予支持。对于工程范围、建设工期、工程质量、工程价款之外的内容,应根据另行订立的合同确定权利义务。

法律依据:

《最高人民法院关于审理建设工程施工合同纠纷案件适用法律问题的解释(一)》第二条第一款。

194. 建设工程施工合同无效,合同履行过程中达成的结算工程价款补充协议是否有效?

答:补充协议有效。合同的权利义务终止,不影响合同中结算和清理条款的效力,因此,补充协议不因建设工程施工合同无效而必然无效。最高人民法院民一庭关于建工类案件11个问题的实务解答中明确:应该综合分析协议内容所反映出来的当事人之间权利义务关系的性质及与施工合同之间的法律关系,并不应以是否冠以"补充协议"称谓而简单认定二者的主从关系。如协议内容属于承发包双方对既存债权债务关系的清理,则具有独立性,且从诚实信用原则出发,不当扩大合同无效后果边界,易导致当事人利益失衡。

法律依据：
《民法典》第五百六十七条。

195. 招标前要求工程质量标准为合格，中标后又另行约定工程应拿到"鲁班奖"，否则不退还履约保证金，该约定是否有效？

答：如果另行约定已经构成对中标合同实质性内容的变更，应认定为无效。合同实质性内容一般包括工程价款、工程质量、工程期限等。在招标投标文件已经约定工程质量标准为合格的情况下，发包方与承包方又另行约定工程必须拿到"鲁班奖"（国家优质工程），否则就扣除履约保证金，已经改变了招标投标文件所约定的工程质量标准，属于背离合同实质性内容的协议，应认定无效。

法律依据：
《招标投标法》第四十六条。

196. 约定"中标合同仅作为备案使用，不作为工程价款结算的依据"能否排除中标合同的适用？

答：不能排除中标合同的适用，该约定违反"招标人和中标人另行签订的建设工程施工合同约定的工程范围、建设工期、工程质量、工程价款等实质性内容，与中标合同不一致，一方当事人请求按照中标合同确定权利义务的，人民法院应予支持"的规定，属于无效约定，不能排除中标合同作为结算的依据[参见最高人民法院（2021）最高法民申66号民事裁定书]。

法律依据：
《最高人民法院关于审理建设工程施工合同纠纷案件适用法律问题的解释（一）》第二条。

197. 建设工程施工合同无效后,发包人与承包人之间签订的以房抵工程款的协议是否也无效?

答：应综合分析判定。实务中,发承包双方就已欠工程款签订以房抵工程款(以房抵债)协议的情形较为常见。效力是否受施工合同无效的影响,应根据该协议的内容进行综合分析判定。首先,从以房抵工程款的协议来看,当事人约定的是用房屋(通常是在建房屋)抵已欠的工程款。《民法典》第793条第1款规定:"建设工程施工合同无效,但是建设工程经验收合格的,可以参照合同关于工程价款的约定折价补偿承包人。"《最高人民法院关于审理建设工程施工合同纠纷案件适用法律问题的解释(一)》第38条也规定:"建设工程质量合格,承包人请求其承建工程的价款就工程折价或者拍卖的价款优先受偿的,人民法院应予支持。"据此,即便施工合同因为未经法定招标程序无效,但只要工程质量合格,发包人便负有支付工程价款的义务。既然被折抵的债务不因合同无效而受影响,则以房抵债协议也不应在效力上遭受负面评价。其次,以房抵工程款协议为当事人对欠付的工程款进行结算的约定,性质上属于发承包双方对既有债权债务关系的清理。相较于施工合同,以房抵工程款协议具有相对的独立性,根据《民法典》第567条"合同的权利义务关系终止,不影响合同中结算和清理条款的效力"规定背后的立法精神,应肯定其效力。

198. 建设工程施工合同无效,工程价款如何结算?

答：《民法典》第157条规定,民事法律行为无效后,行为人因该行为取得的财产,不能返还或者没有必要返还的,应当折价补偿。第793条第1款规定,建设工程施工合同无效,但是建设工程经验收合格的,可以参照合同关于工程价款的约定折价补偿承包人。虽然法律规定"可以参照",但基于合同无效后承包人的人力、物力等物化到建设工程不能返还而进行的折价补偿,法院在处理时,是应当参照而非可以参照,法律并不赋予发包人或承包人单方选择权。

合同无效,且工程经验收不合格的,承包人承担修复费用,若修复后仍不合格的,承包人无权主张工程款,此外,还应赔偿发包人的损失。

199. 多份建设工程施工合同均无效,如何结算工程价款?

答:当事人就同一建设工程订立的数份建设工程施工合同均无效,但建设工程质量合格,一方当事人请求参照实际履行的合同关于工程价款的约定折价补偿承包人的,人民法院应予支持。实际履行的合同难以确定,当事人请求参照最后签订的合同关于工程价款的约定折价补偿承包人的,人民法院应予支持。除此之外,最高人民法院[参见(2017)最高法民终175号民事判决书]认为,将多份无效合同的价差作为损失,再根据双方导致合同无效的过错与履行过错进行责任比例划分确定损失数额。

法律依据:

《最高人民法院关于审理建设工程施工合同纠纷案件适用法律问题的解释(一)》第二十四条。

200. 工程质量合格的举证责任在哪一方?未完工程,如何证明工程质量合格?

答:应根据不同的情况确定举证责任。工程经竣工验收合格的,应当提交竣工验收证明文件;未完工程,应提交分部分项工程质量合格的验收报告;工程未竣工验收发包人擅自使用的,承包人应举证证明发包人擅自使用了建设工程;若以上均不具备,则承包人需要对已完工程申请质量鉴定。如工程竣工验收合格或未完工程分部分项验收合格,若发包人对工程质量有异议的,则应承担相应的举证责任。

参考判例:

最高人民法院(2020)最高法民终455号民事判决书。

201. 何种情况下,发包人应对工程质量不合格承担过错责任?

答:发包人提供的设计有缺陷,提供或者指定购买的建筑材料、建筑构配件、设备不符合强制性标准,直接指定分包人分包专业工程,造成建设工程质量缺陷,应当承担过错责任;承包人有过错的,也应当承担相应的过错责任。

法律依据:

《最高人民法院关于审理建设工程施工合同纠纷案件适用法律问题的解释(一)》第十三条。

202. 工程质量不合格,是否意味着承包人不能向发包人主张任何费用?

答:不是。若发包人对工程质量不合格也有责任,则应根据其过错程度赔偿承包人损失,承包人的损失可以看作对建设工程人材机等的实际投入。

法律依据:

《民法典》第七百九十三条、《最高人民法院关于审理建设工程施工合同纠纷案件适用法律问题的解释(一)》第十三条。

203. 承包人、分包人、实际施工人如何承担工程质量责任?

答:建筑工程实行总承包的,工程质量由工程总承包单位负责,总承包单位将建筑工程分包给其他单位的,应当对分包工程的质量与分包单位承担连带责任。分包单位应当接受总承包单位的质量管理。借用资质时出借方与借用方对建设工程质量不合格等因出借资质造成的损失承担连带赔偿责任;因建设工程质量发生争议的,发包人可以以总承包人、分包人和实际施工人为共同被告提起诉讼。

法律依据:

《建筑法》第五十五条、《最高人民法院关于审理建设工程施工合同纠纷案件适用法律问题的解释(一)》第七条和第十五条。

204. 合同解除后,如何结算工程价款?

答：合同解除后,已经完成的建设工程质量合格的,发包人应当按照约定支付相应的工程价款;已经完成的建设工程质量不合格的,参照《民法典》第793条的规定处理。

对未完工程解除合同的,计价标准和计价方法有约定的从约定,不能参照合同全部履约完成后的计价标准和计价方法;没有约定的,通常有五种处理原则:①以工程量为标准按比例折算(如《北京市高级人民法院关于审理建设工程施工合同纠纷案件若干疑难问题的解答》第13条);②以工程价款为标准按比例折算(如《重庆市高级人民法院、四川省高级人民法院关于审理建设工程施工合同纠纷案件若干问题的解答》第15条);③按工期比例计算;④采取公平原则,结合双方过错程度及鉴定机构计算的已完工程部分综合判断;⑤亦有观点或案例中认为,应根据《建设工程造价鉴定规范》第5.10.6条、第5.10.7条之规定,根据合同解除的原因对工程造价采取不同的鉴定标准,即所谓的"惩罚性结算"。

法律依据：

《民法典》第八百零六条第三款、《最高人民法院关于审理建设工程施工合同纠纷案件适用法律问题的解释(一)》第十九条。

205. 如何认定开工日期?

答：当事人对建设工程开工日期有争议的,人民法院应当分别按照以下情形予以认定:①开工日期为发包人或者监理人发出的开工通知载明的开工日期;开工通知发出后,尚不具备开工条件的,以开工条件具备的时间为开工日期;因承包人原因导致开工时间推迟的,以开工通知载明的时间为开工日期。②承包人经发包人同意已经实际进场施工的,以实际进场施工时间为开工日期。③发包人或者监理人未发出开工通知,亦无相关证据证明实际开工日期的,应当综合考虑开工报告、合同、施工许可证、竣工验收报告或者竣工验收备案表等载明的时间,并结合是否具备开工条件的事实,认定开工日期。

法律依据:

《最高人民法院关于审理建设工程施工合同纠纷案件适用法律问题的解释(一)》第八条。

206. 如何认定是否具备开工条件?

答:无论以开工通知还是以实际进场施工或者以开工报告、合同、施工许可证等材料判断开工日期,是否具备开工条件是审查重点,否则不宜作为确定开工日期的判断标准。具备开工条件通常是指:①合同或协议已经签订;②建设工程施工许可证已经领取;③三材指标或实物已经落实;④施工组织设计(施工方案)已经编制,并经批准;⑤临时设施、工棚、施工道路、施工用水、用电等条件已经基本完成;⑥工程定位测量已经具备;⑦施工图纸预算已经编制和审定;⑧其他方面如材料满足连续施工要求,临时设备满足施工和生活的需要,器械能够正常运行,劳动力满足施工需要,安全消防条件已经具备等。

207. 具备开工条件后,承包人如何填写开工报告的有效时间?

答:在工程具备开工条件后,承包人必须按规定如实填写《工程开工报审表》,同时保留经发包人、监理单位盖章确认的《开工报告》作为证明实际开工日期的有效资料。需要注意的是,《开工报告》中的开工日期一定要按实填写,不能简单依据合同约定,实际开工日期与合同约定不符的,《开工报告》中的计划竣工日期也要注意按合同约定的总日历天数相应调整。

最高人民法院在青海方升建筑安装工程有限责任公司与青海隆豪置业有限公司建设工程施工合同纠纷案[最高人民法院(2014)民一终字第69号民事判决书]中认为,合同约定的开工日期与实际开工日期不一致的,应当以改变了的日期作为开工日期。施工许可证载明的日期并不具备绝对排他的、无可争辩的效力,建筑工程施工许可证是建设主管部门颁发给发包人的准许其施工的凭证,只是表明了建设工程符合相应的开工条件,并不是确定开工日期的唯一凭证。实践中,建设工程开工日期早于或者晚于施工许可证记载日期的情形大量存在。就建设工程而言,发包人、承包人与监理单位共同确认的开工日期当然更具有证明力和说服力,应当成为认定案件事实的重要依据。

208. 开工通知与实际进场日期不一致时如何认定?

答:以实际进场日期为准。在认定开工日期时,应秉承开工日期的认定属于事实认定而非法律适用的原则。在开工通知(具备开工条件)与实际进场日期不一致时,应以实际进场日期作为开工日期。

法律依据:

《最高人民法院关于审理建设工程施工合同纠纷案件适用法律问题的解释(一)》第八条。

209. 如何认定竣工日期?

答:当事人对建设工程实际竣工日期有争议的,人民法院应当分别按照以下情形予以认定:①建设工程经竣工验收合格的,以竣工验收合格之日为竣工日期;②承包人已经提交竣工验收报告,发包人拖延验收的,以承包人提交竣工验收报告之日为竣工日期;③建设工程未经竣工验收,发包人擅自使用的,以转移占有建设工程之日为竣工日期。实务中,应以此为原则确定竣工日期。

法律依据:

《最高人民法院关于审理建设工程施工合同纠纷案件适用法律问题的解释(一)》第九条。

210. 承包人对于《竣工验收报告》的提交及工程实际交付时间的确认有何重要意义?

答:发包人恶意拖延验收的,以承包人提交竣工验收报告之日为竣工日期;发包人擅自使用的,以转移占有建设工程之日为竣工日期。因此,承包人要及时提交《竣工验收报告》,一旦发现发包人提前使用的,一定要采取拍照、录像或其他方式固定事实,如网络媒体对此有报道的,也可以在必要时对相关网页进行公证。

法律依据:

《最高人民法院关于审理建设工程施工合同纠纷案件适用法律问题的解释(一)》第九条。

211. 如何认定发包人拖延验收?

答:发包人或监理人收到承包人的竣工验收申请时,发包人应及时组织各方进行竣工验收。《建设工程施工合同(示范文本)》(GF-2017-0201)通用条款第13.2.3条规定,"因发包人原因,未在监理人收到承包人提交的竣工验收申请报告42天内完成竣工验收,或完成竣工验收不予签发工程接收证书的,以提交竣工验收申请报告的日期为实际竣工日期",故42天可作为发包人是否存在拖延验收的判断标准予以参考。

212. 合同约定以政府主管部门的竣工验收备案日期作为工程竣工日期,是否有效?

答:有效。关于竣工日期的确定,《建设工程施工合同(示范文本)》(GF-2017-0201)通用条款第13.2.3条明确规定了几种情形,但并无竣工验收备案日期的内容。《房屋建筑和市政基础设施工程竣工验收备案管理办法》第4条规定了责任主体是建设单位;第5条规定了建设单位办理工程竣工验收备案应当提交的文件,其中有些文件是承包人提交的,有些文件是建设单位提交的,建议将承包人提交的文件予以明确。在工程五方主体竣工验收合格后,承包人应将准备的竣工验收备案资料及时提交给建设单位,并及时发函催促建设单位办理竣工验收备案。

213. 约定工期顺延申请应在一定期限内提出,否则工期不予顺延,是否有效？已按期提出工期顺延申请,但发包人不予签认,如何处理?

答: 约定合法有效。当事人约定承包人未在约定期限内提出工期顺延申请视为工期不顺延的,按照约定处理。逾期索赔失权的内容促使合同当事人必须及时行使合同权利。

承包人向发包人或监理人提出工期顺延申请,发包人或监理人不予签认,但承包人仍应按照合同约定的期限向发包人或监理人提出,在不予书面签收的情况下,可在相关的例会纪要中提出或向合同约定的地址或邮箱送达,避免事后发包人不予认可。

法律依据:

《最高人民法院关于审理建设工程施工合同纠纷案件适用法律问题的解释(一)》第十条。

214. 承包人提出工期顺延合理抗辩的事由有哪些?

答: 首先,承包人应证明非怠于行使权利,系因客观原因未提出索赔请求。如虽未提交索赔报告、提出正式索赔请求但是通过其他方式作出了工期应予顺延的意思表示(向监理报告了事件对工期的影响),或者发生法律规定的免责事件(发生不可抗力导致施工方式发生变化、不能保障施工人员到位、降低了施工效率等),但事件导致延期的时间暂时无法确定,无法在事件发生后的规定时间提出索赔请求。

其次,承包人未在约定时间提出工期顺延不会影响对索赔事件的调查。在处理工期顺延争议时,应该明确当事人对申请工期顺延期限进行约定的主要目的是防止纠纷发生时事实真伪不明。如承包人未在约定时间提出工期顺延并不影响查明事实,则法院对承包人的工期顺延主张可予审查。

最后,要考虑承包人主张工期顺延对发包人的影响。发包人是否会因为承包人未予索赔而相信承包人不再主张工期顺延,从而做了不予顺延工期的安排。工程施工过程中发包人与承包人应密切配合以完成工程项目,双方的权利义务交错进行,互相影响。应尽量综合考虑双方的约定、履行行为、外界条件的变化,正确判断工程逾期的原因,并分配责任避免出现不公平的后果。

以《建设工程施工合同(示范文本)》(GF-2017-0201)为例,合理抗辩一般包括以下几种情形:发包人违约——通用条款第7.5.1条;不利物质条件——通用条款第7.6条;异常恶劣的气候条件——通用条款第7.7条;不可抗力——通用条款第17.1条;合同/工程变更——通用条款第10.1条。

215. 未经竣工验收发包人擅自使用后,是否有权要求承包人按照合同约定整改? 承包人是否承担缺陷责任与保修责任?

答: 发包人擅自使用后,视为发包人同意按现状接收建设工程,无权再要求承包人按照合同约定进行整改。发包人擅自使用后,承包人仍有义务配合发包人组织工程竣工验收。配合发包人对工程进行竣工验收,既是承包人的合同义务,也是法定的协助义务,擅自使用所产生的法律后果是视为工程竣工验收合格,但建设工程仍要进行竣工验收及办理竣工验收备案手续,此时承包人仍有义务配合发包人进行竣工验收。

承包人仍应当承担缺陷责任及保修责任。实务中对此有不同的认识:一种观点认为,按照《最高人民法院关于审理建设工程施工合同纠纷案件适用法律问题的解释(一)》第14条的规定,建设工程未经竣工验收,发包人擅自使用后,又以使用部分质量不符合约定为由主张权利的,人民法院不予支持;但是承包人应当在建设工程的合理使用寿命内对地基基础工程和主体结构质量承担民事责任。另一种观点认为,保修是承包人的法定义务,不因发包人擅自使用工程而免除。《建筑法》第62条规定:"建筑工程实行质量保修制度。建筑工程的保修范围应当包括地基基础工程、主体结构工程、屋面防水工程和其他土建工程,以及电气管线、上下水管线的安装工程,供热、供冷系统工程等项目;保修的期限应当按照保证建筑物合理寿命年限内正常使用,维护使用者合法权益的原则确定。具体的保修范围和最低保修期限由国务院规定。"

法律依据：

《建筑法》第六十二条、《最高人民法院关于审理建设工程施工合同纠纷案件适用法律问题的解释(一)》第十四条。

216. 能否因发包人不支付工程款拒绝移交已竣工工程？

答：不可以。虽然建设工程合同是一种特殊的承揽合同，但因其标的的特殊属性，不宜适用承揽人的留置权规定，但双方有明确约定的除外。有合同约定或无约定但径行占有的，占有价值应与发包人欠付工程款数额持平或重要程度持平，否则将有可能面临发包人对于实际损失的追责。

217. 发包人擅自使用后，工程经竣工验收不合格的，工程质量如何认定？发包人是否可以再提起工程质量鉴定？

答：发包人擅自使用建设工程，视为工程竣工验收合格，实则是一个拟制条款，发包人对擅自使用承担视为工程质量合格的不利后果。若发包人擅自使用建设工程后，经竣工验收工程质量不合格的，说明工程确系存在质量问题，此时承包人仍需要整改至合格，但因发包人的擅自使用导致工程质量不合格的除外。

发包人擅自使用后，视为工程质量合格，发包人无权再提出质量鉴定。亦有观点认为，未经竣工验收擅自使用视为工程质量合格的规定实质上属于法律推定，是可以反驳推翻的，若有证据证明工程确实存在质量问题，允许启动工程质量鉴定。

法律依据：

《最高人民法院关于审理建设工程施工合同纠纷案件适用法律问题的解释(一)》第十四条。

218. 保修期内产生的修复费用，是否均由承包人承担？

答：承包人进行保修期内的维修，不等同于承担最终的维修费用。

在缺陷责任期与保修期存在重合的情况下，缺陷责任期内，由承包人原因造成的缺陷，承包人应负责维修，并承担鉴定及维修费用；由他人原因造成的缺陷，发包人负责组织维修，承包人不承担费用，且发包人不得从保证金中扣除费用。

法律依据：

《建设工程质量保证金管理办法》第九条。

219. 未约定工程质量保证金的返还期限，如何处理？

答：当事人未约定工程质量保证金返还期限的，自建设工程通过竣工验收之日起满2年；因发包人原因建设工程未按约定期限进行竣工验收的，自承包人提交工程竣工验收报告90日后当事人约定的工程质量保证金返还期限届满；当事人未约定工程质量保证金返还期限的，自承包人提交工程竣工验收报告90日后起满2年。

法律依据：

《最高人民法院关于审理建设工程施工合同纠纷案件适用法律问题的解释（一）》第十七条。

220. 约定的保修期低于或高于法定最低保修期是否有效？

答：低于法定最低保修期无效。通常认为，承发包双方对于质量保修期的约定低于《建设工程质量管理条例》第40条规定的最低保修期限，应认定该约定无效，按照法律规定的最低年限处理。如《北京市高级人民法院关于审理建设工程施工合同纠纷案件若干疑难问题的解答》第31条、《浙江省高级人民法院民事审判第一庭关于审理建设工程施工合同纠纷案件若干疑难问题的解答》第4条均持此种观点。

高于法定最低保修期有效。《建设工程质量保证金管理办法》第2条规定的缺陷责任期最长不超过2年，但该办法是由住房和城乡建设部、财政部颁布的，效力层级上属于部门规章，违反该规定的不导致合同无效，因此约定的缺陷责任期超过2年部分仍然有效。

221. 对工程量有争议的,如何证明?

答:当事人对工程量有争议的,按照施工过程中形成的签证等书面文件确认。通常认为,签证属于补充协议,可以直接作为认定工程量的证据。没有签证手续的,承包人需要证明其施工是经发包人同意或授权的,不是因为返工等自身原因产生的工程量。如双方当事人在建设工程施工过程中形成的补充协议、会议纪要、工作联系单、工程变更单、结算协议等书面证据,可以作为工程量计算和工程价款认定的依据。

法律依据:

《最高人民法院关于审理建设工程施工合同纠纷案件适用法律问题的解释(一)》第二十条。

222. 监理人对工程量的签认,能否作为确认工程量的依据?

答:一般情况下不能。委托监理,是指发包人将工程建设的一部分管理权限授予监理单位,监理单位根据发包人的授权开展工作。

监理的法律特征与委托监理相似,但仍具有区别于委托监理的法律特征。监理人与发包人之间是平等关系,是特殊的委托合同。其"特殊"在于监理人不仅要为发包人提供监理服务,维护发包人的合法权益,而且有责任维护承包人的合法权益。关于监理单位的法律性质和定位,《建设工程委托监理合同(示范文本)》(已失效)第二部分"标准条件"第 19 条规定,在委托的工程范围内,委托人或者承包人对对方的任何意见和要求(包括索赔要求),均必须首先向监理机构提出,由监理机构研究处置意见,再同双方协商确定。当委托人和承包人发生争议时,监理机构应当根据自己的职能,以独立身份判断,公正地进行调解。应当讲,监理单位在发包人与承包人之间起到了维系公平交易、等价交换的制衡作用,不能将其单纯视为发包人的利益代表。与之相符,《建筑法》第 34 条第 2 款、第 3 款规定:"工程监理单位应当根据建设单位的委托,客观、公正地执行监理任务。工程监理单位与被监理工程的承包单位以及建筑材料、建筑构配件和设备供应单位不得有隶属关系或者其他利害关系。"

监理工程师签认的工程量月报表属于书证，具备民事诉讼法意义上的证据效力，但不发生签证效力。首先，按照《建筑法》第 32 条、《建设工程质量管理条例》第 36 条、第 37 条、第 38 条、《建设工程安全生产管理条例》第 14 条等规定，监理工程师不具备签认工程决算月报表的法定职责。其次，需审核监理合同约定的内容，如监理合同约定监理工程师有签认工程月报表的职责，此约定对承包人并不发生效力；只有施工合同中有此约定，才对承包人发生签证效力。最后，看交易惯例。施工过程中，监理工程师有签认施工月报表的工作惯例。对签认的结果，如各方当事人未提出异议，仅对一份或几份签认结果不认可，则监理工程师的签认行为构成表见代理，发生签证效力。除上述情况外，监理工程师对施工月报表的签认行为不发生签证效力。

法律依据：

《建筑法》第三十二条，《建设工程质量管理条例》第三十六条、第三十七条、第三十八条，《建设工程安全生产管理条例》第十四条。

223. 因工期延误、费用增加，承包人索赔需要收集哪些证据？

答：承包人主要需要准备以下几方面的证据材料：①发包人提供工程报建手续、施工许可证、准确工程图纸（包括完成图纸会审）、施工现场、完备的施工条件以及全面基础资料的具体时间节点；②设计变更通知单（变更内容、时间）；③工程签证（签证内容、时间）；④发包人分包分供违约（供货/施工迟延、存在质量问题）；⑤发包人或监理人拖延关键节点验收；⑥发包人迟延支付工程款（包括预付款、进度款）；⑦第三方或不可抗力因素持续天数（包括现场周边居民闹事、工人罢工、政府发文要求停工、现场异常天气、停水停电等事项）；⑧业主往来函件，监理单位停（复）工通知，监理会议纪要，承包人施工组织进度计划及驻场施工、管理人员名单及工资发放和签收明细，现场停滞费用凭证等。

224. 发包人收到竣工结算文件后,不予答复是否视为默示认可?

答:"当事人约定,发包人收到竣工结算文件后,在约定期限内不予答复,视为认可竣工结算文件的,按照约定处理。承包人请求按照竣工结算文件结算工程价款的,人民法院应予支持",被称为发包人的"逾期默认条款",可帮助承包人尽快实现工程债权。同时,《建设工程施工合同(示范文本)》(GF-2017-0201)通用条款第14.2条、《建筑工程施工发包与承包计价管理办法》第18条及《建设工程价款结算暂行办法》第16条对此也有所规定。为了避免争议,建议将通用条款列入相对应的专用条款或将上述部门规章直接约定予以适用。

通用条款对逾期不答复视为认可有约定,专用条款没有约定,也适用逾期不答复视为认可,但对此存在不同的认识。一种观点认为,建设工程施工合同专用条款中未明确约定,当事人要求按照竣工结算文件进行工程价款结算的,不予支持。如《四川省高级人民法院关于审理建设工程施工合同纠纷案件若干疑难问题的解答》第18条。另一种观点认为,通用条款或专用条款约定皆可。如《民事审判指导与参考》总第67辑(第274页)明确:该条款的适用有严格条件:一是合同通用条款或专用条款中明确约定发包人收到竣工结算文件后,在约定期限内不予答复,视为认可竣工结算文件。二是发包人确实没有回复,如果发包人有回复,亦不能适用该规定。

法律依据:

《最高人民法院关于审理建设工程施工合同纠纷案件适用法律问题的解释(一)》第二十一条。

225. 合同无效,逾期不答复视为认可的约定能否适用?

答:实务中对此有争议。

一种观点认为,以有效为前提。默示推定条款,有严格的适用条件,应当严格适用,施工合同的效力也影响工程价款的结算方式,应以当事人有效约定为要件。建设工程施工合同无效,约定的默示推定条款不具有约束力,不适用。汪金敏在《工程纠纷100讲》一书中亦认为,"合同有效且明确约定'逾期答复视为认可'是按送审价结算的前提条件,如果合同进行了约定,但合同无效,同样不可以按送审价结算"。周利明在《解构与重塑·建设工程合同纠纷审判思维与方法》(第一版)一书中认为,"承包人若主张构成默示条款的适用,即发包人构成对竣工结算文件的认可,应当具备以下构成要件:(1)当事人对竣工结算'默示条款'存在有效和明确约定,如合同协议书、合同通用条款、专用条款、补充协议、会议纪要等,并尽可能证明涉案合同系有效合同"。南阳宛达昕高速公路建设有限公司、内蒙古博源控股集团有限公司建设工程施工合同纠纷案[最高人民法院(2018)最高法民终879号]、湖北长安建筑股份有限公司与武汉康恒房地产开发有限公司建设工程施工合同纠纷案[最高人民法院(2016)最高法民终518号]中法院持该观点。

另一种观点认为,逾期不答复视为认可属于结算和清理条款,不因合同无效而不适用。根据《民法典》第567条的规定,合同终止,合同中有关结算和清理的条款仍然有效。因此,施工合同无效并不必然影响结算协议的效力。北海湾春投资开发有限公司与浙江横店建筑工程有限公司建设工程施工合同纠纷再审案[最高人民法院(2018)最高法民申3636号]中法院持该观点。

226. 工程欠款利息从何时起算？逾期付款违约金和利息能否一并主张？

答: 利息从应付工程价款之日开始计付。当事人对付款时间没有约定或者约定不明的,下列时间视为应付款时间:①建设工程已实际交付的,为交付之日;②建设工程没有交付的,为提交竣工结算文件之日;③建设工程未交付,工程价款也未结算的,为当事人起诉之日。

逾期付款违约金和利息能否一并主张？实务中对此有不同的认识。

一种观点认为,工程款利息是法定孳息,违约金是一方因其违约行为给对方造成损失的赔偿,二者性质不同。对所欠工程款利息的请求与迟延付款违约金的诉讼请求不构成重复主张。

另一种观点认为,违约金具有惩罚性,约定的违约金足以弥补利息损失,再行要求支付利息无依据。如在西藏九鼎建设有限公司建设工程合同纠纷再审案[最高人民法院(2019)最高法民申4080号]中,最高人民法院认为,在没有充分证据证明违约金不足以弥补其损失的情况下,逾期付款利息的请求不予支持。

法律依据:

《最高人民法院关于审理建设工程施工合同纠纷案件适用法律问题的解释(一)》第二十七条。

227. 未约定利息,能否依据《保障中小企业款项支付条例》的规定按日万分之五利率主张利息?

答:可以。《保障中小企业款项支付条例》第1条规定:"为了促进机关、事业单位和大型企业及时支付中小企业款项,维护中小企业合法权益,优化营商环境,根据《中华人民共和国中小企业促进法》等法律,制定本条例。"因此,若发包人为机关、事业单位即大型企业,承包人为中小企业,则承包人可依据该条例第15条"机关、事业单位和大型企业迟延支付中小企业款项的,应当支付逾期利息。双方对逾期利息的利率有约定的,约定利率不得低于合同订立时1年期贷款市场报价利率;未作约定的,按照每日利率万分之五支付逾期利息"之规定,要求按照每日利率万分之五支付逾期利息。

228. 建设工程合同约定逾期付款违约金过高的如何调整?

答:逾期支付工程款,承包人的损失实则为资金占用费,建设工程逾期付款违约金应以不超过承包人实际损失的1.3倍为标准进行调整。对于承包人无证据证明实际损失的,逾期付款损失可以参照《最高人民法院关于审理买卖合同纠纷案件适用法律问题的解释》第18条第4款的规定,违约行为发生在2019年8月19日之前的,以中国人民银行同期同类人民币贷款基准利率为基础,参照逾期罚息利率标准计算;违约行为发生在 2019 年 8 月 20 日之后的,以违约行为发生时中国人民银行授权全国银行间同业拆借中心公布的 1 年期贷款市场报价利率(LPR)标准为基础,加计 30%~50%计算逾期付款损失。

229. 垫资利息的保护上限是多少?发包人向承包人借款建设工程,借款利息是否受垫资利息上限的约束?

答:对于垫资利息,没有约定利息的,不计利息,约定的垫资利息计算标准不得超过垫资时的同类贷款利率或者同期贷款市场报价利率,超过部分无效。

发包人向承包人借款,双方形成借贷关系,只要约定的利息在法律保护上限范围内,亦合法有效。

法律依据:

《最高人民法院关于审理建设工程施工合同纠纷案件适用法律问题的解释(一)》第二十五条。

230. 约定承包人对外融资进行垫资施工,发包人承担融资成本及利息的,融资成本是否受垫资利息上限的约束?

答:承包人对外融资进行垫资施工,不同于承包人自有资金垫资施工。若发包人对承包人垫资施工明知且同意对外融资利息的,该约定合法有效。在延边敖翔房地产开发有限公司与王某某建设工程施工合同纠纷再审案[(2014)民申字第 1873 号]中,最高人民法院认为,承包人对外融资是发包人所同意,发包人应承担相应的融资利息。在贵州万坤房地产开发有限公司诉贵州建工楼宇环境工程有限公司建设工程施工合同纠纷案[(2017)最高法民申 4191 号]中法院持同样观点。

231. 当事人约定固定总价的,一方申请鉴定是否准许?

答:不准许。当事人约定按照固定价结算工程价款,一方当事人请求对建设工程造价进行鉴定的,人民法院不予支持。但当工程范围、工程量、施工条件、工期等发生变化时,固定价所固定的内容就发生了变化,此时应当允许突破固定价不予鉴定的原则。当然固定价应为固定总价,非固定单价,固定单价情况下需要对已完工程量进行鉴定,进而确定合同价款。

法律依据:

《最高人民法院关于审理建设工程施工合同纠纷案件适用法律问题的解释(一)》第二十八条。

232. 达成结算协议后,一方是否有权就结算协议以外的事项主张权利?

答:实务中对此存在不同的认识:

第一种观点认为,合同当事人在进行工程竣工结算时,应当依照合同约定就对方当事人履行合同是否符合约定进行审核并提出相应索赔。索赔事项及金额应在结算时一并核定处理。因此,除在结算时因存在争议而声明保留的项目外,竣工结算资料经各方审核确认后的结算意见,属于合同各方进行工程款清结的最终依据。一方当事人在进行结算时没有提出相关索赔主张或声明保留,完成工程价款结算后又以对方之前存在违约行为提出索赔主张,依法不予支持。在合同未就工程价款结算时保留违约索赔权利作出专门约定的情况下,结算后发包方又主张承包方逾期交工、工期延误以及未移交竣工验收资料等违约索赔请求,不应支持。

第二种观点认为,发承包双方达成工程价款结算协议,只是明确了双方当事人对依据协议约定得出的工程价款并无争议,并不等于对施工合同的其他事项已经达成一致,除非结算协议已经明确双方就其他事项没有争议或从结算协议可推知双方已经就工程质量、工期、停工损失达成合意。相应地,当承包人作为原告起诉发包人请求给付工程款时,发包人可以反诉或者另行起诉承包人进行工期索赔、质量索赔以吞并其本诉请求。同样,当发包人作为原告起诉承包人请求赔偿工期损失或质量损失时,承包人作为被告可以反诉或另行起诉发包人请求赔偿停窝工损失。即便达成结算协议,也不影响诉讼中就相关专业问题申请鉴定。

第三种观点认为,应具体分析。结算协议有大结算和小结算。小结算仅针对工程造价、已付款项、欠付款项等内容。大结算包含小结算,同时还包含其他诸如奖励、索赔、违约等以及双方其他的权责利。如果双方之间的结算协议对范围约定不明确,在没有确切证据的情况下,一般认定为大结算。理由是结算过程是双方共同参与充分协商作出让步和妥协的过程,如果存在未明确的款项一般应当一次性协商清楚,未经明确也未在结算协议中另行约定的,应视为在协商过程中予以放弃。

233. 审计报告、财政评审结论等能否作为结算工程款的依据?

答:可以。财政部门对财政投资的评定审核是国家对建设单位基本建设资金的监督管理,不影响建设单位与承建单位的合同效力及履行。但是,建设合同中明确约定以财政投资的审核结论作为结算依据的,审核结论应当作为结算的依据。应当注意的是,若相关审计机关或评审机关严重超出合理或约定的期限未作出审计或评审结论的,若发包单位不能举证证明存在正当理由,承包人可申请对工程造价予以司法鉴定。

法律依据:

《最高人民法院关于人民法院在审理建设工程施工合同纠纷案件中如何认定财政评审中心出具的审核结论问题的答复》。

234. 发包方、承包方共同委托第三方出具的咨询意见,对双方是否具有约束力?

答:双方共同委托第三方出具咨询意见,原则上对双方不具有法律约束力,诉讼中一方可申请对工程造价进行鉴定,除非双方对咨询意见盖章确认或明确约定受该咨询意见约束。

法律依据:

《最高人民法院关于审理建设工程施工合同纠纷案件适用法律问题的解释(一)》第三十条。

235. 承包人单方制作决算书，发包人对此不予认可，工程价款的举证责任如何负担？

答：《民事诉讼法》第 67 条第 1 款规定："当事人对自己提出的主张，有责任提供证据。"建设工程施工合同纠纷案件中，如果合同对于工程价款约定了固定价格，则按照合同约定确定工程价款即可。这体现在《最高人民法院关于审理建设工程施工合同纠纷案件适用法律问题的解释（一）》第 29 条的规定："当事人在诉讼前已经对建设工程价款结算达成协议，诉讼中一方当事人申请对工程造价进行鉴定的，人民法院不予准许。"如果合同约定的不是固定价格，则可能需要通过鉴定确定工程造价。实践中会出现以下情形：一方提出了具体的工程造价数额，另一方对此数额不予认可但又不申请鉴定。此种情形下，如果承包人提出了具体的工程造价数额，发包人不予认可但又不申请鉴定的，可按照承包人提出的数额确定工程造价；如果发包人提出了具体的工程造价数额，承包人不予认可但又不申请鉴定的，可按照发包人认可的金额确定工程造价，要避免出现简单驳回承包人全部诉讼请求的情形。《最高人民法院关于审理建设工程施工合同纠纷案件适用法律问题的解释（一）》第 32 条第 1 款规定："当事人对工程造价、质量、修复费用等专门性问题有争议，人民法院认为需要鉴定的，应当向负有举证责任的当事人释明。当事人经释明未申请鉴定，虽申请鉴定但未支付鉴定费用或者拒不提供相关材料的，应当承担举证不能的法律后果。"换言之，如果双方都提出了不同的具体的工程造价数额又都不申请鉴定的，则要根据"谁主张，谁举证"的原则，根据各自的诉讼地位、诉讼请求等因素确定由哪一方承担举证不利的后果。

236. 哪些主体能够享有建设工程价款优先受偿权？装饰装修工程的承包人能否享有？

答：有权享有建设工程价款优先受偿权的主体是与发包人签订建

设工程施工合同的承包人、分承包人、转承包人及实际施工人不享有建设工程价款优先受偿权。同样,勘察人、设计人、监理人亦不享有。

装饰装修工程具备折价或者拍卖条件,装饰装修工程的承包人请求工程价款就该装饰装修工程折价或者拍卖的价款优先受偿的,人民法院应予支持。

法律依据:

《民法典》第八百零七条、《最高人民法院关于审理建设工程施工合同纠纷案件适用法律问题的解释(一)》第三十五条和第三十七条。

237. 合同无效,是否影响建设工程价款优先受偿权的行使?

答:不影响。建设工程质量合格,承包人请求其承建工程的价款就工程折价或者拍卖的价款优先受偿的,人民法院应予支持。该规定明确承包人的工程价款优先受偿权与建设工程质量是否合格相关,与合同效力无关。建设工程款优先受偿权的立法目的是保护劳动者的利益。因为在发包人拖欠承包人的工程款中,有相当部分是承包人应当支付给工人的工资和其他劳务费用。在无效建设工程施工合同中,上述有关费用也已实际支出,应当由发包人予以支付。即便合同无效,认定承包人就该笔费用享有优先受偿权,依然有利于促进对劳动者利益的保护,符合建设工程价款优先权制度的立法目的。

法律依据:

《最高人民法院关于审理建设工程施工合同纠纷案件适用法律问题的解释(一)》第三十八条。

238. 建设工程价款优先受偿权的行使是否以工程竣工为条件?

答:建设工程优先受偿权的行使不以建设工程是否竣工为前提。建设工程价款的优先受偿权是以发包人欠付工程款为前提的,所以即使工程未竣工,只要发包人有欠付工程款的事实,承包人就可以依照法律规定的程序主张工程价款优先受偿权。

法律依据:

《民法典》第八百零七条、《最高人民法院关于审理建设工程施工合同纠纷案件适用法律问题的解释(一)》第三十九条。

239. 建设工程价款优先受偿权的担保范围有哪些?

答:《最高人民法院关于审理建设工程施工合同纠纷案件适用法律问题的解释(一)》第40条规定:"承包人建设工程价款优先受偿的范围依照国务院有关行政主管部门关于建设工程价款范围的规定确定。承包人就逾期支付建设工程价款的利息、违约金、损害赔偿金等主张优先受偿的,人民法院不予支持。"

根据《建筑安装工程费用项目组成》的规定,建筑安装工程费按照费用构成要素划分:由人工费、材料(包含工程设备,下同)费、施工机具使用费、企业管理费、利润、规费和税金组成。建筑安装工程费按照工程造价形成由分部分项工程费、措施项目费、其他项目费、规费、税金组成。逾期支付建设工程价款的利息、违约金、损害赔偿金等,因不属于《建筑安装工程费用项目组成》的范畴,故不予支持。

240. 建设工程价款优先受偿权的行使方式有哪些?

答:根据《民法典》第807条的规定,"发包人未按照约定支付价款的,承包人可以催告发包人在合理期限内支付价款。发包人逾期不支付的,除根据建设工程的性质不宜折价、拍卖外,承包人可以与发包人协议将该工程折价,也可以请求人民法院将该工程依法拍卖。建设工程的价款就该工程折价或者拍卖的价款优先受偿",因此,协商折价或者申请人民法院拍卖属于行使优先受偿权的法定方式。

发函是否属于优先受偿权的行使方式,实务中存在争议。山西龙鑫恒泰能源焦化有限公司与中冶天工集团有限公司与破产有关纠纷再审案[(2021)最高法民申2026号]中,最高人民法院认为,"仅在'催款函'中宣示优先受偿的权利,不属于建设工程价款优先受偿权的行使方式,没有法律依据"。而在连云港市朝阳建设工程有限公司、上海浦东发展银行股份有限公司连云港分行执行审查类执行裁定书

[（2019）最高法执监 71 号]中,最高人民法院认为:"实务中一般认为,法院对承包人行使优先受偿权的方式不应做过于严格的限制,否则不利于实现合同法规定保护承包人优先受偿权的制度目的。对于承包人以发出通知的形式催要工程款并声明享有和主张优先受偿权,发包人在通知书上注明无异议的,一般持支持的态度,认定属于法律上行使优先受偿权的有效形式,且不要求通知中必须具体写明将工程折价的意思。"

241. 建设工程价款优先受偿权何时行使？合同终止履行或解除的,优先受偿权何时起算？

答： 自发包人应当给付建设工程价款之日起算,最长不得超过 18 个月。

对于合同终止履行或解除的,优先受偿权何时起算,有几种不同的观点:以合同终止或解除时作为起算点;从退场/交付施工场地之日作为起算点;从工程价款确定之日作为起算点;未交付也未结算的,以起诉之日作为起算点。

《江苏省高级人民法院关于审理建设工程施工合同纠纷案件若干问题的解答》第 14 条规定:"……建设工程施工合同的承包人行使建设工程价款优先受偿权的期限为六个月,具体起算按照以下方式确定:……（2）建设工程施工合同解除、终止履行的,自合同实际解除、终止之日起算……"

《河北省高级人民法院建设工程施工合同案件审理指南》第 35 条规定:"建设工程承包人行使优先受偿权的期限为六个月,具体起算时间按照以下方式确定:……（2）工程尚未竣工而合同解除、终止履行的,以合同实际解除、终止之日作为起算点……"

法律依据：

《最高人民法院关于审理建设工程施工合同纠纷案件适用法律问题的解释（一）》第四十一条、《民法典》第八百零七条。

242. 一个合同项下存在多个单位工程或分期施工,建设工程价款优先受偿权何时起算?

答:如承包人是分期施工、分期结算的,就每期结算的价款,应按照合同约定的付款期限确定相应的起算点;如合同没有约定或者约定不明确的,结算完毕之日是行使优先受偿权期限的起算点。如承包人是分期施工,但是统一结算的,则统一结算确定的工程价款按照合同约定的付款期限确定相应的起算点;如合同没有约定或者约定不明确的,统一结算完毕之日是行使优先受偿权期限的起算点。在上海锦浩建筑安装工程有限公司与昆山纯高投资开发有限公司建设工程施工合同纠纷案〔(2015)民一终字第86号〕中,最高人民法院认为,"41幢楼分别单独竣工验收,付款时未区分合同和楼幢","在此情况下,锦浩公司既无可能、也无必要在建设工程施工合同履行过程中主张优先受偿权。鉴于涉案工程为一个整体工程,应以工程的最后竣工日期,作为认定锦浩公司是否丧失优先受偿权的起算点"。同样,在洛阳银行股份有限公司三门峡分行、肖某某建设工程施工合同纠纷案〔(2018)豫民终296号〕中,河南省高级人民法院认为,由于合同"是对盛世天骄项目一期1、2、3、5、7、8、11号楼签订的总承包合同,该7幢楼是作为一个整体工程来施工的。双方合同中的工程范围、价款、结算条款也是针对该7幢楼整体而言的;红东方公司付款时也未区分楼幢,而是按全部工程的进度进行的。鉴于红日公司已因超期无法对其他6幢楼行使优先受偿权,仅剩对8号楼工程主张优先受偿权未超期,红日公司有权就未超期的8号楼工程对其承建的所有楼盘欠付的工程款主张工程价款优先受偿权"。

243. 建设用地使用权能否为建设工程价款优先受偿权的客体?

答:不能。由于在我国实行"房地一体主义",如果承包人行使工程款的优先受偿权,对某个建设工程进行拍卖,则建设工程及占用范围内的建设用地使用权是一体拍卖的,那么拍卖的全部款项都可以作为对承包人工程价款的补偿,保证其受偿的范围,这是在司法实践中比较常见的问题。要对这一问题作出准确的回答,必须结合《民法典》第807条的立法目的以及建设工程价款优先受偿权的性质进行考察。《民法典》第807条规定:"发包人未按照约定支付价款的,承包人可以催告发包人在合理期限内支付价款。发包人逾期不支付的,除根据建设工程的性质不宜折价、拍卖外,承包人可以与发包人协议将该工程折价,也可以请求人民法院将该工程依法拍卖。建设工程的价款就该工程折价或者拍卖的价款优先受偿。"由此可知,建设工程价款优先受偿权是法定优先权,原因在于在整个建设过程中,承包人的建筑材料和劳动力已经被物化在建设工程中,与建设工程不可分离。因此,根据添附制度的原理,承包人对建设工程的价款享有优先受偿权。建设用地是建设工程的一个载体,承包人的建筑材料与劳动力并没有物化在建设用地上。从这个角度来讲,建设用地使用权不应该作为建设工程价款优先受偿权的客体。

法律依据:

《民法典》第三百九十七条、第八百零七条。

244. 发包人并非建设工程所有权人的情况下,如何行使建设工程价款优先受偿权?

答: 承包人对其承建的建设工程享有建设工程价款优先受偿权,因此优先受偿权的客体是建设工程本身,即便发包人不是建设工程的所有权人,亦不影响承包人享有建设工程价款优先受偿权。

在厦门益德兴投资有限公司与广东恒辉建设有限公司等建设工程施工合同纠纷再审案[(2018)最高法民再310号]中,最高人民法院认为,已完工工程所有权应归属于福建陆军预备役后勤保障旅,不属于发包人所有。恒辉公司在本案中诉请对案涉工程享有建设工程价款优先受偿权,即对保障旅军官训练中心工程折价或拍卖所得价款在欠付工程款范围内享有建设工程价款优先受偿权,但恒辉公司在本案中并未对案涉工程的所有权人福建陆军预备役后勤保障旅提起诉讼,故二审法院对恒辉公司提起的建设工程价款优先受偿权的诉请不予支持。

245. 承包人如何在另案执行程序中主张建设工程价款优先受偿权？

答：理论上，承包人可在另案执行程序中主张优先受偿权并参与分配，但若此时优先受偿权尚未被生效判决确认，在河北双维集团有限公司、刘某某民间借贷纠纷执行审查类执行裁定书[（2019）最高法执监359号]中，最高人民法院认为，"当承包人在执行程序中提出享有建设工程优先受偿权的主张时，执行法院应予充分关注并先行审查，在拍卖、抵债或者分配程序中依法保护其合法权益。如果其尚未取得建设工程优先受偿权的执行依据，通过审查建设工程施工合同等证据仍无法确定优先受偿权范围的，可以告知承包人尽快通过诉讼程序取得优先受偿权的执行依据。虽然承包人关于优先受偿权的主张并不能阻止执行程序的继续推进，但执行法院在处置该执行标的前，应对承包人的建设工程价款予以预留"。

246. 承包人与发包人或第三人约定放弃或限制建设工程价款优先受偿权的效力如何？

答：原则上认定放弃或限制优先受偿权合法有效，但损害建筑工人利益的除外。

何种情形属于损害建筑工人利益？

一种观点认为，应根据结果导向判断是否损害建筑工人利益。如果承包人与发包人约定放弃或者限制优先受偿权，导致其工程款债权不能实现，进而造成其资产负债状况恶化，以至于不能支付建筑工人工资，则该放弃或者限制优先受偿权的行为就违背了《民法典》第807条的本意。在判断放弃或限制优先受偿权是否损害建筑工人利益时，要看承包人这一行为是否影响其整体清偿能力，要将承包人整体的资产负债情况以及现金流情况是否因此恶化到影响支付建筑工人工资的程度作为主要考量因素。

另一种观点认为,对于损害时点的判断,必须以放弃或者限制建设工程价款优先受偿权的约定作出之时为判断时点,不能为了所谓保护建筑工人利益而违背民事法律行为效力基本理论。如果我们简单地以嗣后承包人经济状况恶化而推翻之前的约定,不但契约的约束力荡然无存,必然造成其后顺位的抵押权人因其权益无法得到充分保证而不敢再与当事人进行交易行为,这个后果显然较之所谓发包人或抵押权人强迫承包人接受放弃优先受偿权条款的后果更为严重。

法律依据:

《最高人民法院关于审理建设工程施工合同纠纷案件适用法律问题的解释(一)》第四十二条。

247. 建设工程债权转让或建设工程转让的,是否影响建设工程价款优先受偿权的行使?

答: 最高人民法院民事审判第一庭在《民事审判实务问答》一书中认为,建设工程债权转让后,受让人也应享有优先受偿权。建设工程承包人转让其在施工中形成的债权,受让人基于债权的转让而取得工程款债权,因而受让人应当享有该工程款的优先受偿权。法定优先权属于担保物权,具有一定的追及效力,其功能是担保工程款优先支付,该权利依附所担保的工程而存在。肯定受让人享有优先受偿权,有利于建设工程债权的流转。虽然债权受让人享有优先受偿权与承包人和建筑工人的利益看似无直接关系,但承包人在债权转让中获得的对价亦可用于结算建筑工人的工资,建设工程债权的流转能够间接促进承包人和建筑工人加速获偿。

因此,建设工程转让的,不影响建设工程价款优先受偿权的行使。

248. 工程款支付担保中,承包人如何平衡担保与建设工程价款优先受偿权的关系?

答: 建设工程价款优先受偿权是承包人对于建设工程的价款就该工程折价或者拍卖的价款享有优先受偿的权利,优先于一般的债权。工程款支付担保是指为保证发包人履行合同约定的工程款支付义务,由担保人为发包人向承包人提供的保证发包人支付工程款的担保。若无明确的实现顺位,则承包人应首先就建设工程拍卖、变卖所得价款优先受偿,不足部分由担保人承担责任。因此,对于第三人提供的支付担保,要明确约定"被担保的债权既有物的担保又有人的担保/保证的,债务人不履行到期债务时,债权人有权自行选择实现债权的方式,即债权人有权要求以债务人抵押的财产实现清偿,亦可要求第三人就全部债权承担担保/保证责任,实现的顺位不分先后"。

249. 建设工程价款优先受偿权与一般房屋买受人的权利、银行抵押权及其他债权间受偿顺位如何区分?

答:《最高人民法院关于审理建设工程施工合同纠纷案件适用法律问题的解释(一)》第 36 条规定:"承包人根据民法典第八百零七条规定享有的建设工程价款优先受偿权优于抵押权和其他债权。"原则上,承包人的建设工程价款优先受偿权优于抵押权,但若承包人放弃或限制优先受偿权,则另当别论。

《全国法院民商事审判工作会议纪要》第 126 条规定:根据《最高人民法院关于建设工程价款优先受偿权问题的批复》第 1 条、第 2 条的规定,交付全部或者大部分款项的商品房消费者的权利优先于抵押权人的抵押权,故抵押权人申请执行登记在房地产开发企业名下但已销售给消费者的商品房,消费者提出执行异议的,人民法院依法予以支持。但应当特别注意的是,此情况是针对实践中存在的商品房预售不规范现象为保护消费者权益作出的例外规定,必须严格把握条件,避免扩大范围,以免动摇抵押权具有优先性的基本原则。因此,这里的商品房消费者应当仅限于符合《全国法院民商事审判工作会议纪要》第 125 条规定的商品房消费者。买受人不是《全国法院民商事审判工作会议纪要》第 125 条规定的商品房消费者,而是一般的房屋买卖合同的买受人,不适用上述处理规则。实践中,作为一般房屋的买受人,不可排除抵押权的强制执行。

《最高人民法院关于人民法院办理执行异议和复议案件若干问题的规定》第 28 条规定:"金钱债权执行中,买受人对登记在被执行人名下的不动产提出异议,符合下列情形且其权利能够排除执行的,人民法院应予支持:(一)在人民法院查封之前已签订合法有效的书面买卖合同;(二)在人民法院查封之前已合法占有该不动产;(三)已支付全部价款,或者已按照合同约定支付部分价款且将剩余价款按照人民法院的要求交付执行;(四)非因买受人自身原因未办理过户登记。"作为商品房买受人,若符合该解释第 28 条规定的四种情形,则可排除一般债权的强制执行。

250. 以房抵债的房屋买受人,能否排除对抵债物的强制执行?

答:我们认为,不可以排除执行。实务中,对于以房抵债能否排除执行,争议较大。

一种观点认为,以房抵债协议不同于房屋买卖合同,案外人不能依据以房抵债协议成立生效当然排除强制执行。如果以房抵债协议已经实际履行,抵债物的权属已发生变动,受领人有权主张排除对抵债物的强制执行。否则,将不能对抗强制执行。

另一种观点认为,可以排除强制执行。《山东高院民一庭关于审理执行异议之诉案件若干问题的解答》第 7 条规定:对于案外人与被执行人之间的债务清偿期届满,案外人在房产查封前,已与被执行人签订了合法有效的以房抵债协议并实际合法占有被执行房屋,且不存在规避执行或逃避债务等情形的,可以参照适用《最高人民法院关于人民法院办理执行异议和复议案件若干问题的规定》第 28 条。人民法院应当对以房抵债所涉及的债权债务是否合法有效进行实质性审查,还要注意结合案件是否存在涉及消费者权益、弱势群体保护、公民基本生存权利等因素,对以房抵债的法律效力和法律后果,综合进行审查判断。如案外人系建设工程承包人或实际施工人,其与被执行人之间存在合法有效的建设工程施工合同,且工程款清偿期已经届满,案外人基于建设工程价款与被执行人订立合法有效的以物抵债协议,据以主张支付了相应对价,请求排除执行的,一般可予支持。

另外,基于借款转化为购房款的,能否排除执行?当事人之间基于借款所形成的债权债务关系,已被以房抵债协议中的权利义务关系所取代,可以适用《最高人民法院关于人民法院办理执行异议和复议案件若干问题的规定》第 28 条的规定,如最高人民法院(2019)最高法民申 2223 号再审民事裁定书。

251. 以房抵债时应注意哪些问题?

答: 涉及以房抵债问题较为复杂,在办理以房抵债时需要注意下列事项:

(1)在签订协议前,承包人应慎重审查建设单位是否取得了预售许可证或房屋所有权证,所抵房屋是否被抵押、查封,是否属于不可销售房产。协议签署后,应尽快办理合同网上签约、网上备案,尽快过户,在办理合同备案时还应同时办理预告登记,防止建设单位在过户前处分该房屋。

(2)在签订以房抵债协议时,应当约定如果截至某一时间房屋仍没有交付、过户,允许承包人主张工程价款,以防出现房屋无法过户又丧失优先受偿权的情况。

(3)在将所抵债房屋出售给第三人时,要求第三人与发包人直接签订合同,并签订债务转移协议,明确承包人退出原债权债务关系,第三人与发包人建立商品房买卖合同关系。

252. 发包人欠付工程款的举证责任如何分配?

答: 从举证便利原则看,发包人或者承包人有义务就发包人是否欠付工程款及欠付数额承担举证责任,但实务操作并非如此。最高人民法院在王某某、韩某某建设工程施工合同纠纷二审案[(2019)最高法民终 92 号]中认为:因榆平建管处与驻马店公路公司尚未结算,是否欠付工程款,欠付多少工程款尚不清楚,本案尚不具备判决榆平建管处在多少金额范围内承担向王某某、韩某某支付工程款的条件。王某某、韩某某未举证证明榆平建管处欠付驻马店公路公司工程款具体数额,榆平建管处不承担责任。最高人民法院在杨某某等诉余某某等建设工程施工合同纠纷再审案[(2016)最高法民再 30 号]中认为:发包人与承包人尚未完成最终结算,无证据证明发包人欠付承包人工程款,不支持实际施工人要求发包人在欠付工程款范围内承担责任的再审请求。但是最高人民法院在彭某某、云南同兴建筑实业(集团)有限公司建设工程施工合同纠纷再审案[(2019)最高法民再89号]中则认为:发包人就双方之间已经结清工程款的事实负举证责任。可见,发包人与承包人是否决算,亦影响举证责任的分配。

253. 农民工工资未支付到位对各承包主体有哪些影响?

答:分包单位对所招用农民工的实名制管理和工资支付负直接责任。施工总承包单位对分包单位劳动用工和工资发放等情况进行监督。分包单位拖欠农民工工资的,由施工总承包单位先行清偿,再依法进行追偿。工程建设项目转包,拖欠农民工工资的,由施工总承包单位先行清偿,再依法进行追偿。

建设单位或者施工总承包单位将建设工程发包或者分包给个人或者不具备合法经营资格的单位,导致拖欠农民工工资的,由建设单位或者施工总承包单位清偿。施工单位允许其他单位和个人以施工单位的名义对外承揽建设工程,导致拖欠农民工工资的,由施工单位清偿。

法律依据:

《保障农民工工资支付条例》第三十条、第三十六条。

254. 如何避免农民工工资发放法律风险?拖延或拒不支付农民工工资,有何法律风险?

答:总承包单位代发制度是目前最为提倡也是风险最可控的农民工工资发放制度。《保障农民工工资支付条例》第31条规定:"工程建设领域推行分包单位农民工工资委托施工总承包单位代发制度。分包单位应当按月考核农民工工作量并编制工资支付表,经农民工本人签字确认后,与当月工程进度等情况一并交施工总承包单位。施工总承包单位根据分包单位编制的工资支付表,通过农民工工资专用账户直接将工资支付到农民工本人的银行账户,并向分包单位提供代发工资凭证……"

劳动者具有依法及时获得劳动报酬的权利,用人单位不得克扣、拖欠劳动报酬,拖欠劳动报酬的除应当及时补足外,亦可能构成犯罪,承担相应的刑事责任。

255. 建设工程施工合同的发包方能否以承包方未开具发票为由拒绝支付工程款?

答:不能。除非当事人明确约定,一方不及时开具发票,另一方有权拒绝支付工程价款。这种情况意味着双方将开具发票视为与支付工程价款同等的义务。

审判实务中,发包方通常以承包方未开具发票作为拒付工程款的抗辩事由。建设工程施工合同作为一种双务合同,依据其合同的本质,合同抗辩的范围仅限于对价义务,也就是说,一方不履行对价义务的,相对方才享有抗辩权。支付工程款义务与开具发票义务是两种不同性质的义务,前者是合同的主要义务,后者并非合同的主要义务,二者不具有对等关系。只有对等关系的义务才存在先履行抗辩权的适用条件。建设工程施工合同中的主要义务是一方完成合同项下的建设工程,另一方依约支付工程款项。而开具发票的义务显然不属于建设工程施工合同中的主要义务,一方当事人违反该义务并不构成根本违约,另一方当事人不能仅仅因为未及时出具相应发票而主张解除合同,也不能因此行使先履行抗辩权。综上所述,在一方违反约定没有开具发票的情况下,另一方不能以此为由拒绝履行合同主要义务即支付工程价款。

256. 什么是"背靠背"条款? 何种情况下可以突破"背靠背"条款的约束?

答:"背靠背"条款,一般指合同中负有付款义务的一方与相对人约定,以其在与第三人的合同关系中收到相关款项作为其履行本合同付款义务的前提的条款。"背靠背"条款在建设工程施工合同领域十分常见,通常情形是总包方与分包方约定,待总包方与业主进行结算且业主支付全部或一定比例的工程款后,总包方再按比例向分包方支付工程款。"背靠背"条款的性质,通说是支付条款的"附条件"条款,当然也有主张其性质系"附期限"条款,区别在于对"获得付款"这一事实是否确定发生的价值判断。以下情况可以突破"背靠背"条款的约束:

(1)当事人在转包合同或违法分包合同中约定"背靠背"条款的,"背靠背"条款并不属于独立清算条款,"背靠背"条款因转包合同或违法分包合同无效而无效。

(2)总包方转嫁风险违反公平原则的。

(3)"背靠背"条款对工程款支付时间约定不明,根据《民法典》第511条第(四)项的规定,分包方可以随时请求总包方在合理期限内支付款项。

(4)总包方不能证明其积极向业主主张工程款的,视为总包方拖延结算条件实现,依据《民法典》第159条的规定视为付款条件已成就。

257.总包方如何就"背靠背"条款进行约定?

答:(1)总包方与分包方约定按合同外相关债权支付进度付款的,应当在合同中注明具体的付款时间安排。如双方仅约定总包方收到价款后再向分包方付款,实践中极有可能被法院认为付款时间约定不明确,有可能支持分包方的付款请求。

(2)业主未按约定支付工程价款的,总包方应当积极主张工程价款,通过催告、发函等方式督促支付;督促无果的,应当及时通过诉讼或仲裁的方式主张债权。此外,总包方还应当注意保留积极主张债权的相关证据。

(3)如有必要,可根据《最高人民法院关于审理建设工程施工合同纠纷案件适用法律问题的解释(一)》第44条之规定,配合分包单位发起代位权诉讼,行使代位权,可有效转移承包人的支付风险。

258.作为分包人,如何合理利用"背靠背"条款?

答:(1)分包人可以与总包方约定,由总包方承担调查和披露"业主单位相关信息和履行能力"的义务,并就义务的违反约定违约金,以明确违约损害赔偿之标准。

(2)分包人可以与总包方约定,由总包方承担通知分包方"业主付款到账或迟延支付"的义务,并就义务的违反约定违约金,以明确违约损害赔偿之标准。

(3)分包人可以与总包方约定"最晚付款期限"条款,即使"背靠背"条款所附条件未成就,只要分包人妥善履行义务并届至"最晚付款期限",分包人也可以向总包方主张付款。

259. 如何规避发包人向分包人或实际施工人直接付款的风险?

答:代付或委托付款,在工程领域较为常见,但鉴于发包人指定的分包人及实际施工人与发包人关系较为密切时亦会出现发包人跨过承包人直接向分包人或实际施工人付款的情形,这无疑给承包人带来巨大风险。因此,应在工程款支付条款中明确约定"发包人所有工程款必须转入承包人指定账户(注明收款账户信息),如发包人将工程款打入非指定账户,则视为未支付工程款"。

260. 建筑行业的居间中介合同是否有效?

答:首先应当明确我国建筑行业并不禁止居间中介行为,也未设置居间中介从业门槛。但居间中介行为若要受到法律保护,必须不违反法律规定、不侵害他人利益、不影响工程质量。例如,工程项目是依法必须招投标的项目,那么以成功中标为目标的居间中介行为自然违反了法律规定。再如,居间中介费用占工程造价比例过高,将被视为压缩工程造价成本可能导致影响工程质量的行为,应酌情调减或不予保护。

261. 建设工程纠纷的管辖法院如何确定?与建设工程纠纷相关的哪些纠纷适用专属管辖?

答:因不动产纠纷提起的诉讼,由不动产所在地人民法院管辖。

不动产纠纷是指因不动产的权利确认、分割、相邻关系等引起的物权纠纷。农村土地承包经营合同纠纷、房屋租赁合同纠纷、建设工程施工合同纠纷、政策性房屋买卖合同纠纷,按照不动产纠纷确定管辖。不动产已登记的,以不动产登记簿记载的所在地为不动产所在地;不动产未登记的,以不动产实际所在地为不动产所在地。但若达成合法有效的书面仲裁协议则可以排除人民法院的专属管辖。

"建设工程施工合同纠纷"应当理解为与工程施工行为有关的纠纷。从《民事案件案由规定》来看,建设工程合同纠纷三级案由项下的九个四级案由,其中建设工程施工合同纠纷、建设工程价款优先受偿权纠纷、建设工程分包合同纠纷、建设工程监理合同纠纷、装饰装修合同纠纷、铁路修建合同纠纷、农村建房施工合同纠纷七个四级案由均与施工行为有关,而建设工程勘察合同纠纷、建设工程设计合同纠纷从性质上不属于施工合同纠纷,不应适用专属管辖的规定。现行有效的《北京市高级人民法院关于民事诉讼管辖若干问题的规定(试行)》第9条和河南省高级人民法院审判监督庭《建设工程施工合同审理审查实务》一书中,均支持上述观点。

法律依据:

《民事诉讼法》第三十四条、《最高人民法院关于适用〈中华人民共和国民事诉讼法〉的解释》第二十八条。

262. 承包人与发包人约定仲裁,是否影响实际施工人行使诉权?

答: 不影响实际施工人行使诉权。但实践中此问题争议较大。一种观点认为,实际施工人向发包人追索工程款,应当受发包人与承包人之间管辖约定的约束[如最高人民法院(2015)民一终字第170号民事裁定书、(2013)民提字第148号民事裁定书]。另一种观点认为,仲裁协议之主体为发包人与承包人,实际施工人并非仲裁协议的签约方,不受仲裁条款的约束。

263. 结算协议、还款协议是否受施工合同约定仲裁管辖/专属管辖的制约?

答: 应以施工合同约定的仲裁管辖为准。结算协议/还款协议是为履行施工主合同而签订的,体现了工程结算的结果,其性质为补充协议,是对施工主合同的补充、细化,是整个合同不可分割的一部分,与主合同具有同等效力。既然主合同纠纷约定适用仲裁管辖,施工合同约定的管辖条款当然适用因履行结算协议、还款协议发生的纠纷案件。未约定仲裁管辖的,以专属管辖为准。《江苏省高级人民法院关于审理建设工程施工合同纠纷案件若干问题的解答》第1条也规定,"达成结算协议的建设工程施工合同纠纷,均适用专属管辖"。

264. 仅缴纳履约保证金,建设工程施工合同实际未履行,如何确定管辖法院?

答:适用专属管辖。最高人民法院在应某某诉大庆建筑安装集团有限责任公司重庆分公司建设工程施工合同纠纷案[(2017)最高法民辖61号]中认为,本案系履行建设工程施工合同分包合同引发的纠纷,实际施工人主张案涉工程没有开工,总包人未按照约定返还工程保证金,依据《最高人民法院关于适用〈中华人民共和国民事诉讼法〉的解释》第28条第2款关于"农村土地承包经营合同纠纷、房屋租赁合同纠纷、建设工程施工合同纠纷、政策性房屋买卖合同纠纷,按照不动产纠纷确定管辖"的规定,本案应由工程所在地人民法院管辖。《江苏省高级人民法院关于审理建设工程施工合同纠纷案件若干问题的解答》第1条亦明确"尚未开工建设的建设工程施工合同纠纷,以及达成结算协议的建设工程施工合同纠纷,均适用专属管辖"。

265. 工程债权转让如何确定管辖?

答:《最高人民法院关于适用〈中华人民共和国民事诉讼法〉的解释》第33条规定:"合同转让的,合同的管辖协议对合同受让人有效,但转让时受让人不知道有管辖协议,或者转让协议另有约定且原合同相对人同意的除外。"因原债权人与债务人之间的建设工程施工合同纠纷适用专属管辖或约定仲裁,故该约定对原债权人与债务人有约束力。《江苏省高级人民法院关于审理建设工程施工合同纠纷案件若干问题的解答》第1条亦明确,"工程款债权转让的,债务人与受让人因债务履行发生纠纷的,由于该债权源于建设工程施工合同,按建设工程施工合同纠纷适用专属管辖"。

266. 如何确定涉及建设工程的代位权诉讼纠纷的管辖?

答: 最高人民法院[(2019)最高法民申5252号民事裁定书]认为,通常情况下,根据《最高人民法院关于适用〈中华人民共和国合同法〉若干问题的解释(一)》第14条的规定,债权人提起代位权诉讼的,应由被告住所地人民法院管辖。但本案债务人与次债务人之间系建设工程施工合同关系,故需要在正确理解相关法律条文的基础上,判断债权人代位权诉讼是否应适用建设工程施工合同纠纷专属管辖规定。但鉴于债务人与次债务人已经进行结算,债权人与次债务人之间存在的是债的纠纷,并不涉及工程鉴定,需要考察工程本身等应由工程所在地法院管辖的事由,故二审法院认定本案不适用专属管辖与立法目的并不相悖。

267. 多份合同约定管辖不一致的,能否以实际履行合同为由提出管辖异议?

答: 应根据最后签订的合同确定管辖。《最高人民法院关于审理建设工程施工合同纠纷案件适用法律问题的解释(一)》第24条规定,多份合同均无效时,参照实际履行的合同关于工程价款的约定进行折价补偿,但并未明确具体的管辖。虽然多份合同均无效,但确定管辖时应根据最后签订的合同确定管辖,最后签订的合同最能体现当事人的"真实管辖意图"。在中国对外建设有限公司与鞍山华创德隆房产开发有限公司建设工程施工合同纠纷上诉案[(2014)民一终字第00067号]中,最高人民法院认为,首先,本案双方当事人在同一天签订了备案合同和未经备案的合同。关于两份合同的效力及哪份是实际履行的合同,属于案件实体问题,有待实体审理时解决,故不宜在本案程序审查中作出认定。其次,案涉工程系招投标工程,经过严格的招投标程序,双方当事人在确定工程价款后,签订了备案合同。有关工程范围、价款、质量、管辖争议条款等均是合同的实质性内容,在备案合同与未经备案合同约定的管辖条款不一致时,应当以备案合同确定案件的管辖问题。

268. 工程分包时,如何约定分包合同的管辖?

答:通常认为,建设工程分包合同适用专属管辖,即由工程所在地人民法院管辖。当然,约定仲裁可排除人民法院的专属管辖。约定分包合同的管辖应考虑以下原则:①方便承包人诉讼处理原则;②建设工程施工合同与分包合同的管辖条款相一致原则。因发包人拖延支付工程款而导致承包人不能按时向分包人支付的情形较为常见,此时分包人可基于《最高人民法院关于审理建设工程施工合同纠纷案件适用法律问题的解释(一)》第43条之规定,同时主张发包人在欠付承包人工程款范围内对分包人承担责任,可减轻承包人的资金压力与诉讼成本。

知识产权篇

269. 授予专利权需要具备哪些条件?

答: 授予专利权的发明和实用新型,应当具备新颖性、创造性和实用性。授予专利权的外观设计,应当不属于现有设计;也没有任何单位或者个人就同样的外观设计在申请日以前向国务院专利行政部门提出过申请,并记载在申请日以后公告的专利文件中。

专利制度是保护创新的制度,如果包含相关技术方案的内容已经记载在书籍、文章中出版或者公开发表,已经生产成产品在市场上销售,或者通过其他方式能够让公众知道,显然不符合新颖性的要求。如果一项发明创造以前没有,但其改进没有多少技术含量或者只是常规技术手段的替换,其创新性则不足以给予专利权保护。为此,专利制度中引入了一个更高的授权条件,那就是创造性,也叫非显而易见性,用来判断发明创造的"技术含量"。实用性指的是该发明创造在实际产业中能够使用,并且产生积极的效果。专利权属于工业产权,要求能够在产业中使用。有些所谓的发明创造,其实违背了自然规律,比如违背物理学的能量守恒定律的永动机。这样的机械无法被制造出来,自然不符合实用性要求,而授予专利权的外观设计与现有设计或者现有设计特征的组合相比,应当具有明显区别。授予专利权的外观设计不得与他人在申请日以前已经取得的合法权利相冲突。

法律依据:

《专利法》第二十二条、第二十三条。

270. 申请专利的授权审批程序是什么?

答: 国务院专利行政部门收到发明专利申请后,经初步审查认为符合专利法要求的,自申请日起满 18 个月,即行公布。国务院专利行政部门也可以根据申请人的请求早日公布其申请。发明专利申请自申请日起 3 年内,国务院专利行政部门可以根据申请人随时提出的请求,对其申请进行实质审查。国务院专利行政部门认为必要的时候,可以自行对发明专利申请进行实质审查。经实质审查,认为不符合专利法规定的,应当通知申请人,要求其在指定的期限内陈述意见,或者对其申请进行修改。发明专利申请经申请人陈述意见或进行修改后,仍不符合专利法规定的,驳回该专利申请。如果没有发现驳回理由的,就作出授予发明专利权的决定,发给专利证书,同时予以登记和公告。发明专利权自公告之日起生效。

实用新型或外观设计专利申请经初步审查没有发现驳回理由的,由国务院专利行政部门作出授予实用新型专利权或者外观设计专利权的决定,发给相应的专利证书,同时予以登记和公告。实用新型专利权和外观设计专利权自公告之日起生效。

法律依据:

《专利法》第三十四条、第三十五条、第三十七条、第三十八条、第三十九条、第四十条。

271. 申请专利是否必须委托专利代理机构?

答: 在中国没有经常居所或者营业所的外国人、外国企业或者外国其他组织在中国申请专利和办理其他专利事务的,应当委托依法设立的专利代理机构办理。中国单位或者个人在国内申请专利和办理其他专利事务的,可以委托依法设立的专利代理机构办理,也可以不委托专利代理机构。一般而言,申请人申请专利常常需要委托专利机构代理。专利涉及技术问题,也涉及法律和经济问题。普通技术人员熟悉技术,但不熟悉专利法。在申请专利时,需要考虑诸多问题,如一项技术成果是否符合授予专利的条件、是否适用于或者是否值得申请专利、专利的保护范围应当怎样拟定才更有利于申请人、是否需要在海外申请专利等。要对这些问题作出准确的判断,需要具备技术、经济和专利法律专门知识。专利代理机构的专利代理师受过专业培训,不仅可以向申请人提供咨询意见,还可以帮助申请人办理具体的专利事务。另外,专利代理师代办专利申请,一般符合专利法的要求,可以减轻专利行政部门的工作负担,加速审批程序,这对专利申请人和专利行政部门都有利。

法律依据：
《专利法》第十八条。

272. 两个以上的申请人各自独立完成了同样的发明创造，专利权授予谁？

答：专利权需要由相关行政机关授权后才能获得。两个以上的申请人就同样的发明创造申请专利，由于同样的发明创造只能授予一项专利权，是以申请先后为准，谁先申请就授予谁。不同申请人就同样的发明创造在同一日分别提出专利申请，并且这两份申请均符合授予专利权的其他条件的，应通知申请人自行协商确定申请人。申请人期满未答复的，其申请被视为撤回；协商不成，或者经申请人陈述意见或进行修改后仍不符合专利法规定的，两件申请均予以驳回。

法律依据：
《专利法》第九条。

273. 申请人可否提交请求保护产品的局部的外观设计专利申请？

答：随着产业发展，产品设计日趋精细化，成熟产品的整体外观设计越来越难以创新，局部外观设计逐渐成为外观设计创新的重要表现形式，创新设计者对保护局部外观设计的需求日益强烈。为了回应创新主体的诉求，修改后的《专利法》第2条第4款明确了对产品"局部的"外观设计给予专利保护。自2021年6月1日起，申请人可以向国务院专利行政部门提交请求保护产品局部的外观设计专利申请。

法律依据：
《专利法》第二条。

274. 申请专利和办理其他手续的费用有哪些？

答：专利申请应当向国务院专利行政部门缴纳相应的费用。在申请阶段,发明专利需缴纳申请费、申请附加费(如有)、公布印刷费、实质审查费,实用新型和外观设计专利需缴纳申请费,没有实质审查费;在授权阶段,发明、实用新型和外观设计专利需缴纳专利登记费和当年的年费,公告印刷费自2018年8月1日后停止收取。专利授权后,每年需缴纳专利维持费。如果专利申请被驳回,提起复审的,需缴纳复审费。如果对授权的专利提起无效宣告请求的,需要缴纳无效宣告请求费。如果请求国务院专利行政部门恢复丧失的相关权利或延长相关期限,需要缴纳恢复权利请求费或延长期限请求费。如果需要变更专利文件上的著录事项,比如,发明人姓名或名称、地址变更的,需要缴纳著录事项变更费,但自2018年8月1日起涉及专利代理机构、代理人委托关系的变更事项,不再收取著录事项变更费。如果申请人为了评估专利权的稳定性,请求国务院专利行政部门出具专利权评价报告,需要缴纳专利权评价报告费。如果申请人需要中止正在进行的专利授权审查程序,请求中止审查的,需要缴纳中止程序请求费。如果申请人对强制许可使用费有争议,要求对许可费进行裁决的,需要缴纳强制许可使用费的裁决请求费。

法律依据:

《专利法实施细则》第九十三条。

275. 对经济困难的专利申请人,专利费用是否有减缴或缓缴制度?

答: 我国设立了专利费用的减缴、缓缴制度。其中申请费、发明专利申请审查费、年费(授权后10年内)、发明专利申请维持费和复审费都可以申请减缴或缓缴。专利申请人或者专利权人为个人或者单位的,减缴规定收费的85%;两个或者两个以上的个人或者单位为共同专利申请人或者共有专利权人的,减缴规定收费的70%。

专利申请人或者专利权人符合下列条件之一的,可以向国家知识产权局请求减缴上述收费:上年度月均收入低于5000元(年6万元)的个人;上年度企业应纳税所得额低于100万元的企业;事业单位、社会团体、非营利性科研机构。两个或者两个以上的个人或者单位为共同专利申请人或者共有专利权人的,应当分别符合前述规定。

专利申请人或者专利权人请求减缴专利收费的,应当提交费用减缴请求书及相关证明材料。专利申请人或者专利权人通过专利事务服务系统提交专利收费减缴请求并经审核批准备案的,在一个自然年度内再次请求减缴专利收费,仅需提交收费减缴请求书,无须再提交相关证明材料。个人请求减缴专利收费的,应当在收费减缴请求书中如实填写本人上年度收入情况,同时提交所在单位出具的年度收入证明;无固定工作的,提交户籍所在地或者经常居住地县级民政部门或者乡镇人民政府(街道办事处)出具的关于其经济困难情况证明。企业请求减缴专利收费的,应当在收费减缴请求书中如实填写经济困难情况,同时提交上年度企业所得税年度纳税申报表复印件。在汇算清缴期内,企业提交上年度企业所得税年度纳税申报表复印件。事业单位、社会团体、非营利性科研机构请求减缴专利收费的,应当提交法人证明材料复印件。

法律依据:

《专利法实施细则》第一百条,《专利收费减缴办法》第四条、第六条、第七条,《国家知识产权局关于停征和调整部分专利收费的公告》,《财政部、国家发展改革委关于减免部分行政事业性收费有关政策的通知》。

276. 如何请求宣告专利权无效?

答:专利申请自授权之日起,任何单位或个人认为该专利权的授予不符合专利法有关规定的,可以请求国务院专利行政部门宣告该专利权无效。请求宣告专利权无效或部分无效的,应当向专利复审委员会提交专利无效宣告请求书和必要的证据一式两份。无效宣告请求书应当结合提交的所有证据,具体说明无效宣告请求的理由,并指明每项理由所依据的证据。对专利无效请求所作出的审查决定,任何一方如有不服的,可以自收到无效宣告请求审查决定书之日起3个月内向人民法院起诉。宣告专利权无效的决定,由国务院专利行政部门登记和公告。宣告无效的专利权视为自始不存在。

法律依据:

《专利法》第四十五条和第四十六条、《专利法实施细则》第六十五条。

277. 专利权的保护期有多长？

答：《专利法》规定的发明专利权的保护期为 20 年，实用新型专利权的保护期为 10 年，外观设计专利权的保护期为 15 年。保护期从专利的申请日起算，而不是从授权日起算。对于发明专利，自发明专利申请日起满 4 年，且自实质审查请求之日起满 3 年后授予发明专利权的，如果不是申请人的原因引起的延迟，申请人可以请求给予专利权期限补偿。对于新药发明专利，申请人对新药上市审评审批占用的时间，可以请求给予专利权期限补偿。补偿期限不超过 5 年，新药批准上市后总有效专利权期限不超过 14 年。

法律依据：

《专利法》第四十二条。

278. 2021 年 5 月 31 日（含本日）以前申请的外观设计专利，保护期限是多少年？

答：2020 年修正的《专利法》自 2021 年 6 月 1 日起实施，修正后的《专利法》将外观设计专利权保护期限由原来的 10 年调整为 15 年，对于 2021 年 5 月 31 日（含本日）以前申请和授予的外观设计专利权，其保护期限是否也调整到 15 年，社会公众存在疑虑。《立法法》第 104 条规定：法律、行政法规、地方性法规、自治条例和单行条例、规章不溯及既往，但为了更好地保护公民、法人和其他组织的权利和利益而作的特别规定除外。2020 年 10 月，全国人大常委会表决通过修正《专利法》的决定，修正后的《专利法》未就溯及力问题作出特别规定。因此，对修正后的《专利法》生效前提交的外观设计专利申请及授予的专利权，根据修正前的《专利法》的规定，保护期限为 10 年。

法律依据：

《立法法》第一百零四条、《专利法》第四十二条、《国家知识产权局关于施行修改后专利法的相关审查业务处理暂行办法》。

279. 专利权如何维持？

答：专利申请被授予专利权后，专利权人应当于上一年度期满前缴纳下一年度的年费。专利权人未缴纳或未缴足，国务院专利行政部门应当通知专利权人自应当缴纳年费期满之日起 6 个月内补缴，同时缴纳滞纳金；滞纳金的金额按照每超过规定缴费时间 1 个月，加收当年全年年费的 5% 计算；期满未缴纳的，专利权自应当缴纳年费期满之日起终止。

法律依据：

《专利法实施细则》第九十八条。

280. 专利权的保护范围如何确定？

答：发明或者实用新型专利权的保护范围以其权利要求的内容为准，说明书及附图可以用于解释权利要求的内容。外观设计专利权的保护范围以表示在图片或者照片中的该产品的外观设计为准，简要说明可以用于解释图片或者照片所表示的该产品的外观设计。一份权利要求书通常由独立权利要求和从属权利要求组成。独立权利要求是所有权利要求中保护范围最大的权利要求。从属权利要求是跟随独立权利要求之后，用附加的技术特征对引用的权利要求进行进一步限定的权利要求。从属权利要求，其保护范围比独立权利要求小。随着技术特征数量的增加，其保护范围随之不断缩小。专利制度是以申请人公开自己的发明创造为代价换取法律对他的保护。申请人获得保护的范围应当和其公开的范围相一致。申请人用来公开发明创造的文件就是专利的说明书，要求保护的范围由权利要求书确定，说明书是用来解释和支持权利要求书的。

法律依据：

《专利法》第六十四条、《专利法实施细则》第二十条。

281. 发现专利权被侵害后的维权方式有哪些?

答：(1) 请求地方市场监督管理局(知识产权局)查处。在涉及外观设计专利侵权案件中(特别是在展会中)，由地方知识产权局进行专利侵权的行政裁决或调解可能更为有效。在涉及外观设计专利或实用新型专利侵权案件中，应事先请求国家知识产权局出具专利权评价报告。而有关发明专利或者实用新型专利侵权纠纷，可能涉及复杂的技术问题，通常不适合用行政程序解决。在认定侵权行为成立的情况下，针对专利权人的损害赔偿，只有在双方当事人同意的情况下，知识产权局才可以对损害赔偿数额进行调解，知识产权局无权要求侵权人进行赔偿，只可以要求侵权人停止侵权。

(2) 向人民法院起诉。向法院提起民事诉讼，是目前制止专利侵权的主要维权方式。法院认定侵权行为成立的，可以判决侵权方停止侵权、赔偿损失(包括权利人维权的合理开支，如取证涉及的公证费和律师费等)。

(3) 向公安机关提起刑事控告。一般的专利侵权不会构成犯罪，但是，假冒他人专利，情节严重的，将会构成犯罪。下列行为属于假冒专利的行为：①未经许可在其制造或者销售的产品或者产品包装上标注他人的专利号；②未经许可使用他人的专利号，使公众将所涉及的技术或者设计误认为是专利技术或者专利设计；③使公众混淆，将未被授予专利权的技术或者设计误认为是专利设计或者专利技术；④伪造或者变造专利证书、专利文件或者专利申请文件。专利权人有证据证明他人假冒自己专利并且情节严重者，可以提起刑事诉讼。

法律依据：

《专利法》第六十五条、《专利法实施细则》第八十四条、《刑法》第二百一十六条。

282. 如何确定专利侵权赔偿数额?

答：有四种法定方法来确定专利侵权造成的赔偿数额。侵犯专利权的赔偿数额按照权利人因被侵权所受到的实际损失或者侵权人因侵权所获得的利益确定;权利人的损失或者侵权人获得的利益难以确定的,参照该专利许可使用费的倍数合理确定。对故意侵犯专利权,情节严重的,可以在按照上述方法确定数额的1倍以上5倍以下确定赔偿数额。权利人的损失、侵权人获得的利益和专利许可使用费均难以确定的,人民法院可以根据专利权的类型、侵权行为的性质和情节等因素,确定给予3万元以上500万元以下的赔偿。赔偿数额还应当包括专利权人调查和制止侵权行为的合理支出,如购买侵权产品的费用、证据公证保全的费用、调查取证的差旅费用、适当的律师费等。

法律依据:

《专利法》第七十一条、《最高人民法院关于审理侵犯专利权纠纷案件应用法律若干问题的解释(二)》第二十八条。

283. 应对专利侵权指控的抗辩事由有哪些?

答:抗辩事由和方式包括:①被指控的侵权产品没有纳入专利权的保护范围;②属于个人使用,非生产经营目的;③被指控的侵权产品属于现有技术或现有设计;④使用、销售的被控侵权产品属于专利权人或专利权人许可售出的专利产品;⑤属于专利申请日前原有范围内继续制造专利产品、使用专利方法的行为;⑥仅用于科学研究和实验目的;⑦为了提供行政审批所需信息,而制造、使用专利药品或者专利医疗器械;⑧不知道未经专利权人许可而制造并销售,能证明该产品合法来源;⑨向国家知识产权局提出专利无效宣告。

法律依据:

《专利法》第十一条、第六十七条、第七十五条、第七十七条。

284. 什么是专利权质押?

答:专利权质押是指为担保债权的实现,由债务人或第三人将其专利权中的财产权设定质权,在债务人不履行债务时,债权人有权依法就该出质专利权中财产权的变价款优先受偿的担保方式。专利权质押作为专利权运用的方式之一,是专利权人基于专利权中的财产权,实现资金融通的有效手段。专利权质押登记是指以专利权出质,出质人和质权人应当订立书面合同,并向国家知识产权局办理专利权质押登记,质权自专利权质押登记之日起设立。

法律依据:

《专利权质押登记办法》第三条。

285. 申请海外专利有哪些途径?

答:申请海外专利主要有四种途径:《专利合作条约》(PCT)途径、《巴黎公约》途径、《工业品外观设计国际注册海牙协定》途径以及普通国家直接申请途径。《专利合作条约》途径针对发明/实用新型专利申请,申请人只需提交一件PCT国际专利申请,即可在众多成员方中同时请求多国或地区对其发明创造进行专利保护。专利权的授予由各国或地区专利局负责(PCT国家阶段)。《巴黎公约》途径针对发明/实用新型/外观设计申请,申请人在首次提出本国国家专利申请后12个月(发明或实用新型)/6个月(外观设计)内可直接向其他《巴黎公约》成员方的专利主管机关分别提出申请,并要求享有优先权。《工业品外观设计国际注册海牙协定》途径针对外观设计申请,有70个缔约方,申请人用一种语言(英语、法语或西班牙语)、一种货币、缴纳一套费用、向世界知识产权组织国际局提交一份国际申请,即可获得一个国际注册,并在一个或多个指定缔约方生效,主要发达国家,如美国、西欧国家、日本、韩国等都是海牙协定的缔约方,海牙协定申请大大节省了申请人的申请费用和申请时间。普通国家直接申请途径,申请人希望在PCT、《巴黎公约》或《工业品外观设计国际注册海牙协定》成员方以外的国家或地区申请专利,可以按照中方与该国家或地区签订的知识产权协议或对等原则进行处理。通过《巴黎公约》途径和普通国家直接申请途径申请海外专利注意应先进行国家的保密审查。

286. 企业在产品出口前应当重点关注哪些知识产权问题？

答：应详尽了解目标市场的知识产权保护状况，包括知识产权基本法律制度、知识产权侵权判定标准、海关知识产权保护模式、司法诉讼程序、行政执法程序、知识产权保护水平等；应分析评议在贸易目的地企业自身是否围绕自主创新产品形成了有效的知识产权布局。若已形成有效的知识产权布局，则应准备相关证明材料。应分析评议出口产品是否会侵权。界定出口产品的技术要素之后，围绕目标市场的竞争对手知识产权布局，仔细比对是否会被目标市场的有效专利所覆盖，是否会遭遇竞争对手的侵权诉讼，做到知己知彼，心中有数。在了解上述基本情况后，应制定产品出口策略，形成产品出口的知识产权风险控制预案。若发现出口产品可能侵害他人知识产权，应及早开展规避设计，或主动联系权利人进行专利许可；收集竞争对手知识产权瑕疵、对方侵犯自己的知识产权或合作企业侵犯自己的知识产权的反诉材料和证据。若涉嫌专利侵权的产品已经出口，应及早准备应诉材料，制定诉讼应对策略。

287. 商标的种类有哪些？

答：商标可以按不同的标准和角度划分为八大种类：

(1) 根据商标的构成形式来分类，可分为文字商标、图形商标、图形与文字组合商标。

(2) 根据商标的用途和作用来分类，可划分为商品商标和服务商标。

(3) 根据商标拥有者、使用者的不同来分类，可划分为制造商标、销售商标、集体商标。

(4) 根据商标的管理来分类，总体上可划分为注册商标和未注册商标。

(5) 根据商标使用人对商标的使用动机来分类，可划分为联合商标、防御商标、证明商标。

（6）根据商标的寓意来分类，可划分为有含义商标和无含义商标。

（7）根据商标使用的方式来分类，可划分为主商标、分商标、商品群商标、具体商品商标。

（8）根据商标的载体分类，可分为平面商标、立体商标、声音商标、气味商标等。

288. 集体商标与证明商标的区别是什么？

答：（1）集体商标表明商品或服务来自同一组织；证明商标表明商品或服务的质量达到规定的特定品质。

（2）集体组织的成员均可使用集体商标，该组织以外的成员不得使用；证明商标则应当显示其开放性，只要达到管理规则规定的特定品质的商品或服务提供者都可以要求使用证明商标。

（3）证明商标的申请人必须对商品或服务的特定品质具有检测和监督能力；集体商标一般无此要求。

（4）集体商标的注册人可以在自己经营的商品或服务上使用集体商标；证明商标的注册人不得在自己提供的商品上使用该证明商标。

法律依据：

《商标法》第三条，《集体商标、证明商标注册和管理办法》第十七条、第十八条、第二十条。

289. 申请注册商标有哪些途径？

答：申请注册商标有下列途径：
(1)可以委托依法设立的商标代理机构代理；
(2)可以到商标局商标注册大厅直接申请；
(3)外国人或者外国企业在中国申请商标注册或者办理其他商标事宜，应当委托依法设立的商标代理机构代理。

290. 商标注册程序包括哪些内容？

答：商标注册程序分为必经程序和特别程序。必经程序是申请人申请商标注册必须经过的注册程序,包括商标的申请、商标的审查、商标的审定(公告)、商标的注册(公告)四个程序。特别程序是商标注册过程中发生矛盾、冲突或其他原因而采用的补救程序,并不是必经的程序,包括商标驳回复审、商标异议复审、商标争议(撤销或无效宣告)三个程序。

法律依据:

《商标法》第二章、第三章、第五章。

291. 申请以地理标志作为集体商标、证明商标注册的是否需要有关部门审批?

答:需要。申请以地理标志作为集体商标、证明商标注册的,应当附送管辖该地理标志所标示地区的人民政府或者行业主管部门的批准文件。外国人或者外国企业申请以地理标志作为集体商标、证明商标注册的,申请人应当提供该地理标志以其名义在其原属国受法律保护的证明。

法律依据:

《集体商标、证明商标注册和管理办法》第六条。

292. 注册商标的有效期是多少年?

答:注册商标的有效期为10年,自核准之日起计算。注册商标人应当在期满前12个月内按照规定办理续展手续,在此期间未能办理的,可以给予6个月的宽展期。宽展期满未办理续展手续的,注册商标将被注销。每次续展注册有效期为10年,续展次数不限。

法律依据:

《商标法》第三十九条、第四十条。

293. 签订商标使用许可合同应注意哪些问题?

答:(1)被许可商标应当是注册商标,许可人应当是注册商标的注册人。

(2)被许可人应当是依法成立的企业、事业单位、社会团体、个体工商户、个人合伙以及符合《商标法》第17条规定的外国人或者外国企业。

(3)被许可人使用被许可商标的商品或服务不得超过被许可商标经商标局核准使用的商品或服务的范围。

(4)经许可使用他人注册商标的,必须在使用该注册商标的商品上标明被许可人的名称和商品产地。

294. 什么是注册商标普通使用许可?注册商标排他使用许可?注册商标独占使用许可?

答:注册商标普通使用许可,是指商标注册人在约定的期间、地域和以约定的方式,许可他人使用其注册商标,并可自行使用该注册商标和许可他人使用其注册商标。

注册商标排他使用许可,是指商标注册人在约定的期间、地域和以约定的方式,将该注册商标仅许可一个被许可人使用,商标注册人依约定可以使用该注册商标但不得另行许可他人使用该注册商标。

注册商标独占使用许可,是指商标注册人在约定的期间、地域和以约定的方式,将该注册商标仅许可一个被许可人使用,商标注册人依约定不得使用该注册商标。

法律依据:

《最高人民法院关于审理商标民事纠纷案件适用法律若干问题的解释》第三条。

295. 有些商品或商品包装上标注的"TM"或者"SM"字样是何含义?

答:它们属于未注册商标标记,TM(Trade Mark)用于商品商标,SM(Service Mark)用于服务商标,在国际上使用比较普遍,主要是告诉他人该图形或文字是作为商标使用的,而不是装饰,警示其他人不要擅自使用。

296. 商标侵权的常见情形有哪些?

答：下列情形均属于侵犯注册商标专用权的行为：

(1) 未经商标注册人的许可，在同一种商品上使用与其注册商标相同的商标的；

(2) 未经商标注册人的许可，在同一种商品上使用与其注册商标近似的商标，或者在类似商品上使用与其注册商标相同或者近似的商标，容易导致混淆的；

(3) 销售侵犯注册商标专用权的商品的；

(4) 伪造、擅自制造他人注册商标标识或者销售伪造、擅自制造的注册商标标识的；

(5) 未经商标注册人同意，更换其注册商标并将该更换商标的商品又投入市场的；

(6) 故意为侵犯他人注册商标专用权行为提供便利条件，帮助他人实施侵犯商标专用权行为的；

(7) 给他人的注册商标专用权造成其他损害的。

法律依据：

《商标法》第五十七条。

297. 商标被冒用如何维护权益?

答：商标被冒用，引起纠纷的，由当事人协商解决；不愿协商或者协商不成的，商标注册人或者利害关系人可以向人民法院起诉，也可以请求工商行政管理部门处理。

法律依据：

《商标法》第六十条第一款。

298. 合作开发完成的发明创造专利权的归属如何确定?

答：合作开发完成的发明创造对申请专利的权利有约定按约定，无约定则归合作开发的当事人共有。合作开发一方不同意申请专利的，其他各方均不得申请专利；合作开发一方转让申请专利的权利的，其他各方有优先受让的权利；合作开发一方放弃申请专利的权利的，除当事人另有约定外，其他各方可以申请专利。申请被批准后，申请方为专利权人，放弃专利申请权的一方可以免费实施相关专利。

法律依据：

《民法典》第八百六十条、《专利法》第八条。

299. 著作权包括哪些权利？

答：著作人身权，是作者基于作品依法享有的以人身利益为内容的权利，是与著作财产权相对应的权利。我国《著作权法》中规定的著作人身权包括：①发表权，即决定作品是否公之于众的权利；②署名权，即表明作者身份，在作品上署名的权利；③修改权，即修改或者授权他人修改作品的权利；④保护作品完整权，即保护作品不受歪曲、篡改的权利。

著作财产权，是著作权人基于对作品的利用给其带来的财产收益权。理论上，所有对作品的商业性利用，都应当给著作权人带来财产收益。我国《著作权法》中规定的著作财产权包括：①复制权，即以印刷、复印、拓印、录音、录像、翻录、翻拍、数字化等方式将作品制作一份或者多份的权利；②发行权，即以出售或者赠与方式向公众提供作品的原件或者复制件的权利；③出租权，即有偿许可他人临时使用视听作品、计算机软件的原件或者复制件的权利，计算机软件不是出租的主要标的物的除外；④展览权，即公开陈列美术作品、摄影作品的原件或者复制件的权利；⑤表演权，即公开表演作品，以及用各种手段公开播送作品的表演的权利；⑥放映权，即通过放映机、幻灯机等技术设备公开再现美术、摄影、视听作品等的权利；⑦广播权，即以有线或者无线方式公开传播或者转播作品，以及通过扩音器或者其他传送符号、声音、图像的类似工具向公众传播广播的作品的权利，但不包括第⑧项中规定的权利；⑧信息网络传播权，即以有线或者无线方式向公众提供，使公众可以在其选定的时间和地点获得作品的权利；⑨摄制权，即以摄制视听作品的方法将作品固定在载体上的权利;⑩改编权,即改变作品,创作出具有独创性的新作品的权利;⑪翻译权,即将作品从一种语言文字转换成另一种语言文字的权利;⑫汇编权,即将作品或者作品的片段通过选择或者编排,汇集成新作品的权利;⑬应当由著作权人享有的其他权利。

法律依据:

《著作权法》第十条。

300. 作品有哪些表现形式?

答:①文字作品;②口述作品;③音乐、戏剧、曲艺、舞蹈、杂技艺术作品;④美术、建筑作品;⑤摄影作品;⑥视听作品;⑦工程设计图、产品设计图、地图、示意图等图形作品和模型作品;⑧计算机软件;⑨符合作品特征的其他智力成果。

法律依据:

《著作权法》第三条。

301. 哪些作品不受《著作权法》的保护?

答:(1)法律、法规,国家机关的决议、决定、命令和其他具有立法、行政、司法性质的文件,及其官方正式译文;

(2)单纯事实消息;

(3)历法、通用数表、通用表格和公式。

法律依据:

《著作权法》第五条。

302. 在哪些情形下,职务作品的署名权由作者享有,著作权的其他权利由法人或者非法人组织享有?

答:(1)主要是利用法人或者非法人组织的物质技术条件创作,并由法人或者非法人组织承担责任的工程设计图、产品设计图、地图、示意图、计算机软件等职务作品;

(2)报社、期刊社、通讯社、广播电台、电视台的工作人员创作的职务作品；

（3）法律、行政法规规定或者合同约定著作权由法人或者非法人组织享有的职务作品。

法律依据：

《著作权法》第十八条。

303. 受委托创作的作品，权利归属如何确定？

答：受委托创作的作品，著作权的归属由委托人和受托人通过合同约定。合同未作明确约定或者没有订立合同的，著作权属于受托人。

法律依据：

《著作权法》第十九条。

304. 著作权的保护期限是多长时间？

答：作者的署名权、修改权、保护作品完整权的保护期不受限制。

自然人的作品，其发表权和著作财产权的保护期为作者终生及其死亡后50年，截止于作者死亡后第50年的12月31日；如果是合作作品，截止于最后死亡的作者死亡后第50年的12月31日。

法人或者非法人组织的作品、著作权（署名权除外）由法人或者非法人组织享有的职务作品，其发表权的保护期为50年，截止于作品创作完成后第50年的12月31日；著作财产权的保护期为50年，截止于作品首次发表后第50年的12月31日，但作品自创作完成后50年内未发表的，不再保护。

视听作品，其发表权的保护期为50年，截止于作品创作完成后第50年的12月31日；著作财产权的保护期为50年，截止于作品首次发表后第50年的12月31日，但作品自创作完成后50年内未发表的，不再保护。

法律依据：

《著作权法》第二十二条、第二十三条。

305. 哪种情况下使用作品，可以不经著作权人许可，不向其支付报酬？

答：下列情况下使用作品，可以不经著作权人许可，不向其支付报酬：①为个人学习、研究或者欣赏，使用他人已经发表的作品；②为介绍、评论某一作品或者说明某一问题，在作品中适当引用他人已经发表的作品；③为报道新闻，在报纸、期刊、广播电台、电视台等媒体中不可避免地再现或者引用已经发表的作品；④报纸、期刊、广播电台、电视台等媒体刊登或者播放其他报纸、期刊、广播电台、电视台等媒体已经发表的关于政治、经济、宗教问题的时事性文章，但著作权人声明不许刊登、播放的除外；⑤报纸、期刊、广播电台、电视台等媒体刊登或者播放在公众集会上发表的讲话，但作者声明不许刊登、播放的除外；⑥为学校课堂教学或者科学研究，改编、汇编、播放或者少量复制已经发表的作品，供教学或者科研人员使用，但不得出版发行；⑦国家机关为执行公务在合理范围内使用已经发表的作品；⑧图书馆、档案馆、纪念馆、博物馆、文化馆等为陈列或者保存版本的需要，复制本馆收藏的作品；⑨免费表演已经发表的作品，该表演未向公众收取费用，也未向表演者支付报酬且不以营利为目的；⑩对设置或者陈列在公共场所的艺术作品进行临摹、绘画、摄影、录像；⑪将中国公民、法人或者非法人组织已经发表的以国家通用语言文字创作的作品翻译成少数民族语言文字作品在国内出版发行；⑫以阅读障碍者能够感知的无障碍方式向其提供已经发表的作品；⑬法律、行政法规规定的其他情形。

但是，在上述情况下使用作品，应当指明作者姓名或者名称、作品名称，并且不得影响该作品的正常使用，也不得不合理地损害著作权人的合法权益。

法律依据：

《著作权法》第二十四条。

306. 表演者有哪些权利及注意事项？

答：表演者享有的权利：①表明表演者身份；②保护表演形象不受歪曲；③许可他人从现场直播和公开传送其现场表演，并获得报酬；④许可他人录音录像，并获得报酬；⑤许可他人复制、发行、出租录有其表演的录音录像制品，并获得报酬；⑥许可他人通过信息网络向公众传播其表演，并获得报酬。

表演者的注意事项：①使用他人作品演出，表演者（演员、演出单位）应当取得著作权人许可，并支付报酬。演出组织者组织演出，由该组织者取得著作权人许可，并支付报酬。②使用改编、翻译、注释、整理已有作品而产生的作品进行演出，应当取得改编、翻译、注释、整理作品的著作权人和原作品的著作权人许可，并支付报酬。

法律依据：

《著作权法》第十六条、第三十八条、第三十九条。

307. 录音录像制作者有哪些权利及注意事项？

答：录音录像制作者对其制作的录音录像制品，享有许可他人复制、发行、出租、通过信息网络向公众传播并获得报酬的权利。

将录音制品用于有线或者无线公开传播，或者通过传送声音的技术设备向公众公开播送的，应当向录音制作者支付报酬。

注意事项：录音录像制作者使用他人作品制作录音录像制品，应当取得著作权人许可，并支付报酬；应当同表演者订立合同，并支付报酬；录音制作者使用他人已经合法录制为录音制品的音乐作品制作录音制品，可以不经著作权人许可，但应当按照规定支付报酬；著作权人声明不许使用的不得使用。

法律依据：

《著作权法》第四十二条、第四十三条、第四十四条、第四十五条。

308. 如何认定著作权侵权？侵权赔偿数额如何确定？

答：著作权侵权的认定标准是"实质性相似+接触"。只有证明涉嫌侵权作品与受著作权法保护的作品构成实质相似，同时有证据表明被告在此前具备了接触原作品的机会或者已实际接触了原作品，才能判定为著作权侵权。

侵犯著作权或者与著作权有关的权利的，侵权人应当按照权利人因此受到的实际损失或者侵权人的违法所得给予赔偿；权利人的实际损失或者侵权人的违法所得难以计算的，可以参照该权利使用费给予赔偿。对故意侵犯著作权或者与著作权有关的权利，情节严重的，可以在按照上述方法确定数额的1倍以上5倍以下给予赔偿。

权利人的实际损失、侵权人的违法所得、权利使用费难以计算的，由人民法院根据侵权行为的情节，判决给予500元以上500万元以下的赔偿。赔偿数额还应当包括权利人为制止侵权行为所支付的合理开支。

法律依据：

《著作权法》第五十四条。

309. 计算机软件著作权证书可以在所在省市的版权登记部门办理吗？

答：不可以。中国版权保护中心是国家版权局指定的唯一的计算机软件著作权登记机构。目前，虽然中国版权保护中心除北京地区外还在成都、深圳、上海、武汉、广州等地设有版权登记大厅，但计算机软件著作权只能由位于北京的中国版权保护中心集中受理。

法律依据：

《计算机软件著作权登记办法》第六条。

310. 计算机软件著作权保护期限有多长？

答：自然人的软件著作权，保护期为自然人终生及其死亡后 50 年；软件是合作开发的，截止于最后死亡的自然人死亡后第 50 年的 12 月 31 日。

法人或者其他组织的软件著作权，保护期为 50 年，截止于软件首次发表后第 50 年的 12 月 31 日，但软件自开发完成之日起 50 年内未发表的，不再保护。

法律依据：

《计算机软件保护条例》第十四条。

311. 委托开发或合作开发的软件著作权归属如何确定？

答：接受他人委托开发的软件，其著作权的归属由委托人与受托人签订书面合同约定；无书面合同或者合同未作明确约定的，其著作权由受托人享有。

由两个以上的自然人、法人或者其他组织合作开发的软件，其著作权的归属由合作开发者签订书面合同约定。无书面合同或者合同未作明确约定，合作开发的软件可以分割使用的，开发者对各自开发的部分可以单独享有著作权；但是，行使著作权时，不得扩展到合作开发的软件整体的著作权。合作开发的软件不能分割使用的，其著作权由各合作开发者共同享有，通过协商一致行使；不能协商一致，又无正当理由的，任何一方不得阻止他方行使除转让权以外的其他权利，但是所得收益应当合理分配给所有合作开发者。

法律依据：

《计算机软件保护条例》第十条、第十一条。

312. 如何保护计算机软件著作权？

答：(1) 应在开发前明确知识产权归属问题，以书面合同形式约定计算机软件著作权归属；

(2)企业对自己的计算机软件(计算机程序源代码)应主动采取保密措施,否则无法认定为技术秘密,一旦发生被泄露的情况,很难追究泄密行为人的法律责任;

(3)企业的计算机软件产品上市之前,及时申请计算机软件著作权登记,以便获取软件著作权的初步证明;

(4)企业的计算机软件同时符合专利法律要件的,可以申请专利,确定申请专利的应当尽早提出专利申请;

(5)企业的计算机软件产品被冠以商品或服务专用标识的,应当在软件产品上市之前,完成商标注册或标识著作权登记事宜。

313. 在微信公众号中发推文,偶尔用到他人的文字和图片,且公众号阅读量不大、粉丝人数少,构成侵权吗?

答:只要是未经许可使用他人的文字和图片,就有可能构成侵权。如果想商业使用他人的文字或图片等作为素材,建议付费使用。付费标准可参照国家版权局《使用文字作品支付报酬办法》中的规定:(1)原创作品:每千字80~300元,注释部分参照该标准执行。(2)演绎作品:①改编:每千字20~100元;②汇编:每千字10~20元;③翻译:每千字50~200元。该标准只适用于图书、报纸、期刊等以纸质介质为载体,经合法授权出版的文字作品。电子出版物、网上使用作品等,可参考使用。实践中可由使用者与权利人双方协商确定。

法律依据:

《使用文字作品支付报酬办法》第五条。

314. 什么是商业秘密?如何取得?商业秘密中的"不为公众所知悉"指什么?

答:商业秘密,是指不为公众所知悉、具有商业价值并经权利人采取相应保密措施的技术信息、经营信息等商业信息。商业秘密的取得不需要国家机关的授权,对于自己合法取得的不为公众知悉的、具有价值性的技术信息和经营信息等商业信息,只要权利人采取了相应的保密措施，即可取得相关权利。

"不为公众所知悉"，即商业秘密的秘密性，只要求有关信息不为其所属领域的相关人员"普遍"知悉和"容易"获得。《最高人民法院关于审理侵犯商业秘密民事案件适用法律若干问题的规定》列举了可以认定有关信息为公众所知悉的情形，包括：①该信息在所属领域属于一般常识或者行业惯例的；②该信息仅涉及产品的尺寸、结构、材料、部件的简单组合等内容，所属领域的相关人员通过观察上市产品即可直接获得的；③该信息已经在公开出版物或者其他媒体上公开披露的；④该信息已通过公开的报告会、展览等方式公开的；⑤所属领域的相关人员从其他公开渠道可以获得该信息的。

法律依据：

《反不正当竞争法》第九条、《最高人民法院关于审理侵犯商业秘密民事案件适用法律若干问题的规定》第三条和第四条。

315. 商业秘密的保护期限是多长时间？

答：只要商业秘密未被公开，就一直受法律保护。需要注意的是，判断商业秘密是否处于公开状态，应当以相关信息是否为其所属领域的相关人员"普遍"知悉和"容易"获得为依据，而不考虑公开的主体、公开行为是否合法等。

316. 客户信息需要满足什么条件才能受到法律保护？

答：客户信息是经营信息的重要内容，也是企业的核心竞争力之一，包括客户的名称、地址、联系方式以及交易习惯、意向、内容等信息。但是，要想获得法律保护，这些信息不能仅仅是关于订单日期、单号、品名、货品规格、销售订单数量、单价、未税本位币等信息的一般性罗列，还要有能够反映某客户的交易习惯、意向及区别于一般交易记录的其他内容。

法律依据：

《最高人民法院关于审理侵犯商业秘密民事案件适用法律若干问题

的规定》第一条。

317. 收集公开信息形成的信息，是否属于商业秘密？

答：如果仅仅是对公开信息进行收集，所得到的信息一般不属于商业秘密。但是，对收集的公开信息进行整理、改进、加工形成的新信息，可以构成商业秘密。

法律依据：

《最高人民法院关于审理侵犯商业秘密民事案件适用法律若干问题的规定》第四条。

318. 侵犯商业秘密的行为有哪些？

答：侵犯商业秘密的行为包括：

（1）经营者实施的下列行为：①以盗窃、贿赂、欺诈、胁迫、电子侵入或者其他不正当手段获取权利人的商业秘密；②披露、使用或者允许他人使用以前项手段获取的权利人的商业秘密；③违反保密义务或者违反权利人有关保守商业秘密的要求，披露、使用或者允许他人使用其所掌握的商业秘密；④教唆、引诱、帮助他人违反保密义务或者违反权利人有关保守商业秘密的要求，获取、披露、使用或者允许他人使用权利人的商业秘密。

（2）经营者以外的其他自然人、法人和非法人组织实施前述所列违法行为的，视为侵犯商业秘密。

（3）第三人明知或者应知商业秘密权利人的员工、前员工或者其他单位、个人实施第（1）项所列违法行为，仍获取、披露、使用或者允许他人使用该商业秘密的，视为侵犯商业秘密。

法律依据：

《反不正当竞争法》第九条。

319. 如何确定一项技术方案是通过申请专利还是按照商业秘密进行保护？

答： 判断一项技术方案是通过申请专利还是按照商业秘密进行保护，关键看该技术方案是否随着产品的公开而公开，是否易于被他人破解或实现。如果随着产品销售其技术方案被公开，或者有同行进行类似技术研发且不存在太高技术难度，例如，机电产品、若干化学成分的组合物，只要面市，他人即可通过物理拆解、化学或者物理测试分析得到其技术方案，则应通过申请专利进行保护。对于技术难度高，即使产品上市他人也不易得到相关技术方案的，例如，复杂化工工艺、中（草）药配方等，适于通过商业秘密进行保护。

专利和商业秘密两种保护措施各有优劣，表现为：①在保护期限方面，专利的保护期最长20年；而商业秘密只要处于保密状态，则一直受保护。②在费用方面，专利权需要每年缴纳年费以维持其有效性；商业秘密则无须缴纳费用。③在被侵权风险方面，专利文献公开后，他人可以通过公开渠道查询专利技术方案，专利权人将面临被他人侵权的风险；商业秘密只要保密措施到位，他人无法获得相应的秘密信息，也就无法实施侵犯商业秘密的行为。④在排他性方面，专利一旦授权，除《专利法》另有规定外，权利人即可禁止他人未经许可实施其专利；而商业秘密权利人则无法禁止他人使用自己合法取得的相同商业秘密。

实践中，可以结合技术方案的特点、保密难易程度、需要保护的时间、维权难易程度、自己实施还是许可实施等因素综合考虑。

320. 侵犯商业秘密需要承担哪些民事法律责任？

答： 侵权人应当承担的法律责任包括：①停止侵害；②返还或者销毁商业秘密载体，清除其控制的商业秘密信息；③赔偿权利人的实际损失，权利人实际损失无法计算的，按照侵权人因侵权所获得的利益确定。经营者恶意实施侵犯商业秘密行为，情节严重的，可以在按照上述方法确定数额的1倍以上5倍以下确定赔偿数额。赔偿数额还应当包括经营者为制止侵权行为所支付的合理开支。权利人因被侵权所受到的实际损失、侵权人因侵权所获得的利益难以确定的,由人民法院根据侵权行为的情节判决给予权利人500万元以下的赔偿。

法律依据:

《反不正当竞争法》第十七条。

321. 如何取得植物新品种权?

答:植物新品种,是指经过人工培育的或者对发现的野生植物加以开发,具备新颖性、特异性、一致性和稳定性并有适当命名的植物品种。

植物新品种权的申请审批程序为:①申请人向审批机关提出申请,其中国务院农业行政部门受理农业植物新品种权的申请,国务院林业行政部门受理林业植物新品种权的申请。②审批机关自受理品种权申请之日起6个月内完成初步审查。对经初步审查合格的品种权申请,审批机关予以公告,并对品种权申请的特异性、一致性和稳定性进行实质审查。③对经实质审查符合授权条件的品种权申请,审批机关作出授予品种权的决定,颁发品种权证书,并予以登记和公告。品种权人自授权之日起取得品种权。

法律依据:

《植物新品种保护条例》第二条、第三条、第二十八条、第二十九条、第三十一条。

322. 在申请植物新品种权之前,有哪些注意事项?

答:(1)申请人要想获得植物新品种权,必须确保所申请的品种具有新颖性,即在申请日前该品种繁殖材料未被销售,或者经育种者许可,在中国境内销售该品种繁殖材料未超过1年;在中国境外销售藤本植物、林木、果树和观赏树木品种繁殖材料未超过6年,销售其他植物品种繁殖材料未超过4年。

(2)一个植物新品种只能授予一项品种权。两个以上的申请人分别就同一个植物新品种申请品种权的,品种权授予最先申请的人;同时申请的,品种权授予最先完成该植物新品种育种的人。因此,申请人在育种完成后,要尽早申请品种权。

(3)申请品种权的植物新品种应当属于国家植物品种保护名录中列举的植物的属或者种。植物品种保护名录由审批机关确定和公布。

(4)授予品种权的植物新品种应当具备适当的名称,并与相同或者相近的植物属或者种中已知品种的名称相区别。该名称经注册登记后即为该植物新品种的通用名称。下列名称不得用于品种命名:①仅以数字组成的;②违反社会公德的;③对植物新品种的特征、特性或者育种者的身份等容易引起误解的。

法律依据:

《植物新品种保护条例》第八条、第十三条、第十四条、第十八条。

323. 侵害他人植物新品种权的法律责任有哪些?

答: 未经品种权人许可,以商业目的生产或者销售授权品种的繁殖材料的,品种权人或者利害关系人可以请求省级以上人民政府农业、林业行政部门依据各自的职权进行处理,也可以直接向人民法院提起诉讼。

省级以上人民政府农业、林业行政部门依据各自的职权,根据当事人自愿的原则,对侵权所造成的损害赔偿可以进行调解。调解达成协议的,当事人应当履行;调解未达成协议的,品种权人或者利害关系人可以依照民事诉讼程序向人民法院提起诉讼。

省级以上人民政府农业、林业行政部门依据各自的职权处理品种权侵权案件时,为维护社会公共利益,可以责令侵权人停止侵权行为,没收违法所得和植物品种繁殖材料;货值金额5万元以上的,可处货值金额1倍以上5倍以下的罚款;没有货值金额或者货值金额5万元以下的,根据情节轻重,可处25万元以下的罚款。

假冒授权品种的,由县级以上人民政府农业、林业行政部门依据各自的职权责令停止假冒行为,没收违法所得和植物品种繁殖材料;货值金额5万元以上的,处货值金额1倍以上5倍以下的罚款;没有货值金额或者货值金额5万元以下的,根据情节轻重,处25万元以下的罚款;情节严重,构成犯罪的,依法追究刑事责任。

法律依据:

《植物新品种保护条例》第三十九条、第四十条。

劳动篇

324. 企业规章制度怎样公示才有效?

答：用人单位应当将直接涉及劳动者切身利益的规章制度和重大事项决定公示，或者告知劳动者。将企业的规章制度进行公示或者告知劳动者的方式通常有：

(1) 将规章制度编成员工手册，发给员工并由员工签收。

(2) 召开职工大会进行口头宣告，要注意保留会议的视频、课件和签到表。

(3) 利用互联网优势，将用人单位的规章制度放在内部网上，经告知员工可进行浏览，通过后台数据设置来记录员工的浏览情况。

(4) 在厂区公共区域张贴规章内容，并且将公告现场以拍照、录像等方式记录备案。

(5) 组织劳动者进行集中学习、培训（注意要记录培训时间、地点、参会人员、培训内容等），可以进行相应规章制度的考试，并保留相应的试卷。

(6) 将员工对于企业规章制度的了解情况加入考核的项目中，考核的期限可以每年固定，也可以每年随机选取时间进行，不时地考察员工对于规章制度的学习、掌握情况和理解情况，出现不了解、不理解等状况要及时对其进行培训。

(7) 将用人单位的规章制度发送到员工的个人邮箱中。

(8) 委托工会进行公告，保留好相关委托手续。

法律依据：

《劳动合同法》第四条。

325. 用人单位可以扣押劳动者的身份证或收取保证金吗?

答：用人单位招用劳动者，不得扣押劳动者的居民身份证和其他证件，用人单位违反规定，扣押劳动者居民身份证等证件的，由劳动行政部门责令限期退还劳动者本人，并依照有关法律规定给予处罚。此外，用人单位不得要求劳动者提供担保或者以其他名义向劳动者收取财物,如违反规定,劳动行政部门可责令用人单位限期退还劳动者本人,并以每人500元以上2000元以下的标准处以罚款;给劳动者造成损害的,还应当承担赔偿责任。

法律依据:

《劳动合同法》第九条、第八十四条。

326. 劳动合同分为哪几种类型?

答:根据劳动合同的期限长短,可分为固定期限劳动合同、无固定期限劳动合同和以完成一定工作任务为期限的劳动合同。固定期限劳动合同,是指用人单位与劳动者约定合同终止时间的劳动合同,比如1年、2年、3年,期限是明确的。以完成一定工作任务为期限的劳动合同,是指用人单位与劳动者约定以某项工作的完成为合同期限的劳动合同。这种合同在工程建设方面比较多,工程结束合同也就结束了。无固定期限劳动合同,是指用人单位与劳动者约定无确定终止时间的劳动合同。这里需要说明的是,无固定期限劳动合同并不是"铁饭碗""终身制",有些用人单位不愿意订立无固定期限劳动合同,认为一旦签了,就要对劳动者长期负责,如果劳动者偷懒,用人单位毫无办法;有的劳动者也认为无固定期限劳动合同就意味着终身捆绑在企业中,丧失了选择的机会,实际上这是一种误解。只要出现《劳动合同法》规定的情形,不论用人单位还是劳动者,都有权依法解除劳动合同。

法律依据:

《劳动合同法》第十二条、第十三条、第十四条、第十五条。

327. 哪些情况下用人单位应当与劳动者订立无固定期限劳动合同?

答:用人单位与劳动者协商一致,可以订立无固定期限劳动合同。有下列情形之一,劳动者提出或者同意续订、订立劳动合同的,除劳动者提出订立固定期限劳动合同外,应当订立无固定期限劳动合同:

(1)劳动者在该用人单位连续工作满10年的;

(2)用人单位初次实行劳动合同制度或者国有企业改制重新订立劳动合同时,劳动者在该用人单位连续工作满10年且距法定退休年龄不足10年的;

(3)连续订立两次固定期限劳动合同,且劳动者没有《劳动合同法》第39条和第40条第(一)项、第(二)项规定的情形,续订劳动合同的。

用人单位自用工之日起满1年不与劳动者订立书面劳动合同的,视为用人单位与劳动者已订立无固定期限劳动合同。

法律依据:

《劳动合同法》第十四条。

328. 劳动合同履行地与用人单位注册地不一致的,劳动待遇标准如何确定?

答:劳动合同履行地与用人单位注册地不一致的,有关劳动者的最低工资标准、劳动保护、劳动条件、职业危害防护和本地区上年度职工月平均工资标准等事项,按照劳动合同履行地的有关规定执行;用人单位注册地的有关标准高于劳动合同履行地的有关标准,且用人单位与劳动者约定按照用人单位注册地的有关规定执行的,从其约定。

法律依据:

《劳动合同法实施条例》第十四条。

329. 分公司、办事处等分支机构应如何签订劳动合同?

答:由于经营业务的需要,有些用人单位会设立分公司、办事处、项目部等分支机构。从民法的角度讲,这些分支机构可分为两类:一类是依法取得营业执照或者登记证书的分支机构,一般都具有一定的资产和经营能力,具有相对独立的法律地位,因此也具有用工主体资格,可以作为用人单位与劳动者订立劳动合同;另一类是未依法取得营业执照或者登记证书的分支机构,实际上相当于用人单位内部的一个部门,对外只能以用人单位的名义开展活动,也只能接受用人单位的委托与劳动者订立劳动合同,不能作为劳动合同的一方主体。

不管是依法取得营业执照或者登记证书的分支机构,还是未依法取得营业执照或者登记证书的分支机构,一般都不具备完全独立的法律地位,不能独立承担相应的法律责任。因此,分支机构不能全部承担对劳动者的相应法律责任时,由用人单位承担剩余部分的责任,最终分支机构和用人单位共同承担对该劳动者完整的法律责任。

法律依据:

《民法典》第七十四条、《劳动合同法实施条例》第四条。

330. 用人单位与即将毕业的大学生订立的劳动合同有效吗?

答:即将毕业的大学生以就业为目的与用人单位签订劳动合同,且接受用人单位管理,按合同约定付出劳动;用人单位在明知求职者系在校学生的情况下,仍与之订立劳动合同并向其发放劳动报酬的,该劳动合同合法有效,应当认定双方之间形成劳动合同关系。如果名义上订立了劳动合同,但实际上是实习或勤工俭学,则不能认定双方建立了劳动关系。

331. 不以建立劳动关系为目的的劳动合同有效吗?

答:实践中存在这样一种情况,有些劳动合同,用人单位和劳动者双方在订立时,并不是以建立劳动关系为目的,而是借劳动合同这种形式,来达到逃避税收、骗取补贴或贷款等相关优惠政策支持、申请工作签证、规避房屋限购政策等不法目的,双方之间并不存在真实客观的因劳动力需求而形成的劳动关系。而事后双方产生纠纷时,劳动者一方往往借此向用人单位一方主张相关劳动待遇。此类不以建立真实劳动关系为目的而设立的劳动合同不适用劳动法,应由普通民事法律调整,可以适用《民法典》等法律法规的相关规定。

332. 试用期的期限是多长,最低工资标准是多少?

答:试用期是用人单位和劳动者共同将双方建立劳动关系之初的

一段时间约定为考察期,在此期间,用人单位可以考察劳动者是否符合录用条件,能否胜任工作岗位。劳动者则可以考察了解用人单位的工作内容、劳动条件、劳动报酬等是否符合劳动合同的约定或适合自己的发展。在劳动合同中约定试用期,既是订立劳动合同双方当事人的权利与义务,同时也为劳动合同其他条款的履行提供了保障。

关于试用期的期限,法律规定以完成一定工作任务为期限的劳动合同或者劳动合同期限不满3个月的,不得约定试用期,如果双方约定了试用期,则该约定归于无效,离职时应按正式员工的规定执行;劳动合同期限3个月以上不满1年的,试用期不得超过1个月,劳动合同期限1年以上不满3年的,试用期不得超过2个月,3年以上固定期限和无固定期限劳动合同,试用期不得超过6个月,如果双方的约定超过了以上期限,则按最长的期限执行,在最长期限内离职的,按试用期的规定,超过了该最长期限的,按正式员工离职对待;同一用人单位与同一劳动者只能约定一次试用期,如果双方在重新订立劳动合同时又约定了试用期,则该约定无效,适用正式员工离职规定。试用期包含在劳动合同期限内。劳动合同仅约定试用期的,试用期不成立,该期限为劳动合同期限。

关于试用期的工资标准,劳动者在试用期的工资不得低于本单位相同岗位最低档工资的80%或者劳动合同约定工资的80%,并不得低于用人单位所在地的最低工资标准。

法律依据:

《劳动合同法》第十九条和第二十条、《劳动合同法实施条例》第十五条。

333.试用期内可以任意辞退员工吗?

答:用人单位要辞退试用期内的员工,必须存在法定理由。如果属于《劳动合同法》第39条规定的用人单位可以单方解除劳动合同的六种情形的,用人单位不需要提前30天通知,不需要支付相当于1个月工资的代通知费,也不用支付经济补偿;如果属于《劳动合同法》第40条第(一)项、第(二)项规定的情形,即劳动者患病或非因工负伤,在规定的医疗期满后不能从事原工作,也不能从事由用人单位另行安排的工作的,或者劳动者不能胜任工作,经过培训或者调整工作岗位后,仍不能胜任工作的,用人单位应当提前30天以书面形式通知劳动者本人或者支付相当于1个月工资的代通知费,并按规定支付经济补偿。用人单位在试用期内辞退员工时,应告知员工属于哪种法定情形,向劳动者说明解除劳动合同的理由。

法律依据:

《劳动合同法》第二十一条、第三十九条、第四十条。

334. 试用期内用人单位应该给劳动者缴纳社会保险吗?

答:根据《劳动合同法》和《社会保险法》的规定,试用期包含在劳动合同期限内。既然试用期属于劳动合同期限的范围,员工就有权享受各项社会保险,即养老保险、工伤保险、医疗保险,等等。用人单位应当为试用期内的劳动者缴纳社会保险。如果用人单位没有在试用期内为劳动者缴纳社会保险费,劳动者和社保机构都可以要求其补缴,劳动者因此享有单方解除合同的权利,用人单位还可能因此承担相应的民事责任和行政责任。

法律依据:

《劳动合同法》第三十八条、《社会保险法》第四条。

335. 加班费应该如何计算?

答:根据国家有关规定,企业实行标准工时工作制的,一般为每周工作5天,每天工作时间不超过8小时,确因工作需要,也可执行每周工作6天。平均每周工作时间不超过44小时,超过的部分应按规定发给加班费。

加班工资的支付可分为三种情况:①用人单位依法安排劳动者在日法定标准工作时间以外延长工作时间的,按照不低于劳动合同规定的劳动者本人小时工资标准的150%支付劳动者工资。②用人单位依法安排劳动者在休息日工作,而又不能安排补休的,按照不低于劳动合同规定的劳动者本人日或小时工资标准的200%支付劳动者工资;如果能在正常工作日安排与加班时间相等或多于加班时间的补休,可不再支付加班费。③用人单位依法安排劳动者在法定节假日工作的,按照不低于劳动合同规定的劳动者本人日或小时工资标准的300%支付劳动者工资。

需要说明的是,按照国家有关规定,法定节假日即使休假也要按正常出勤计算工资,而且也不允许通过补休的方式抵销加班支出。对于法定节假日加班费的给付在《对〈工资支付暂行规定〉有关问题的补充规定》第2条第1款中有明确规定,"凡是安排劳动者在法定工作日延长工作时间或安排在休息日工作而又不能补休的,均应支付给劳动者不低于劳动合同规定的劳动者本人小时或日工资标准150%、200%的工资;安排在法定休假节日工作的,应另外支付给劳动者不低于劳动合同规定的劳动者本人小时或日工资标准300%的工资"。也就是说,法定节假日加班的,用人单位应按正常日工资的4倍给付劳动者报酬;法定节假日休假的,按正常工资标准支付工资。

需要提醒的是,《劳动和社会保障部关于职工全年月平均工作时间和工资折算问题的通知》中规定,我国现行的年计薪天数是261天,折合月计薪天数为21.75天。每个工作日(按8小时计算)的工资应为:月工资/21.75天,而一些执行6天工作制的企业,通常是按月工资/26天计算的,这明显是错误的。正确的加班费计算方法是:月工资/21.75天×加班天数×加班费倍率。

法律依据:

《劳动法》第三十六条和第四十四条、《工资支付暂行规定》第十三条、《对〈工资支付暂行规定〉有关问题的补充规定》第二条、《劳动和社会保障部关于职工全年月平均工作时间和工资折算问题的通知》。

336. 未休年假的工资标准是日工资的200%还是300%?

答:用人单位经职工同意不安排年休假或者安排职工年休假天数少于应休年休假天数的,应当在本年度内对职工应休未休年休假天数,按照其日工资收入的300%支付未休年休假工资报酬,其中包含用人单位支付职工正常工作期间的工资收入。由于实践中劳动者未休假期间,用人单位是按照正常月薪支付工资,也就是说已经支付了

100%的工资,因此在核算的时候,另行支付200%的工资即可。从该规定可以看出,带薪年休假的300%工资报酬和法定节假日加班的300%加班工资含义不同。带薪年休假的300%工资报酬中已包含了用人单位支付职工正常工作期间的工资收入部分,实际为另付200%,而法定节假日加班工资是纯粹的300%。

法律依据:

《企业职工带薪年休假实施办法》第十条。

337. 用人单位停工、停产的,还需要给劳动者发工资吗?

答:非因劳动者原因造成单位停工、停产在一个工资支付周期内的,用人单位应按劳动合同规定的标准支付劳动者工资。超过一个工资支付周期的,若劳动者提供了正常劳动,则支付给劳动者的劳动报酬不得低于当地的最低工资标准;若劳动者没有提供正常劳动,应按国家有关规定办理。

另依据《郑州市劳动用工条例》第35条的规定,用人单位没有安排劳动者工作的,应当按照不低于当地最低工资标准的60%支付劳动者基本生活费。但因不可抗力导致用人单位停工、停产的除外。

法律依据:

《工资支付暂行规定》第十二条、《郑州市劳动用工条例》第三十五条。

338. 企业已经按照规定为员工缴纳了社会保险费,是否与商业保险相冲突?

答:不冲突。企业需要依法为员工缴纳社会保险费。企业为员工缴纳社会保险费是法定义务,否则企业会面临被罚款的风险。司法实践中,认为企业给员工购买商业保险视为给员工的福利待遇,但不能免除企业为员工缴纳社会保险的法定义务。

保险的本质特征是支付保费转移风险。虽然社会保险中有工伤保险,但是对应的商业保险有雇主责任险;同时企业在生产经营、仓储和物流过程中都会产生各种风险,这些风险的应对同样需要商业保险来解决。比如高危行业安全生产中的安全生产责任保险、服务行业对外经营过程中的公众责任险、货物仓储过程中的财产一切险以及商品物流过程中的机动车第三者责任险,等等。

法律依据:
《社会保险法》第四条、第八十四条。

339. 员工因第三方侵权导致工伤,企业能否以员工已经得到第三方赔偿为由拒绝承担工伤保险待遇的责任?

答: 不能。职工因第三人的原因受到伤害,社会保险行政部门以职工或者其近亲属已经对第三人提起民事诉讼或者获得民事赔偿为由,作出不予受理工伤认定申请或者不予认定工伤决定的,人民法院不予支持。

职工因第三人的原因受到伤害,社会保险行政部门已经作出工伤认定,职工或者其近亲属未对第三人提起民事诉讼或者尚未获得民事赔偿,起诉要求社会保险经办机构支付工伤保险待遇的,人民法院应予支持。

职工因第三人的原因导致工伤,社会保险经办机构以职工或者其近亲属已经对第三人提起民事诉讼为由,拒绝支付工伤保险待遇的,人民法院不予支持,但第三人已经支付的医疗费用除外。

用人单位未依法为员工缴纳工伤保险费,劳动者因第三人侵权造成人身损害并构成工伤,侵权人已经赔偿的,劳动者有权请求用人单位支付除医疗费之外的工伤保险待遇。用人单位先行支付工伤保险待遇的,可以就医疗费用在第三人应承担的赔偿责任范围内向其追偿。

综上,对于员工因第三方侵权导致的工伤,除医疗费之外,员工是可以得到双重赔偿的:一是基于第三方侵权提起的人身损害赔偿诉讼;二是基于工伤要求企业承担工伤保险待遇的责任,企业如没有为员工缴纳工伤保险费,则需要承担支付工伤保险待遇的责任。

法律依据:
《最高人民法院关于审理工伤保险行政案件若干问题的规定》第

八条、《第八次全国法院民事商事审判工作会议(民事部分)纪要》第10条。

340. 什么是医疗期?

答：医疗期是指企业职工因患病或非因工负伤停止工作治病休息不得解除劳动合同的时限。企业职工因患病或非因工负伤，需要停止工作医疗时，根据本人实际参加工作年限和在本单位工作年限，给予3个月到24个月的医疗期：①实际工作年限10年以下的，在本单位工作年限5年以下的为3个月；5年以上的为6个月。②实际工作年限10年以上的，在本单位工作年限5年以下的为6个月，5年以上10年以下的为9个月；10年以上15年以下的为12个月；15年以上20年以下的为18个月；20年以上的为24个月。根据目前的实际情况，对某些患特殊疾病(如癌症、精神病、瘫痪等)的职工，在24个月内尚不能痊愈的，经企业和劳动主管部门批准，可以适当延长医疗期。

医疗期计算应从病休第一天开始，累计计算。病休期间，公休、假日和法定节日包括在内。医疗期3个月的按6个月内累计病休时间计算；6个月的按12个月内累计病休时间计算；9个月的按15个月内累计病休时间计算；12个月的按18个月内累计病休时间计算；18个月的按24个月内累计病休时间计算；24个月的按30个月内累计病休时间计算。

法律依据：

《企业职工患病或非因工负伤医疗期规定》第二条、第三条、第四条，《关于贯彻〈企业职工患病或非因工负伤医疗期规定〉的通知》。

341. 劳动者非因工致残或患病不能从事工作的如何处理?

答：企业职工非因工致残和经医生或医疗机构认定患有难以治疗的疾病，在医疗期内医疗终结，不能从事原工作，也不能从事用人单位另行安排的工作的，应当由劳动鉴定委员会参照工伤与职业病致残程度鉴定标准进行劳动能力鉴定。被鉴定为一至四级的，应当退出劳动岗位,终止劳动关系,办理退休、退职手续,享受退休、退职待遇;被鉴定为五至十级的,医疗期内不得解除劳动合同。

企业职工非因工致残和经医生或医疗机构认定患有难以治疗的疾病,医疗期满,应当由劳动鉴定委员会参照工伤与职业病致残程度鉴定标准进行劳动能力鉴定。被鉴定为一至四级的,应当退出劳动岗位,解除劳动关系,并办理退休、退职手续,享受退休、退职待遇。

法律依据:

《企业职工患病或非因工负伤医疗期规定》第六条、第七条。

342. 医疗期满劳动者被辞退,单位除给予经济补偿外,给予医疗补助费吗?

答:劳动者患病或者非因工负伤,经劳动鉴定委员会确认不能从事原工作,也不能从事用人单位另行安排的工作而解除劳动合同的,鉴定为一至四级的,应当办理退休、退职手续,享受退休、退职待遇;鉴定为五至十级的[根据2002年4月5日发布的《职工非因工伤残或因病丧失劳动能力程度鉴定标准(试行)》,仅有五至六级],用人单位解除或终止劳动合同时,除应按其在本单位的工作年限,每满1年发给相当于1个月工资的经济补偿外,同时还应发给不低于6个月工资的医疗补助费。

患重病或绝症的,还应增加医疗补助费,患重病的增加部分不低于医疗补助费的50%,患绝症的增加部分不低于医疗补助费的100%。

法律依据:

《劳动合同法》第四十条、《企业职工患病或非因工负伤医疗期规定》第六条、《劳动部关于实行劳动合同制度若干问题的通知》第22条。

343. 哪些情况下劳动者可以要求提前解除劳动合同?

答:有下列情形之一的,依照劳动合同法规定的条件、程序,劳动者可以与用人单位解除固定期限劳动合同、无固定期限劳动合同或者以完成一定工作任务为期限的劳动合同:

(1)劳动者与用人单位协商一致的;

(2)劳动者提前30日以书面形式通知用人单位的;

(3)劳动者在试用期内提前3日通知用人单位的;

(4)用人单位未按照劳动合同约定提供劳动保护或者劳动条件的;

(5)用人单位未及时足额支付劳动报酬的;

(6)用人单位未依法为劳动者缴纳社会保险费的;

(7)用人单位的规章制度违反法律、法规的规定,损害劳动者权益的;

(8)用人单位以欺诈、胁迫的手段或者乘人之危,使劳动者在违背真实意思的情况下订立或者变更劳动合同的;

(9)用人单位在劳动合同中免除自己的法定责任、排除劳动者权利的;

(10)用人单位违反法律、行政法规强制性规定的;

(11)用人单位以暴力、威胁或者非法限制人身自由的手段强迫劳动者劳动的;

(12)用人单位违章指挥、强令冒险作业危及劳动者人身安全的;

(13)法律、行政法规规定劳动者可以解除劳动合同的其他情形。

劳动者因第(4)项至第(13)项情形解除劳动合同的,可以要求用人单位支付经济补偿。

法律依据:

《劳动合同法》第三十六条、第三十七条、第三十八条,《劳动合同法实施条例》第十八条。

344.哪些情形下用人单位可以要求提前解除劳动合同?

答:有下列情形之一的,依照《劳动合同法》规定的条件、程序,用人单位可以与劳动者解除固定期限劳动合同、无固定期限劳动合同或者以完成一定工作任务为期限的劳动合同:

(1)用人单位提出并与劳动者协商一致的;

(2)劳动者在试用期间被证明不符合录用条件的;

(3)劳动者严重违反用人单位的规章制度的;

（4）劳动者严重失职，营私舞弊，给用人单位造成重大损害的；

（5）劳动者同时与其他用人单位建立劳动关系，对完成本单位的工作任务造成严重影响，或者经用人单位提出，拒不改正的；

（6）劳动者以欺诈、胁迫的手段或者乘人之危，使用人单位在违背真实意思的情况下订立或者变更劳动合同的；

（7）劳动者被依法追究刑事责任的；

（8）劳动者患病或者非因工负伤，在规定的医疗期满后不能从事原工作，也不能从事由用人单位另行安排的工作的；

（9）劳动者不能胜任工作，经过培训或者调整工作岗位，仍不能胜任工作的；

（10）劳动合同订立时所依据的客观情况发生重大变化，致使劳动合同无法履行，经用人单位与劳动者协商，未能就变更劳动合同内容达成协议的；

（11）用人单位依照企业破产法规定进行重整的；

（12）用人单位生产经营发生严重困难的；

（13）企业转产、重大技术革新或者经营方式调整，经变更劳动合同后，仍需裁减人员的；

（14）其他因劳动合同订立时所依据的客观经济情况发生重大变化，致使劳动合同无法履行的。

用人单位因第（1）项、第（8）项至第（13）项情形解除劳动合同的，应当向劳动者支付经济补偿。

法律依据：

《劳动合同法》第三十九条、第四十条、第四十六条，《劳动合同法实施条例》第十九条。

345. 哪些情形下用人单位不能解除劳动合同？

答：劳动者有下列情形之一的，用人单位不得依照《劳动合同法》第40条、第41条的规定解除劳动合同：

（1）从事接触职业病危害作业的劳动者未进行离岗前职业健康检查，或者疑似职业病病人在诊断或者医学观察期间的；

(2)在本单位患职业病或者因工负伤并被确认丧失或者部分丧失劳动能力的；

(3)患病或者非因工负伤，在规定的医疗期内的；

(4)女职工在孕期、产期、哺乳期的；

(5)在本单位连续工作满15年，且距法定退休年龄不足5年的；

(6)法律、行政法规规定的其他情形。

但如果劳动者存在《劳动合同法》第39条规定的情形，比如严重违反规章制度，被判处刑罚等，即使劳动者处于医疗期内也不影响用人单位单方解除劳动合同。同时上述情形中，用人单位虽不得单方解除劳动合同，但也并不禁止用人单位与劳动者双方协商一致解除劳动合同。

法律依据：

《劳动合同法》第三十六条、第四十二条。

346. 员工提交辞职申请后，用人单位可以要求其马上离职吗？

答：员工提交了书面辞职申请后，如未在辞职申请中写明准备离职的时间，视为其准备在30日后离职。这时，如果用人单位认为该员工有离职意向后再待下去可能会产生负面影响，其所负责的工作也不必持续30日才能交接完成，想让员工立即离职，应当和员工进行协商并征得其同意，这种情况应视为"由用人单位提出解除劳动合同并经双方协商一致"的情形，用人单位应支付相当于1个月工资的代通知金，但不用支付经济补偿。如果用人单位告诉员工完成工作交接后可以提前离职，但不指定明确的离职时间，而是交由员工选择，则仍然应视为"劳动者一方提出的解除劳动合同"，不用支付经济补偿和代通知金。

代通知金也称代通知费，是指用人单位在试用期外提出与劳动者解除劳动合同且劳动者不存在《劳动合同法实施条例》第19条第(四)项至第(七)项所列情形的，用人单位应当提前30日通知劳动者，用人单位未提前通知的，也可以选择额外支付劳动者1个月工资解除劳动合同，其额外支付的工资应当按照该劳动者上一个月的工资标准确定。额外支付的1个月工资，称为代通知金。也有观点认为，用人单位需要支付代通知金仅限于《劳动合同法》第 40 条规定的三种情形。

法律依据：

《劳动合同法》第三十六条、第四十条，《劳动合同法实施条例》第十九条、第二十条。

347. 用人单位单方解除劳动合同需要通知工会吗？

答：需要。用人单位单方解除劳动合同，应当事先将理由通知工会。用人单位违反法律、行政法规规定或者劳动合同约定的，工会有权要求用人单位纠正。用人单位应当研究工会的意见，并将处理结果书面通知工会。另外，建立了工会组织的用人单位解除劳动合同符合《劳动合同法》第 39 条、第 40 条规定，未按照《劳动合同法》第 43 条规定事先通知工会，劳动者可以以用人单位违法解除劳动合同为由请求用人单位支付赔偿金，但起诉前用人单位已经补正有关程序的除外。

法律依据：

《劳动合同法》第三十九条、第四十条、第四十三条，《最高人民法院关于审理劳动争议案件适用法律问题的解释（一）》第四十七条。

348. 哪些情况下可以进行经济性裁员？

答：经济性裁员是市场经济环境下企业经营面临的一种正常现象，企业根据自由经营的需要，在符合法定条件时，可以成批地与劳动者解除尚在有效期内的劳动合同。由于经济性裁员涉及的劳动者较多，处理不妥会给劳动者的生活和社会稳定带来诸多不利影响，因此，《劳动合同法》对可进行经济性裁员的条件进行了严格限定：

（1）依照《企业破产法》规定进行重整的。根据《企业破产法》第 2 条的规定，出现以下三种情形之一的，债务人或债权人可申请企业重整：企业法人不能清偿到期债务，并且资产不足以清偿全部债务的；企业法人不能清偿到期债务，并且明显缺乏清偿能力的；企业法人不能清偿到期债务，并且有明显丧失清偿能力可能的。在重整开始后，用人单位可根据实际经营情况进行经济性裁员。

(2) 生产经营发生严重困难的。根据《企业经济性裁减人员规定》第 2 条的规定,用人单位濒临破产,被人民法院宣告进入法定整顿期间或生产经营发生严重困难,达到当地政府规定的严重困难企业标准,确需裁减人员的,可以裁员。也就是说,用人单位是否属于"生产经营发生严重困难",是参照地方政府制定的严重困难企业标准判定的;如果没有相应的地方标准,则可由劳动行政部门或办案人员根据企业的实际情况确定。

(3) 企业转产、重大技术革新或者经营方式调整,经变更劳动合同后,仍需裁减人员的。企业转产、重大技术革新或者经营方式调整,并不必然导致裁员,因为相关岗位的员工可以调整到别的工作岗位上去。但如果用人单位通过变更劳动合同进行了尽可能的安置后,仍有大量的人员富余,而用人单位根据自身实际经营状况及员工岗位情况又不能安排其他工作的,可以进行经济性裁员。

(4) 其他因劳动合同订立时所依据的客观经济情况发生重大变化,致使劳动合同无法履行的。劳动合同无法履行是指用人单位方面已不具备履行的条件,或者履行下去用人单位已无利益可言。

用人单位在适用"经济性裁员"条款进行裁员时,除要符合上述四个条件之一,还必须符合裁员人数上的规定,即:一次性需要裁员 20 人以上或者虽不足 20 人但占企业职工总数的 10% 以上。用人单位的裁员人数如果不符合以上规定,即使属于以上四种情形之一的,也不能进行经济性裁员,而只能依照《劳动合同法》第 36 条、第 39 条、第 40 条的规定与员工逐一解除劳动合同。

法律依据:

《劳动合同法》第四十一条、《企业破产法》第二条、《企业经济性裁减人员规定》第二条。

349. 进行经济性裁员有哪些程序?

答: 用人单位在进行经济性裁员时除了要符合法定条件,程序上也有严格的法律规定:

(1) 提前 30 日向工会或者全体职工说明情况,听取工会或者职工的意见。裁员决定公布 30 日前,有工会的要向工会说明情况,没有工会的,可以员工大会、公告等形式告知全体员工;听取职工意见可采取多种形式,如座谈会、设置意见箱、部门负责人收集意见等。职工代表的意见也属于职工意见。

(2)向劳动行政部门报告裁员方案。经提前向工会或全体职工说明情况,听取工会或者职工的意见,对原裁员方案进行必要的修改后,形成正式的裁员方案。该裁员方案要向劳动行政部门报告,以方便劳动行政部门了解相关情况,监督经济性裁员的合法进行。但劳动行政部门对裁员方案并无审批权,裁员企业只需将合法的方案报告给劳动行政部门,并按报告方案执行即可。

法律依据:

《劳动合同法》第四十一条、《企业经济性裁减人员规定》第四条。

350. 以"末位淘汰"为由辞退劳动者是否违法?

答:"末位淘汰"制度是用人单位进行员工绩效管理的常用手段,但《劳动合同法》出台后,"末位淘汰"制度的合法性受到了质疑。

《劳动合同法实施条例》第 19 条规定了用人单位可依法解除劳动合同的 14 种情形,"末位淘汰"制度不属于 14 种情形,也就无法依法使用。

有的用人单位将"末位淘汰"制度通过法定程序纳入公司的规章制度,明确规定考核成绩末位的员工,公司可直接解除劳动合同,并让员工签字确认。但是,法律不允许用人单位自行规定劳动合同的解除条件,凡不符合《劳动合同法实施条例》第 19 条规定的解除劳动合同情形的都归为无效。

有的用人单位认为,"末位"实际上属于员工"不能胜任工作"的情形。但实际上,"不能胜任工作"是指劳动者的工作技能不足,不能满足基本的工作需要;而"末位"是用人单位依照一定的标准进行考核排名的结果,如果标准换了,排名也会发生变化,所谓的"末位"是相对而言的。在激烈的职场竞争中,只要进行考核排名,就一定会有人排到"末位",而实际上可能所有的人都能胜任工作,也可能都不能胜任工作,所以二者不能等同。

还有的用人单位将"末位淘汰"写入劳动合同,但劳动合同只有内容合法才是有效的,双方约定不能违反法律规定,因此这样的做法同样不受法律保护。

有效的"末位淘汰"是将考核排名应用到薪酬和晋升中。首先,通过改革薪酬制度,加大浮动工资比例、拉开收入档次,并将其与考核挂钩;其次,可以将考核成绩作为职务晋升的依据之一;最后,将考核排名作为续签劳动合同的依据,明确告诫员工,"末位"者将不能得到续签劳动合同的机会。通过以上办法,既不违法,也可以达到激励员工的目的。

法律依据:

《劳动合同法实施条例》第十九条。

351. 用人单位能在劳动者离职时扣"工装费"吗?

答: 有些公司为员工统一定做了工装,并规定上班时间必须穿工装,这些工装应作为劳保用品或福利来看待,劳保用品应由用人单位无偿提供。如果用人单位在劳动合同或规章制度中约定劳动者工作不满规定年限的,应按比例支付工装费,劳动争议仲裁委员会或法院通常会以用人单位违法或该行为缺少法律依据为由而不予支持。

法律依据:

《劳动法》第五十四条、《劳动合同法》第九条。

352. 哪些情况下用人单位应当支付经济补偿?

答: (1)用人单位与劳动者协议解除劳动合同的。需要注意的是,此处的协议解除必须是用人单位向劳动者提出解除劳动合同并与劳动者协商一致。如果是劳动者提出解除劳动合同,则不存在支付经济补偿问题。

(2)劳动者患病或者非因工负伤,经劳动鉴定委员会确认不能从事原工作,也不能从事用人单位另行安排的工作,用人单位提出解除劳动合同的。

(3) 劳动者不能胜任工作，经过培训或者调整工作岗位仍不能胜任工作，用人单位解除劳动合同的。

(4) 劳动合同订立时所依据的客观情况发生重大变化，致使劳动合同无法履行，经用人单位与劳动者协商，未能就变更劳动合同内容达成协议，用人单位解除劳动合同的。

(5) 用人单位濒临破产进行法定整顿期间或者生产经营状况发生严重困难，必须裁减人员的。

(6) 由于用人单位的过错造成违约，劳动者解除劳动合同的。主要包括用人单位未按照劳动合同的约定提供劳动保护或者劳动条件，未及时足额支付劳动报酬，未依法为劳动者缴纳社会保险费，用人单位的规章制度违反法律、法规的规定损害劳动者权益，以及致使劳动合同无效的等情形。

(7) 劳动合同期满终止合同的。需要注意的是，如果用人单位维持或者提高劳动合同约定的条件续订劳动合同，劳动者不同意续订的，则用人单位不需要支付经济补偿。依据《劳动合同法实施条例》第22条的规定，以完成一定工作任务为期限的劳动合同因任务完成而终止的，用人单位应当依照《劳动合同法》第47条的规定向劳动者支付经济补偿。《劳动合同法实施条例》第23条规定，用人单位依法终止工伤职工的劳动合同的，除依照《劳动合同法》第47条的规定支付经济补偿外，还应当依照国家有关工伤保险的规定支付一次性工伤医疗补助金（缴纳工伤保险的，由工伤保险基金承担）和伤残就业补助金。

(8) 用人单位被依法宣告破产，或者用人单位被吊销营业执照、责令关闭、撤销，或者用人单位决定提前解散，导致劳动合同终止的，应该向劳动者支付经济补偿。

以上八种情形，依照《劳动合同法》第47条第1款、第2款的规定，经济补偿按劳动者在本单位工作的年限计算，按照每满1年支付1个月工资的标准向劳动者支付。6个月以上不满1年的，按1年计算；不满6个月的，向劳动者支付半个月工资的经济补偿。劳动者月工资高于用人单位所在直辖市、设区的市级人民政府公布的本地区上年度职工月平均工资3倍的，向其支付经济补偿的标准按职工月平均工资3倍的数额支付,向其支付经济补偿的年限最高不超过12年。经济补偿的月工资按照劳动者应得工资计算,包括计时工资或者计件工资以及奖金、津贴和补贴等货币性收入。劳动者在劳动合同解除或者终止前12个月的平均工资低于当地最低工资标准的,按照当地最低工资标准计算。劳动者工作不满12个月的,按照实际工作的月数计算平均工资。

计算公式可以简述为:经济补偿=工作年限×月平均工资。

另外,《劳动合同法实施条例》第6条第1款规定了一种支付经济补偿的特殊情形,即用人单位自用工之日起超过1个月不满1年未与劳动者订立书面劳动合同的,应当依照《劳动合同法》第82条的规定向劳动者每月支付2倍的工资,并与劳动者补订书面劳动合同;劳动者不与用人单位订立书面劳动合同的,用人单位应当书面通知劳动者终止劳动关系,并依照《劳动合同法》第47条的规定支付经济补偿。作为例外,《劳动合同法实施条例》第12条规定,地方各级人民政府及县级以上地方人民政府有关部门为安置就业困难人员提供的给予岗位补贴和社会保险补贴的公益性岗位,其劳动合同不适用《劳动合同法》有关无固定期限劳动合同的规定以及支付经济补偿的规定。

法律依据:

《劳动合同法》第四十六条,《劳动合同法实施条例》第六条、第二十二条、第二十三条、第二十七条。

353. 职工因退休终止劳动合同是否需要给予经济补偿?

答:劳动者开始依法享受基本养老保险待遇的,劳动合同终止。无论是固定期限劳动合同还是无固定期限劳动合同,达到退休年龄的,从领取退休金起,劳动合同即终止,用人单位不需要向退休职工支付经济补偿。但是职工达到法定退休年龄,由于缴费年限不够等原因而达不到享受基本养老保险待遇的年限,用人单位也可以终止劳动关系,但必须支付经济补偿。

法律依据:

《劳动合同法》第四十六条。

354. 劳动者被用人单位安排到新单位工作的，经济补偿应如何计算？

答：劳动者非因本人原因从原用人单位被安排到新用人单位工作，原用人单位未支付经济补偿，劳动者依照《劳动合同法》第 38 条的规定与新用人单位解除劳动合同，或者新用人单位向劳动者提出解除、终止劳动合同，在计算支付经济补偿或赔偿金的工作年限时，应当把在原用人单位的工作年限合并计算为新用人单位工作年限。原用人单位已经向劳动者支付经济补偿的，新用人单位在依法解除、终止劳动合同计算支付经济补偿的工作年限时，不再计算劳动者在原用人单位的工作年限。

用人单位符合下列情形之一的，属于"劳动者非因本人原因从原用人单位被安排到新用人单位工作"：①劳动者仍在原工作场所、工作岗位工作，劳动合同主体由原用人单位变更为新用人单位；②用人单位以组织委派或任命的形式对劳动者进行工作调动；③因用人单位合并、分立等原因导致劳动者工作调动；④用人单位及其关联企业与劳动者轮流订立劳动合同；⑤其他合理情形。

法律依据：

《最高人民法院关于审理劳动争议案件适用法律问题的解释（一）》第四十六条。

355. 哪些情况下劳动者可以要求用人单位支付赔偿金？

答：如果用人单位违反《劳动合同法》的规定解除或者终止劳动合同，劳动者要求继续履行劳动合同的，用人单位应当继续履行；劳动者不要求继续履行劳动合同或者劳动合同已经不能继续履行的，用人单位应当支付赔偿金。用人单位依照《劳动合同法》第 87 条的规定支付赔偿金的，不再支付经济补偿。赔偿金的计算年限自用工之日起计算。

也就是说，计算公式可以简述为：赔偿金＝工作年限×月平均工资×2。

法律依据：

《劳动合同法》第四十八条、第八十七条。

356. 哪些情况下劳动者应当支付违约金？

答：（1）劳动者在服务期内因《劳动合同法》第38条规定的以外的原因要求提前解除劳动合同的，或者劳动者有下列情形之一，用人单位依法解除劳动合同的，劳动者应支付违约金：①劳动者严重违反用人单位的规章制度的；②劳动者严重失职，营私舞弊，给用人单位造成重大损害的；③劳动者同时与其他用人单位建立劳动关系，对完成本单位的工作任务造成严重影响，或者经用人单位提出，拒不改正的；④劳动者以欺诈、胁迫的手段或者乘人之危，使用人单位在违背真实意思的情况下订立或者变更劳动合同的；⑤劳动者被依法追究刑事责任的。

违约金的数额为：培训费用÷约定服务期×尚未履行的服务期。

培训费用包括用人单位为了对劳动者进行专业技术培训而支付的有凭证的培训费用、培训期间的差旅费用以及因培训产生的用于该劳动者的其他直接费用。

（2）劳动者违反竞业限制约定的，应当按照约定向用人单位支付违约金。劳动者向用人单位支付违约金后，用人单位要求劳动者按照约定继续履行竞业限制义务的，人民法院应予支持。

法律依据：

《劳动合同法》第二十三条、《劳动合同法实施条例》第二十六条、《最高人民法院关于审理劳动争议案件适用法律问题的解释（一）》第四十条。

357. 单位对职工进行职业培训可以约定服务期吗？

答：用人单位对劳动者进行必要的职业培训不可以约定服务期。《劳动法》规定，用人单位应当建立职业培训制度，按照国家规定提取和使用职业培训经费，根据本单位实际，有计划地对劳动者进行职业培训。从事技术工种的劳动者，上岗前必须经过培训。劳动者有接受职业技能培训的权利。

法律依据：

《劳动法》第六十八条。

358. 竞业限制补偿金的标准是什么？

答：竞业限制补偿金的标准，法律并没有作出明确规定，目前我国仅有个别经济发达的省、市对此作出了规定：如江苏省规定不得少于年收入的1/3，浙江省和深圳市是2/3，北京市是1/2。因此，如果地方上没有特别规定，用人单位与劳动者协商后可自由约定。但是既然为补偿金，其目的就是补偿劳动者一方因此而可能减少的收入。通常可以劳动者离职前12个月的月平均收入或所属行业的月平均收入为基数，在20%至100%之间，由双方视具体情况协商确定。过多或过少都可能会因为显失公平而被认定为无效。

如果劳资双方在劳动合同或者保密协议中仅约定了竞业限制，却没有约定解除或者终止劳动合同后给予劳动者经济补偿，劳动者在履行了竞业限制义务后，可以要求用人单位按照劳动者在劳动合同解除或者终止前12个月平均工资的30%按月支付经济补偿；如果月平均工资的30%低于劳动合同履行地最低工资标准的，应当按照劳动合同履行地最低工资标准支付。

法律依据：

《最高人民法院关于审理劳动争议案件适用法律问题的解释（一）》第三十六条。

359. 哪些情况下可以解除竞业限制协议？

答：劳动合同解除或者终止后，因用人单位的原因导致3个月未支付经济补偿，劳动者可以请求解除竞业限制协议。

在竞业限制期限内，用人单位可以随时要求解除竞业限制协议。在解除竞业限制协议时，用人单位除应当付清解除协议前的竞业限制补偿，还应额外支付3个月的竞业限制经济补偿；因劳动者严重违反竞业限制约定而解除的,用人单位无须再额外支付 3 个月的竞业限制经济补偿。

法律依据:

《最高人民法院关于审理劳动争议案件适用法律问题的解释(一)》第三十八条、第三十九条。

360. 劳动者离职后利用在原单位掌握的技能从事与原单位有竞争的工作,违法吗?

答:不违法。劳动者是具有学习能力的自然人,其在用人单位工作的过程中必然会积累和掌握与其所从事的工作有关的知识、经验和技能。除属于用人单位的商业秘密情形外,这些知识、经验和技能构成劳动者人格的组成部分,是其生存能力和劳动能力的基础。劳动者离职后有自主利用其自身的知识、经验和技能的自由,因利用其自身的知识、经验和技能而赢得客户信赖并形成竞争优势的,除侵犯原企业的商业秘密情况外,并不违背诚实信用原则和公认的商业道德。在既没有违反竞业限制义务,又没有侵犯商业秘密的情况下,劳动者运用自己在原用人单位积累的知识、经验与掌握的技能为与原单位存在竞争关系的单位服务的,不宜简单地以《反不正当竞争法》第 2 条的规定认定构成不正当竞争。

361. 约定的竞业限制期限超过两年的应如何处理?

答:竞业限制期限不得超过两年。由于竞业限制会对劳动者的择业自由权和生存权产生较大影响,故《劳动合同法》对竞业限制的最长期限作出规定。对于约定的竞业限制期限超过两年的,超过部分应当无效。另若约定的竞业限制期限超过两年且劳动者已经履行,用人单位不能以超出两年的约定无效为由不支付竞业限制补偿金,超过两年尚未履行的部分,双方可不再履行。

法律依据:

《劳动合同法》第二十四条。

362. 解决劳动争议有哪些途径?

答：(1)发生争议的劳动者和用人单位自行协商解决；

(2)发生争议的劳动者请工会或者其他第三方共同与用人单位协商解决；

(3)向劳动监察大队等劳动执法部门寻求援助,要求其履行法定职责来维护自己的权利；

(4)向劳动争议调解组织申请调解,可供选择的调解组织有：在用人单位内部依法设立的劳动争议调解委员会,基层人民调解组织,在乡镇、街道办设立的具有劳动争议调解职能的组织；

(5)向劳动争议发生地的劳动仲裁委员会申请仲裁；

(6)对仲裁裁决不满的,依法向人民法院提起诉讼。

法律依据：

《劳动合同法》第七十七条、《劳动法》第七十七条、《劳动争议调解仲裁法》第五条和第十条。

363. 工作地和单位注册地不一致的,发生劳动争议应由谁来管辖?

答：两个地方的劳动争议仲裁委员会都可以管辖,劳动者和用人单位可以选择。劳动争议仲裁委员会负责管辖本区域内发生的劳动争议。劳动争议由劳动合同履行地或者用人单位所在地的劳动争议仲裁委员会管辖。双方当事人分别向劳动合同履行地和用人单位所在地的劳动争议仲裁委员会申请仲裁的,由劳动合同履行地的劳动争议仲裁委员会管辖。有多个劳动合同履行地的,由最先受理的仲裁委员会管辖。

劳动合同履行地为劳动者实际工作场所地,用人单位所在地为用人单位注册、登记地或者主要办事机构所在地。用人单位未经注册、登记的,其出资人、开办单位或主管部门所在地为用人单位所在地。案件受理后,劳动合同履行地和用人单位所在地发生变化的,不改变争议仲裁的管辖。

法律依据：

《劳动争议调解仲裁法》第二十一条、《劳动人事争议仲裁办案规则》第八条。

364. 哪些常见的案件实际上并不属于劳动争议？

答：下列常见纠纷并不属于劳动争议：
(1)劳动者请求社会保险经办机构发放社会保险金的纠纷；
(2)劳动者与用人单位因住房制度改革产生的公有住房转让纠纷；
(3)劳动者对劳动能力鉴定委员会的伤残等级鉴定结论或者对职业病诊断鉴定委员会的职业病诊断鉴定结论的异议纠纷；
(4)家庭或者个人与家政服务人员之间的纠纷；
(5)个体工匠与帮工、学徒之间的纠纷；
(6)农村承包经营户与受雇人之间的纠纷。

法律依据：

《最高人民法院关于审理劳动争议案件适用法律问题的解释(一)》第二条。

365. 劳动者和用人单位因社会保险产生的纠纷是否属于劳动争议？

答：因社会保险产生的纠纷可分为以下三种情况：
(1)劳动者主张未缴纳社会保险费损失赔偿的。用人单位没有依法给劳动者建立社保关系、缴纳社会保险费，造成劳动者损失的，属于劳动争议的范围。
(2)劳动者主张补缴社会保险费的。用人单位为劳动者建立社保关系后，没有按时足额缴费的，属于行政争议，劳动者应向社保征缴部门反映，由社保征缴部门通过强制征缴程序办理。
(3)对保险金或社保待遇的核定和发放有争议的。社保经办机构依法进行的保险金或社保待遇的核定和发放属于依据行政法规授权行使的行政职权。根据规定,劳动者对经办机构核定其社会保险待遇标准有异议的,认为经办机构不依法支付其社会保险待遇或者对经办机构停止其享受社会保险待遇有异议的,认为经办机构未依法为其调整社会保险待遇有异议的,均属于行政案件,可以通过行政诉讼或行政复议解决。

法律依据:

《最高人民法院关于审理劳动争议案件适用法律问题的解释(一)》第二条。

366. 对于一裁终局的仲裁裁决,用人单位有何救济途径?

答:(1)存在《劳动争议调解仲裁法》第49条规定情形的,可以自收到仲裁裁决书之日起30日内向劳动争议仲裁委员会所在地的中级人民法院申请撤销该裁决。

(2)在劳动者已申请强制执行的情况下,可以在收到执行通知书后立即申请对仲裁裁决不予执行。

法律依据:

《劳动争议调解仲裁法》第四十九条、《最高人民法院关于审理劳动争议案件适用法律问题的解释(一)》第二十四条。

367. 劳务派遣人员在工作中导致他人受伤,企业应否承担责任?

答:劳务派遣期间,被派遣的工作人员因执行工作任务造成他人损害的,由接受劳务派遣的用工单位承担侵权责任;劳务派遣单位有过错的,承担相应的责任。用工单位和劳务派遣单位承担侵权责任后,可以向有故意或者重大过失的工作人员追偿。

法律依据:

《民法典》第一千一百九十一条。

环境篇

368. 哪些企业需要对环境信息进行公开？

答：下列企业应当按照《企业环境信息依法披露管理办法》的规定披露环境信息：①重点排污单位；②实施强制性清洁生产审核的企业；③符合本办法第 8 条规定的上市公司及合并报表范围内的各级子公司（以下简称"上市公司"）；④符合本办法第 8 条规定的发行企业债券、公司债券、非金融企业债务融资工具的企业（以下简称"发债企业"）；⑤法律法规规定的其他应当披露环境信息的企业。

法律依据：

《企业环境信息依法披露管理办法》第七条。

369. 企业需要对哪些环境信息进行公开？

答：企业环境信息涉及企业在环保方面的各类信息，范围较广，如企业环境保护方针、年度环境保护目标、年度资源消耗总量、环保投资、环境技术开发情况、排放污染物情况、污染环境防治信息、环保设施的建设和运行情况、企业在生产过程中产生的废物的处理处置情况、废弃产品的回收综合利用情况、企业履行社会责任情况等。考虑到企业环境信息中排放污染物情况以及环保设施的建设和运行情况直接关系到企业的排污行为以及对环境的影响，属于企业环境信息中的核心部分，也是行政监管的重点、社会关心的焦点。

法律依据：

《环境保护法》第五十五条、《固体废物污染环境防治法》第二十九条、《企业环境信息依法披露管理办法》第十二条。

370. 企业可以在哪些地方公开环境信息？

答：企业可以在政府网站等设立企业环境信息依法披露系统。企业按照《企业环境信息依法披露格式准则》编制年度环境信息依法披露报告和临时环境信息依法披露报告，并上传至企业环境信息依法披露系统。

法律依据：

《企业环境信息依法披露管理办法》第十一条、第二十一条。

371. 造成生态环境损害的企业应赔偿哪些损失和费用？

答：环境侵权责任人或者企业要承担的损失和费用包括因环境污染造成的人身和财产损失、修复生态环境产生的费用、生态服务功能损失、应急处置费用、鉴定或专家费用、合理支出的律师费用、行政处罚的费用等。

法律依据：

《民法典》第一千二百三十二条、第一千二百三十三条、第一千二百三十四条，《最高人民法院关于审理环境民事公益诉讼案件适用法律若干问题的解释》第十九条、第二十条、第二十一条、第二十二条、第二十四条，《最高人民法院关于审理生态环境损害赔偿案件的若干规定（试行）》第十四条。

372. 企业如何证明不应承担污染环境、破坏生态的责任？

答：企业应证明其行为与污染环境、破坏生态不存在因果关系。因污染环境、破坏生态发生纠纷，行为人应当就法律规定的不承担责任或者减轻责任的情形及其行为与损害之间不存在因果关系承担举证责任。企业只有证明其行为与损害后果之间无因果关系，或证明存在法律规定的不承担责任的情形，才能不承担责任。

法律依据：

《民法典》第一千二百三十条。

373. 污染环境、破坏生态应如何承担责任？

答：污染环境、破坏生态行为人应承担下列责任：①生态环境受到损害至修复完成期间服务功能丧失导致的损失；②生态环境功能永久性损害造成的损失；③生态环境损害调查、鉴定评估等费用；④清除污染、修复生态环境费用;⑤防止损害的发生和扩大所支出的合理费用。

法律依据:

《民法典》第一千二百三十五条、《人民检察院公益诉讼办案规则》第九十八条。

374. 若企业有违法排污等行为,企业财产会被查封、扣押吗?

答:环境执法人员可以对违法排污企业、造成或者可能造成严重污染的企业的财产依法进行查封、扣押。

法律依据:

《环境保护法》第二十五条。

375. 企业违反国家规定破坏生态环境的,应承担哪些责任?

答:违反国家规定造成生态环境损害,生态环境损害可以修复的,应当修复至生态环境受损前的基线水平或者生态环境风险可接受水平。赔偿义务人根据赔偿协议或者生效判决要求,自行或者委托开展修复的,应当依法赔偿生态环境受到损害至修复完成期间服务功能丧失导致的损失和生态环境损害赔偿范围内的相关费用。

生态环境损害无法修复的,赔偿义务人应当依法赔偿相关损失和生态环境损害赔偿范围内的相关费用,或者在符合有关生态环境修复法规政策和规划的前提下,开展替代修复,实现生态环境及其服务功能等量恢复。

法律依据:

《民法典》第一千二百三十四条、《生态环境损害赔偿管理规定》第九条。

376. 企业是否可以向法院提起环境民事公益诉讼?

答:不可以。提起环境民事公益诉讼的主体有严格的限制。在设区的市级以上人民政府民政部门登记的社会团体、基金会以及社会服务机构等社会组织可以依法提起环境民事公益诉讼。社会组织向法院提起环境民事公益诉讼需满足的基本条件包括：依法在设区的市级以上人民政府民政部门登记；专门从事环境保护公益活动连续5年以上且无违法记录。其中"设区的市级以上人民政府民政部门"是指设区的市，自治州、盟、地区，不设区的地级市，直辖市的区以上人民政府民政部门；"专门从事环境保护公益活动"是指社会组织章程确定的宗旨和主要业务范围是维护社会公共利益，且从事环境保护公益活动；"无违法记录"是指社会组织在提起诉讼前5年内未因从事业务活动违反法律、法规的规定受过行政、刑事处罚。

法律依据：

《环境保护法》第五十八条，《最高人民法院关于审理环境民事公益诉讼案件适用法律若干问题的解释》第二条、第三条、第四条、第五条。

377. 环境保护主管部门如何对侵权人或企业实施按日连续处罚？

答：《环境保护主管部门实施按日连续处罚办法》围绕《环境保护法》第59条按日连续处罚"违法排污""拒不改正"的规定，明确了适用按日连续处罚的违法行为种类，规范了实施按日连续处罚的程序，明确了责令改正的内容和形式，确定了拒不改正违法排放污染物行为的评判标准，规定了按日连续处罚的计罚方式，明确了按日连续处罚制度与其他相关环保制度的并用关系。

法律依据：

《环境保护法》第五十九条、《环境保护主管部门实施按日连续处罚办法》。

378. 企业建设对环境有影响的项目时需要先进行环境影响评价吗？

答：需要。未依法进行环境影响评价的开发利用规划，不得组织实施；未依法进行环境影响评价的建设项目，不得开工建设。

法律依据：

《环境保护法》第十九条、《环境影响评价法》第二十五条。

379. 建设项目未依法进行环境影响评价时，可能会受到哪些行政处罚？

答：根据我国相关法律规定，建设项目未依法进行环境影响评价，被责令停止建设，拒不执行的，尚不构成犯罪的，除依照有关法律法规规定予以处罚外，由县级以上人民政府环境保护主管部门或者其他有关部门将案件移送公安机关，对其直接负责的主管人员和其他直接责任人员，处10日以上15日以下拘留；情节较轻的，处5日以上10日以下拘留。

法律依据：
《环境保护法》第六十三条。

380. 企业污染环境达到何种程度会被定性为"严重污染环境"？

答："严重污染环境"的行为包括在饮用水水源保护区、自然保护地核心保护区等依法确定的重点保护区域排放、倾倒、处置有放射性的废物、含传染病病原体的废物、有毒物质的；非法排放、倾倒、处置危险废物3吨以上的；排放、倾倒、处置含铅、汞、镉、铬、砷、铊、锑的污染物，超过国家或者地方污染物排放标准3倍以上的；排放、倾倒、处置含镍、铜、锌、银、钒、锰、钴的污染物，超过国家或者地方污染物排放标准10倍以上的；通过暗管、渗井、渗坑、裂隙、溶洞、灌注、非紧急情况下开启大气应急排放通道等逃避监管的方式排放、倾倒、处置有放射性的废物、含传染病病原体的废物、有毒物质的；两年内曾因在重污染天气预警期间，违反国家规定，超标排放二氧化硫、氮氧化物等实行排放总量控制的大气污染物受过两次以上行政处罚，又实施此类行为的；重点排污单位、实行排污许可重点管理的单位篡改、伪造自动监测数据或者干扰自动监测设施，排放化学需氧量、氨氮、二氧化硫、氮氧化物等污染物的；两年内曾因违反国家规定，排放、倾倒、处置有放射性的废物、含传染病病原体的废物、有毒物质受过两次以上行政处罚，又实施此类行为的；违法所得或者致使公私财产损失 30 万元以上的;致使乡镇集中式饮用水水源取水中断 12 小时以上的;其他严重污染环境的情形。

法律依据:

《最高人民法院、最高人民检察院关于办理环境污染刑事案件适用法律若干问题的解释》第一条。

381. 企业必须进行环境影响评价的对象包括哪些?政策和计划是否包括在内?

答:根据《环境影响评价法》的规定,环境影响评价的对象包括法定应当进行环境影响评价的规划和建设项目两大类,其中法定应当进行环境影响评价的规划主要是指:

(1)国务院有关部门、设区的市级以上地方人民政府及其有关部门,组织编制的土地利用的有关规划,区域、流域、海域的建设、开发利用规划。

(2)国务院有关部门、设区的市级以上地方人民政府及其有关部门,组织编制的工业、农业、畜牧业、林业、能源、水利、交通、城市建设、旅游、自然资源开发的有关专项规划。

至于政策和计划,并未纳入《环境影响评价法》规定的环境影响评价对象。

法律依据:

《环境影响评价法》第七条、第八条。

382. 专项规划的环境影响报告书应当包括哪些内容?

答:专项规划的环境影响报告书应当包括下列内容:

(1)实施该规划对环境可能造成影响的分析、预测和评估;

(2)预防或者减轻不良环境影响的对策和措施;

(3)环境影响评价的结论。

法律依据:

《环境影响评价法》第十条。

383. 企业如果要进行专项规划的环境影响评价，需要履行哪些程序？

答：专项规划的环境影响评价应履行如下程序：

专项规划的编制机关对可能造成不良环境影响并直接涉及公众环境权益的规划，应当在该规划草案报送审批前，举行论证会、听证会，或者采取其他形式，征求有关单位、专家和公众对环境影响报告书草案的意见。但是，国家规定需要保密的情形除外。

编制机关应当认真考虑有关单位、专家和公众对环境影响报告书草案的意见，并应当在报送审查的环境影响报告书中附具对意见采纳或者不采纳的说明。

专项规划的编制机关在报批规划草案时，应当将环境影响报告书一并附送审批机关审查；未附送环境影响报告书的，审批机关不予审批。

设区的市级以上人民政府在审批专项规划草案，作出决策前，应当先由人民政府指定的生态环境主管部门或者其他部门召集有关部门代表和专家组成审查小组，对环境影响报告书进行审查。审查小组应当提出书面审查意见。

参加前述规定的审查小组的专家，应当从按照国务院生态环境主管部门的规定设立的专家库内的相关专业的专家名单中，以随机抽取的方式确定。

由省级以上人民政府有关部门负责审批的专项规划，其环境影响报告书的审查办法，由国务院生态环境主管部门会同国务院有关部门制定。

审查小组提出修改意见的，专项规划的编制机关应当根据环境影响报告书结论和审查意见对规划草案进行修改完善，并对环境影响报告书结论和审查意见的采纳情况作出说明；不采纳的，应当说明理由。

设区的市级以上人民政府或者省级以上人民政府有关部门在审批专项规划草案时，应当将环境影响报告书结论以及审查意见作为决策的重要依据。

在审批中未采纳环境影响报告书结论以及审查意见的,应当作出说明,并存档备查。

对环境有重大影响的规划实施后,编制机关应当及时组织环境影响的跟踪评价,并将评价结果报告审批机关;发现有明显不良环境影响的,应当及时提出改进措施。

法律依据:

《环境影响评价法》第十一条、第十二条、第十三条、第十四条、第十五条。

384. 建设单位分别需要在什么情况下编制环境影响报告书、环境影响报告表或者填报环境影响登记表?

答:国家根据建设项目对环境的影响程度,对建设项目的环境影响评价实行分类管理。建设单位应当按照下列规定组织编制环境影响报告书、环境影响报告表或者填报环境影响登记表(以下统称"环境影响评价文件"):

(1)可能造成重大环境影响的,应当编制环境影响报告书,对产生的环境影响进行全面评价;

(2)可能造成轻度环境影响的,应当编制环境影响报告表,对产生的环境影响进行分析或者专项评价;

(3)对环境影响很小、不需要进行环境影响评价的,应当填报环境影响登记表。

建设项目的环境影响评价分类管理名录,由国务院生态环境主管部门制定并公布。

法律依据:

《环境影响评价法》第十六条。

385. 建设项目的环境影响报告书应当包括哪些内容?

答:建设项目的环境影响报告书应当包括下列内容:

(1)建设项目概况;

(2）建设项目周围环境现状；

(3）建设项目对环境可能造成影响的分析、预测和评估；

(4）建设项目环境保护措施及其技术、经济论证；

(5）建设项目对环境影响的经济损益分析；

(6）对建设项目实施环境监测的建议；

(7）环境影响评价的结论。

环境影响报告表和环境影响登记表的内容和格式，由国务院生态环境主管部门制定。

法律依据：

《环境影响评价法》第十七条。

386. 建设单位是否可以自行开展环境影响评价工作？建设单位是否可以委托他人开展环境影响评价工作？

答： 建设单位可以委托技术单位对其建设项目开展环境影响评价，编制建设项目环境影响报告书、环境影响报告表；建设单位具备环境影响评价技术能力的，可以自行对其建设项目开展环境影响评价，编制建设项目环境影响报告书、环境影响报告表。

法律依据：

《环境影响评价法》第十九条。

387. 企业的建设项目环境影响评价的审批机关及审批程序是什么？

答： 建设项目的环境影响报告书、报告表，由建设单位按照国务院的规定报有审批权的生态环境主管部门审批。

海洋工程建设项目的海洋环境影响报告书的审批，依照《海洋环境保护法》的规定办理。

审批部门应当自收到环境影响报告书之日起 60 日内，收到环境影响报告表之日起 30 日内，分别作出审批决定并书面通知建设单位。

国家对环境影响登记表实行备案管理。

审核、审批建设项目环境影响报告书、报告表以及备案环境影响登记表，不得收取任何费用。

法律依据：

《环境影响评价法》第二十二条。

388. 企业如果在建设工程项目开工建设后，发现距离建设项目的环境影响评价文件获批准时间间隔过久的，或者项目建设、运行过程中发现不符合环境影响评价文件情形的，应如何处理？

答：建设项目的环境影响评价文件经批准后，建设项目的性质、规模、地点、采用的生产工艺或者防治污染、防止生态破坏的措施发生重大变动的，建设单位应当重新报批建设项目的环境影响评价文件。

建设项目的环境影响评价文件自批准之日起超过 5 年，方决定该项目开工建设的，其环境影响评价文件应当报原审批部门重新审核；原审批部门应当自收到建设项目环境影响评价文件之日起 10 日内，将审核意见书面通知建设单位。

在项目建设、运行过程中产生不符合经审批的环境影响评价文件的情形的，建设单位应当组织环境影响的后评价，采取改进措施，并报原环境影响评价文件审批部门和建设项目审批部门备案；原环境影响评价文件审批部门也可以责成建设单位进行环境影响的后评价，采取改进措施。

法律依据：

《环境影响评价法》第二十四条、第二十七条。

389. 若建设单位的项目在建设过程中造成了环境污染或生态破坏的，将受到什么处罚？对企业建设项目的防治污染设施有什么要求？

答：生态环境主管部门应当对建设项目投入生产或者使用后所产生的环境影响进行跟踪检查，对造成严重环境污染或者生态破坏的，应当查清原因、查明责任。对属于建设项目环境影响报告书、环境影响报告表存在基础资料明显不实,内容存在重大缺陷、遗漏或者虚假,环境影响评价结论不正确或者不合理等严重质量问题的,依照《环境影响评价法》第32条的规定,由设区的市级以上人民政府生态环境主管部门对建设单位处50万元以上200万元以下的罚款,并对建设单位的法定代表人、主要负责人、直接负责的主管人员和其他直接责任人员,处5万元以上20万元以下的罚款。

建设项目的防治污染设施,应当与主体工程同时设计、同时施工、同时投产使用。防治污染的设施应当符合经批准的环境影响评价文件的要求,不得擅自拆除或者闲置。严禁通过不正常运行防治污染设施等逃避监管的方式违法排放污染物。

法律依据:

《环境保护法》第四十一条、第四十二条,《环境影响评价法》第二十八条、第三十二条。

390. 企业在经营过程中,哪些行为可能构成噪声污染?

答: 以下行为可能构成噪声污染:工业噪声,是指在工业生产活动中产生的干扰周围生活环境的声音;建筑施工噪声,是指在建筑施工过程中产生的干扰周围生活环境的声音;交通运输噪声,是指机动车、铁路机车车辆、城市轨道交通车辆、机动船舶、航空器等交通运输工具在运行时产生的干扰周围生活环境的声音;社会生活噪声,是指人为活动产生的除工业噪声、建筑施工噪声和交通运输噪声之外的干扰周围生活环境的声音。

法律依据:

《噪声污染防治法》第三十四条、第三十九条、第四十四条、第五十九条。

391. 企业对生产经营活动中出现的工业噪声污染应该采取哪些防护与治理措施?

答: 工业企业选址应当符合国土空间规划以及相关规划要求,县级以上地方人民政府应当按照规划要求优化工业企业布局,防止工业噪声污染。在噪声敏感建筑物集中区域,禁止新建排放噪声的工业企业,改建、扩建工业企业的,应当采取有效措施防止工业噪声污染。

排放工业噪声的企业事业单位和其他生产经营者,应当采取有效措施,减少振动、降低噪声,依法取得排污许可证或者填报排污登记表。实行排污许可管理的单位,不得无排污许可证排放工业噪声,并应当按照排污许可证的要求进行噪声污染防治。

实行排污许可管理的单位应当按照规定,对工业噪声开展自行监测,保存原始监测记录,向社会公开监测结果,对监测数据的真实性和准确性负责。噪声重点排污单位应当按照国家规定,安装、使用、维护噪声自动监测设备,与生态环境主管部门的监控设备联网。

法律依据:

《噪声污染防治法》第三十五条、第三十六条、第三十八条。

392. 企业对生产经营活动中出现的建筑施工噪声污染应该采取哪些防护与治理措施?

答: 建设单位应当按照规定将噪声污染防治费用列入工程造价,在施工合同中明确施工单位的噪声污染防治责任。

施工单位应当按照规定制定噪声污染防治实施方案,采取有效措施,减少振动、降低噪声。建设单位应当监督施工单位落实噪声污染防治实施方案。

在噪声敏感建筑物集中区域施工作业,应当优先使用低噪声施工工艺和设备。

在噪声敏感建筑物集中区域施工作业,建设单位应当按照国家规定,设置噪声自动监测系统,与监督管理部门联网,保存原始监测记录,对监测数据的真实性和准确性负责。

在噪声敏感建筑物集中区域,禁止夜间进行产生噪声的建筑施工作业,但抢修、抢险施工作业,因生产工艺要求或者其他特殊需要必须连续施工作业的除外。

因特殊需要必须连续施工作业的,应当取得地方人民政府住房和城乡建设、生态环境主管部门或者地方人民政府指定的部门的证明,并在施工现场显著位置公示或者以其他方式公告附近居民。

法律依据:

《噪声污染防治法》第四十条、第四十一条、第四十二条、第四十三条。

393. 企业对生产经营活动中出现的交通运输噪声污染应该采取哪些防护与治理措施?

答:新建、改建、扩建经过噪声敏感建筑物集中区域的高速公路、城市高架、铁路和城市轨道交通线路等的,建设单位应当在可能造成噪声污染的重点路段设置声屏障或者采取其他减少振动、降低噪声的措施,符合有关交通基础设施工程技术规范以及标准要求。

机动车的消声器和喇叭应当符合国家规定。禁止驾驶拆除或者损坏消声器、加装排气管等擅自改装的机动车以轰鸣、疾驶等方式造成噪声污染。

使用机动车音响器材,应当控制音量,防止噪声污染。

机动车应当加强维修和保养,保持性能良好,防止噪声污染。

机动车、铁路机车车辆、城市轨道交通车辆、机动船舶等交通运输工具运行时,应当按照规定使用喇叭等声响装置。

在车站、铁路站场、港口等地指挥作业时使用广播喇叭的,应当控制音量,减轻噪声污染。

公路养护管理单位、城市道路养护维修单位应当加强对公路、城市道路的维护和保养,保持减少振动、降低噪声设施正常运行。

城市轨道交通运营单位、铁路运输企业应当加强对城市轨道交通线路和城市轨道交通车辆、铁路线路和铁路机车车辆的维护和保养,保持减少振动、降低噪声设施正常运行,并按照国家规定进行监测,保存原始监测记录,对监测数据的真实性和准确性负责。

在禁止建设区域禁止新建与航空无关的噪声敏感建筑物。

在限制建设区域确需建设噪声敏感建筑物的,建设单位应当对噪声敏感建筑物进行建筑隔声设计,符合民用建筑隔声设计相关标准要求。

民用航空器应当符合国务院民用航空主管部门规定的适航标准中的有关噪声要求。

民用机场管理机构负责机场起降航空器噪声的管理,会同航空运输企业、通用航空企业、空中交通管理部门等单位,采取低噪声飞行程序、起降跑道优化、运行架次和时段控制、高噪声航空器运行限制或者周围噪声敏感建筑物隔声降噪等措施,防止、减轻民用航空器噪声污染。

民用机场管理机构应当按照国家规定,对机场周围民用航空器噪声进行监测,保存原始监测记录,对监测数据的真实性和准确性负责,监测结果定期向民用航空、生态环境主管部门报送。

法律依据:

《噪声污染防治法》第四十六条、第四十七条、第四十八条、第五十条、第五十一条、第五十二条、第五十三条、第五十四条。

394. 企业对生产经营活动中出现的社会生活噪声污染应该采取哪些防护与治理措施?

答: 文化娱乐、体育、餐饮等场所的经营管理者应当采取有效措施,防止、减轻噪声污染。

使用空调器、冷却塔、水泵、油烟净化器、风机、发电机、变压器、锅炉、装卸设备等可能产生社会生活噪声污染的设备、设施的企业事业单位和其他经营管理者等,应当采取优化布局、集中排放等措施,防止、减轻噪声污染。

禁止在商业经营活动中使用高音广播喇叭或者采用其他持续反复发出高噪声的方法进行广告宣传。

对商业经营活动中产生的其他噪声,经营者应当采取有效措施,防止噪声污染。

禁止在噪声敏感建筑物集中区域使用高音广播喇叭,但紧急情况以及地方人民政府规定的特殊情形除外。

在街道、广场、公园等公共场所组织或者开展娱乐、健身等活动,应当遵守公共场所管理者有关活动区域、时段、音量等规定,采取有效措施,防止噪声污染;不得违反规定使用音响器材产生过大音量。

公共场所管理者应当合理规定娱乐、健身等活动的区域、时段、音量,可以采取设置噪声自动监测和显示设施等措施加强管理。

对已竣工交付使用的住宅楼、商铺、办公楼等建筑物进行室内装修活动,应当按照规定限定作业时间,采取有效措施,防止、减轻噪声污染。

新建居民住房的房地产开发经营者应当在销售场所公示住房可能受到噪声影响的情况以及采取或者拟采取的防治措施,并纳入买卖合同。

新建居民住房的房地产开发经营者应当在买卖合同中明确住房的共用设施设备位置和建筑隔声情况。

居民住宅区安装电梯、水泵、变压器等共用设施设备的,建设单位应当合理设置,采取减少振动、降低噪声的措施,符合民用建筑隔声设计相关标准要求。

已建成使用的居民住宅区电梯、水泵、变压器等共用设施设备由专业运营单位负责维护管理,符合民用建筑隔声设计相关标准要求。

法律依据：

《噪声污染防治法》第六十一条至第六十四条、第六十六条至第六十八条。

395. 企业的生产经营活动违反《噪声污染防治法》将会受到什么处罚？

答： 违反本法规定,拒绝、阻挠监督检查,或者在接受监督检查时弄虚作假的,由生态环境主管部门或者其他负有噪声污染防治监督管理职责的部门责令改正,处2万元以上20万元以下的罚款。

违反本法规定,生产、进口、销售超过噪声限值的产品的,由县级以上人民政府市场监督管理部门、海关按照职责责令改正,没收违法所得,并处货值金额1倍以上3倍以下的罚款;情节严重的,报经有批准权的人民政府批准,责令停业、关闭。违反本法规定,生产、进口、销售、使用淘汰的设备,或者采用淘汰的工艺的,由县级以上人民政府指定的部门责令改正,没收违法所得,并处货值金额1倍以上3倍以下的罚款;情节严重的,报经有批准权的人民政府批准,责令停业、关闭。

违反本法规定，建设单位建设噪声敏感建筑物不符合民用建筑隔声设计相关标准要求的，由县级以上地方人民政府住房和城乡建设主管部门责令改正，处建设工程合同价款2%以上4%以下的罚款。违反本法规定，建设单位在噪声敏感建筑物禁止建设区域新建与航空无关的噪声敏感建筑物的，由地方人民政府指定的部门责令停止违法行为，处建设工程合同价款2%以上10%以下的罚款，并报经有批准权的人民政府批准，责令拆除。

违反本法规定，在噪声敏感建筑物集中区域新建排放噪声的工业企业的，由生态环境主管部门责令停止违法行为，处10万元以上50万元以下的罚款，并报经有批准权的人民政府批准，责令关闭。违反本法规定，在噪声敏感建筑物集中区域改建、扩建工业企业，未采取有效措施防止工业噪声污染的，由生态环境主管部门责令改正，处10万元以上50万元以下的罚款；拒不改正的，报经有批准权的人民政府批准，责令关闭。

违反本法规定，无排污许可证或者超过噪声排放标准排放工业噪声的，由生态环境主管部门责令改正或者限制生产、停产整治，并处2万元以上20万元以下的罚款；情节严重的，报经有批准权的人民政府批准，责令停业、关闭。

违反本法规定，有下列行为之一，由生态环境主管部门责令改正，处2万元以上20万元以下的罚款；拒不改正的，责令限制生产、停产整治：①实行排污许可管理的单位未按照规定对工业噪声开展自行监测，未保存原始监测记录，或者未向社会公开监测结果的；②噪声重点排污单位未按照国家规定安装、使用、维护噪声自动监测设备，或者未与生态环境主管部门的监控设备联网的。

违反本法规定，建设单位、施工单位有下列行为之一，由工程所在地人民政府指定的部门责令改正，处1万元以上10万元以下的罚款；拒不改正的，可以责令暂停施工：①超过噪声排放标准排放建筑施工噪声的；②未按照规定取得证明，在噪声敏感建筑物集中区域夜间进行产生噪声的建筑施工作业的。

违反本法规定，有下列行为之一，由工程所在地人民政府指定的部门责令改正,处5000元以上5万元以下的罚款;拒不改正的,处5万元以上20万元以下的罚款:①建设单位未按照规定将噪声污染防治费用列入工程造价的;②施工单位未按照规定制定噪声污染防治实施方案,或者未采取有效措施减少振动、降低噪声的;③在噪声敏感建筑物集中区域施工作业的建设单位未按照国家规定设置噪声自动监测系统,未与监督管理部门联网,或者未保存原始监测记录的;④因特殊需要必须连续施工作业,建设单位未按照规定公告附近居民的。

违反本法规定,驾驶拆除或者损坏消声器、加装排气管等擅自改装的机动车轰鸣、疾驶,机动车运行时未按照规定使用声响装置,或者违反禁止机动车行驶和使用声响装置的路段和时间规定的,由县级以上地方人民政府公安机关交通管理部门依照有关道路交通安全的法律法规处罚。违反本法规定,铁路机车车辆、城市轨道交通车辆、机动船舶等交通运输工具运行时未按照规定使用声响装置的,由交通运输、铁路监督管理、海事等部门或者地方人民政府指定的城市轨道交通有关部门按照职责责令改正,处5000元以上1万元以下的罚款。

违反本法规定,有下列行为之一,由交通运输、铁路监督管理、民用航空等部门或者地方人民政府指定的城市道路、城市轨道交通有关部门,按照职责责令改正,处5000元以上5万元以下的罚款;拒不改正的,处5万元以上20万元以下的罚款:①公路养护管理单位、城市道路养护维修单位、城市轨道交通运营单位、铁路运输企业未履行维护和保养义务,未保持减少振动、降低噪声设施正常运行的;②城市轨道交通运营单位、铁路运输企业未按照国家规定进行监测,或者未保存原始监测记录的;③民用机场管理机构、航空运输企业、通用航空企业未采取措施防止、减轻民用航空器噪声污染的;④民用机场管理机构未按照国家规定对机场周围民用航空器噪声进行监测,未保存原始监测记录,或者监测结果未定期报送的。

违反本法规定,有下列行为之一,由地方人民政府指定的部门责令改正,处5000元以上5万元以下的罚款;拒不改正的,处5万元以上20万元以下的罚款,并可以报经有批准权的人民政府批准,责令停业:①超过噪声排放标准排放社会生活噪声的;②在商业经营活动中使用高音广播喇叭或者采用其他持续反复发出高噪声的方法进行广告宣传的;③未对商业经营活动中产生的其他噪声采取有效措施造成噪声污染的。

违反本法规定,有下列行为之一,由地方人民政府指定的部门说服教育,责令改正;拒不改正的,给予警告,对个人可以处200元以上1000元以下的罚款,对单位可以处2000元以上2万元以下的罚款:①在噪声敏感建筑物集中区域使用高音广播喇叭的;②在公共场所组织或者开展娱乐、健身等活动,未遵守公共场所管理者有关活动区域、时段、音量等规定,未采取有效措施造成噪声污染,或者违反规定使用音响器材产生过大音量的;③对已竣工交付使用的建筑物进行室内装修活动,未按照规定在限定的作业时间内进行,或者未采取有效措施造成噪声污染的;④其他违反法律规定造成社会生活噪声污染的。

违反本法规定,有下列行为之一,由县级以上地方人民政府房产管理部门责令改正,处1万元以上5万元以下的罚款;拒不改正的,责令暂停销售:①新建居民住房的房地产开发经营者未在销售场所公示住房可能受到噪声影响的情况以及采取或者拟采取的防治措施,或者未纳入买卖合同的;②新建居民住房的房地产开发经营者未在买卖合同中明确住房的共用设施设备位置或者建筑隔声情况的。

违反本法规定,有下列行为之一,由地方人民政府指定的部门责令改正,处5000元以上5万元以下的罚款;拒不改正的,处5万元以上20万元以下的罚款:①居民住宅区安装共用设施设备,设置不合理或者未采取减少振动、降低噪声的措施,不符合民用建筑隔声设计相关标准要求的;②对已建成使用的居民住宅区共用设施设备,专业运营单位未进行维护管理,不符合民用建筑隔声设计相关标准要求的。

违反本法规定,产生社会生活噪声,经劝阻、调解和处理未能制止,持续干扰他人正常生活、工作和学习,或者有其他扰乱公共秩序、妨害社会管理等违反治安管理行为的,由公安机关依法给予治安管理处罚。违反本法规定,构成犯罪的,依法追究刑事责任。

法律依据:

《噪声污染防治法》第七十一条至第八十四条、第八十七条。

396. 什么是土壤污染?

答:土壤污染,是指因人为因素导致某种物质进入陆地表层土壤,引起土壤化学、物理、生物等方面特性的改变,影响土壤功能和有效利用,危害公众健康或者破坏生态环境的现象。

法律依据:
《土壤污染防治法》第二条第二款。

397. 土壤污染责任人不明确或者存在争议时,由谁来认定应当承担责任的主体?

答:土壤污染责任人不明确或者存在争议的,农用地由地方人民政府农业农村、林业草原主管部门会同生态环境、自然资源主管部门认定,建设用地由地方人民政府生态环境主管部门会同自然资源主管部门认定。

法律依据:
《土壤污染防治法》第四十八条。

398. 土壤污染责任人变更,相关土壤污染风险管控和修复义务应当由谁承担?

答:土壤污染责任人变更的,由变更后承继其债权、债务的单位或者个人履行相关土壤污染风险管控和修复义务并承担相关费用。

法律依据:
《土壤污染防治法》第四十七条。

399. 哪些农用地地块会被重点监测?

答:地方人民政府农业农村、林业草原主管部门应当会同生态环境、自然资源主管部门对下列农用地地块进行重点监测:

(1)产出的农产品污染物含量超标的；
(2)作为或者曾作为污水灌溉区的；
(3)用于或者曾用于规模化养殖、固体废物堆放、填埋的；
(4)曾作为工矿用地或者发生过重大、特大污染事故的；
(5)有毒有害物质生产、贮存、利用、处置设施周边的；
(6)国务院农业农村、林业草原、生态环境、自然资源主管部门规定的其他情形。

法律依据：

《土壤污染防治法》第十六条。

400. 哪些建设用地地块会被重点监测？

答： 地方人民政府生态环境主管部门应当会同自然资源主管部门对下列建设用地地块进行重点监测：
(1)曾用于生产、使用、贮存、回收、处置有毒有害物质的；
(2)曾用于固体废物堆放、填埋的；
(3)曾发生过重大、特大污染事故的；
(4)国务院生态环境、自然资源主管部门规定的其他情形。

法律依据：

《土壤污染防治法》第十七条。

401. 在农业生产过程中，哪些土壤污染行为被禁止实施？

答： 禁止向农用地排放重金属或者其他有毒有害物质含量超标的污水、污泥，以及可能造成土壤污染的清淤底泥、尾矿、矿渣等。禁止生产、销售、使用国家明令禁止的农业投入品。

禁止将重金属或者其他有毒有害物质含量超标的工业固体废物、生活垃圾或者污染土壤用于土地复垦。

法律依据：

《土壤污染防治法》第二十八条和第三十条、《河南省土壤污染防治条例》第三十条第二款。

402. 农业生产过程中,哪些土壤污染防治措施是受到国家鼓励和支持的?

答:国家鼓励和支持农业生产者采取下列措施:使用低毒、低残留农药以及先进喷施技术;使用符合标准的有机肥、高效肥;采用测土配方施肥技术、生物防治等病虫害绿色防控技术;使用生物可降解农用薄膜;综合利用秸秆、移出高富集污染物秸秆;按照规定对酸性土壤等进行改良。

法律依据:

《土壤污染防治法》第二十九条。

403. 土壤污染防治基金是什么?怎么使用?

答:首先,土壤污染防治基金分为两类:一类是中央土壤污染防治专项资金,另一类是省级土壤污染防治基金。其次,土壤污染防治基金的用途分为三种:一是农用地土壤污染防治;二是在土壤污染责任人或者土地使用权人无法认定时,土壤污染风险管控和修复;三是政府规定的其他事项。对于《土壤污染防治法》实施之前即 2019 年之前产生的,并且土壤污染责任人无法认定的污染地块,土地使用权人实际承担土壤污染风险管控和修复的,可以申请土壤污染防治基金,该规定主要是为了解决历史遗留问题,比如原始用途为工业用地现在为居住性质的污染地块的治理和修复。

法律依据:

《土壤污染防治法》第七十一条。

404. 土壤污染风险评估报告应当包括哪些内容?

答:土壤污染风险评估报告应当主要包括下列内容:主要污染物状况;土壤及地下水污染范围;农产品质量安全风险、公众健康风险或者生态风险;风险管控、修复的目标和基本要求等。

法律依据：

《土壤污染防治法》第三十七条。

405. 第三方土壤环境服务机构出具虚假报告的，应当承担哪些法律责任？

答：受企业委托从事土壤污染状况调查和土壤污染风险评估、风险管控效果评估、修复效果评估活动的单位，出具虚假调查报告、风险评估报告、风险管控效果评估报告、修复效果评估报告的，由地方人民政府生态环境主管部门处 10 万元以上 50 万元以下的罚款；情节严重的，禁止从事上述业务，并处 50 万元以上 100 万元以下的罚款；有违法所得的，没收违法所得。上述单位出具虚假报告的，由地方人民政府生态环境主管部门对直接负责的主管人员和其他直接责任人员处 1 万元以上 5 万元以下的罚款；情节严重的，10 年内禁止从事前述规定的业务；构成犯罪的，终身禁止从事前述规定的业务。上述单位和委托人恶意串通，出具虚假报告，造成他人人身或者财产损害的，还应当与委托人承担连带责任。

法律依据：

《土壤污染防治法》第九十条。

406. 从事土壤污染风险管控和修复的单位是否享有税收优惠？

答：从事土壤污染风险管控和修复的单位依照法律、行政法规的规定，享受税收优惠。

法律依据：

《土壤污染防治法》第七十三条。

407. 固体废物污染环境防治过程中，应当由谁承担责任？

答：产生、收集、贮存、运输、利用、处置固体废物的单位和个人，应当采取措施，防止或者减少固体废物对环境的污染，对所造成的环境污染依法承担责任。

法律依据：

《固体废物污染环境防治法》第五条。

408. 企业建设产生、贮存、利用、处置固体废物的项目，是否应当进行环境影响评价？

答：建设产生、贮存、利用、处置固体废物的项目，应当依法进行环境影响评价，并遵守国家有关建设项目环境保护管理的规定。

法律依据：

《固体废物污染环境防治法》第十七条。

409. 应如何举报固体废物污染环境的单位和个人？

答：任何单位和个人都有权对造成固体废物污染环境的单位和个人进行举报。生态环境主管部门和其他负有固体废物污染环境防治监督管理职责的部门应当将固体废物污染环境防治举报方式向社会公布，方便公众举报。接到举报的部门应当及时处理并对举报人的相关信息予以保密；对实名举报并查证属实的，给予奖励。举报人举报所在单位的，该单位不得以解除、变更劳动合同或者其他方式对举报人进行打击报复。

法律依据：

《固体废物污染环境防治法》第三十一条。

410. 在日常生产经营中产生工业固体废物的单位应当遵守哪些要求？

答：产生工业固体废物的单位应当建立健全工业固体废物产生、收集、贮存、运输、利用、处置全过程的污染环境防治责任制度，建立工业固体废物管理台账，如实记录产生工业固体废物的种类、数量、流向、贮存、利用、处置等信息，实现工业固体废物可追溯、可查询，并采取防治工业固体废物污染环境的措施。应当依法实施清洁生产审核、合理选择和利用原材料、能源和其他资源,采用先进的生产工艺和设备,减少工业固体废物的产生量,降低工业固体废物的危害性。应当取得排污许可证。应当根据经济、技术条件对工业固体废物加以利用;对暂时不利用或者不能利用的,应当按照国务院生态环境等主管部门的规定建设贮存设施、场所,安全分类存放,或者采取无害化处置措施。

法律依据:

《固体废物污染环境防治法》第三十六条、第三十八条、第三十九条、第四十条。

411. 工程施工单位对于施工过程中产生的建筑垃圾应如何处理?

答:工程施工单位应当编制建筑垃圾处理方案,采取污染防治措施,并报县级以上地方人民政府环境卫生主管部门备案。

工程施工单位应当及时清运工程施工过程中产生的建筑垃圾等固体废物,并按照环境卫生主管部门的规定进行利用或者处置。

工程施工单位不得擅自倾倒、抛撒或者堆放工程施工过程中产生的建筑垃圾。

法律依据:

《固体废物污染环境防治法》第六十三条。

412. 收集、贮存、利用、处置危险废物的单位有哪些法定义务?

答:从事收集、贮存、利用、处置危险废物经营活动的单位,应当按照国家有关规定申请取得许可证。收集、贮存危险废物,应当按照危险废物特性分类进行。禁止混合收集、贮存、运输、处置性质不相容而未经安全性处置的危险废物。贮存危险废物应当采取符合国家环境保护标准的防护措施。禁止将危险废物混入非危险废物中贮存。从事收集、贮存、利用、处置危险废物经营活动的单位,贮存危险废物不得超过1年;确需延长期限的,应当报经颁发许可证的生态环境主管部门批准;法律、行政法规另有规定的除外。

法律依据：

《固体废物污染环境防治法》第八十条、第八十一条。

413. 如果产生了危险废物,应如何转移危险废物?

答：转移危险废物的,应当按照国家有关规定填写、运行危险废物电子或者纸质转移联单。

跨省、自治区、直辖市转移危险废物的,应当向危险废物移出地省、自治区、直辖市人民政府生态环境主管部门申请。移出地省、自治区、直辖市人民政府生态环境主管部门应当及时商经接受地省、自治区、直辖市人民政府生态环境主管部门同意后,在规定期限内批准转移该危险废物,并将批准信息通报相关省、自治区、直辖市人民政府生态环境主管部门和交通运输主管部门。未经批准的,不得转移。

危险废物转移管理应当全程管控、提高效率,具体办法由国务院生态环境主管部门会同国务院交通运输主管部门和公安部门制定。

法律依据：

《固体废物污染环境防治法》第八十二条。

414. 从事固体废物污染环境防治工作的企业是否享有税收优惠?

答：享有。从事固体废物综合利用等固体废物污染环境防治工作的,依照法律、行政法规的规定,享受税收优惠。国家鼓励并提倡社会各界为防治固体废物污染环境捐赠财产,并依照法律、行政法规的规定,给予税收优惠。

法律依据：

《固体废物污染环境防治法》第九十八条。

415. 企业在生产活动中排放的气体应达到何种标准?

答：国务院生态环境主管部门或者省、自治区、直辖市人民政府制定大气污染物排放标准,应当以大气环境质量标准和国家经济、技术条件为依据。

法律依据:

《大气污染防治法》第九条。

416. 对于在生产经营活动中产生恶臭气体的企业,选址有哪些要求?

答:企业事业单位和其他生产经营者在生产经营活动中产生恶臭气体的,应当科学选址,设置合理的防护距离,并安装净化装置或者采取其他措施,防止排放恶臭气体。

法律依据:

《大气污染防治法》第八十条。

417. 餐饮服务类企业应该按照什么标准排放油烟?

答:排放油烟的餐饮服务业经营者应当安装油烟净化设施并保持正常使用,或者采取其他油烟净化措施,使油烟达标排放,并防止对附近居民的正常生活环境造成污染。

禁止在居民住宅楼、未配套设立专用烟道的商住综合楼以及商住综合楼内与居住层相邻的商业楼层内新建、改建、扩建产生油烟、异味、废气的餐饮服务项目。

任何单位和个人不得在当地人民政府禁止的区域内露天烧烤食品或者为露天烧烤食品提供场地。

法律依据:

《大气污染防治法》第八十一条。

418. 建设单位和施工单位应当如何防治扬尘污染?

答:建设单位应当将防治扬尘污染的费用列入工程造价,并在施工承包合同中明确施工单位扬尘污染防治责任。施工单位应当制订具体的施工扬尘污染防治实施方案。

从事房屋建筑、市政基础设施建设、河道整治以及建筑物拆除等施工单位,应当向负责监督管理扬尘污染防治的主管部门备案。

施工单位应当在施工工地设置硬质围挡,并采取覆盖、分段作业、择时施工、洒水抑尘、冲洗地面和车辆等有效防尘降尘措施。建筑土方、工程渣土、建筑垃圾应当及时清运;在场地内堆存的,应当采用密闭式防尘网遮盖。工程渣土、建筑垃圾应当进行资源化处理。

施工单位应当在施工工地公示扬尘污染防治措施、负责人、扬尘监督管理主管部门等信息。

暂时不能开工的建设用地,建设单位应当对裸露地面进行覆盖;超过 3 个月的,应当进行绿化、铺装或者遮盖。

法律依据:

《大气污染防治法》第六十九条。

419. 燃煤企业应当如何防治大气污染?

答:燃煤电厂和其他燃煤单位应当采用清洁生产工艺,配套建设除尘、脱硫、脱硝等装置,或者采取技术改造等其他控制大气污染物排放的措施。国家鼓励燃煤单位采用先进的除尘、脱硫、脱硝、脱汞等大气污染物协同控制的技术和装置,减少大气污染物的排放。

法律依据:

《大气污染防治法》第四十一条。

420. 企业所生产的机动车和非道路移动机械排放大气污染物超过标准时需要召回吗?

答:机动车、非道路移动机械排放大气污染物超过标准,属于设计、生产缺陷或者不符合规定的环境保护耐久性要求的,应当被召回。

法律依据:

《大气污染防治法》第五十八条。

421. 企业的在用机动车如果排放大气污染物超过标准应如何处理?

答:在用机动车排放大气污染物超过标准的,应当进行维修;经维修或者采用污染控制技术后,大气污染物排放仍不符合国家在用机动车排放标准的,应当强制报废。

法律依据:

《大气污染防治法》第六十条。

422. 农业生产类的企业应当如何防治大气污染?

答:应当改进施肥方式,科学合理施用化肥并按照国家有关规定使用农药,减少氨、挥发性有机物等大气污染物的排放。禁止在人口集中地区对树木、花草喷洒剧毒、高毒农药。

法律依据:

《大气污染防治法》第七十四条。

423. 企业的生产活动如果易产生扬尘,企业对该部分物料应当如何贮存?

答:应当密闭贮存;不能密闭的,应当设置不低于堆放物高度的严密围挡,并采取有效覆盖措施防治扬尘污染。

法律依据:

《大气污染防治法》第七十二条。

424. 畜禽养殖类企业应当如何防治大气污染?

答:应当及时对污水、畜禽粪便和尸体等进行收集、贮存、清运和无害化处理,防止排放恶臭气体。

法律依据:

《大气污染防治法》第七十五条。

425. 未依法取得排污许可证排放大气污染物的企业应承担什么法律责任？

答：由县级以上人民政府生态环境主管部门责令改正或者限制生产、停产整治，并处10万元以上100万元以下的罚款；情节严重的，报经有批准权的人民政府批准，责令停业、关闭。

法律依据：

《大气污染防治法》第九十九条。

行 政 篇

426. 行政许可的实施机关有哪些?

答：原则上来说，行政许可由具有行政许可权的行政机关在其法定职权范围内实施。另外，也可以是法律、法规授权的组织或接受委托的其他行政机关。

法律依据：

《行政许可法》第二十二条、第二十三条、第二十四条。

427. 对哪些事项可以设定行政许可?

答：行政许可的事项有六类，可以作出如下理解：

(1)行政机关准予公民、法人或者其他组织从事特定活动的事项，这一类事项的范围非常广泛，包括直接关系国家安全、经济安全、公共利益、人身健康、生命财产安全的事项。

(2)赋予公民、法人或者其他组织特定权利并且具有数量限制的事项，这类许可事项一般与民事权利有关，许可的结果是向相对人授予某种民事权利，功能是分配有限的自然资源和公共资源。

(3)资格、资质方面的事项，公民、法人或者其他组织为公众提供服务，所从事的职业和工作直接关系公共利益，因而国家要求从事这些职业或行业的公民和组织具备特殊的资格和条件。在这一领域设定许可，主要目的是提高从业水平或者某种技能、信誉。

(4)对特定物的检测、检验和检疫，这一类事项通常被认为是对物的许可，其实，物与人联系起来，进入社会生活中，才具有法律上的意义，孤立存在的物是没有法律意义的。在行政许可中，表面上看是对物的许可，实质上是对物的所有人支配和使用该物的一种许可。

(5)确定主体资格方面的事项，主要形式是登记。其功能是通过登记，确立个人、企业或者其他组织的特定主体资格。

(6)由于行政许可几乎涵盖了行政管理的所有领域，人的认识还难以穷尽所有需要设定行政许可的事项。为适应未来行政管理工作的需要,《行政许可法》还设定了开放条款,即单行的法律、行政法规可以根据情况和需要,对上述范围之外的事项设定行政许可。

法律依据:

《行政许可法》第十二条。

428. 对可以设定行政许可的事项,在哪些情形下可以不设定行政许可?

答:行政许可涉及的领域广泛,几乎包括政治、经济和社会生活的主要方面。如果都设定行政许可,许可会过多;有些许可事项,随着社会经济的发展,行政管理手段的完善,原来需要设定行政许可的,也会逐渐变成不需要设定行政许可。为了引导行政许可的设定,对于可以设定行政许可的事项,符合下列情形的,可以不设定行政许可:一是公民、法人或者其他组织能够自主决定的事项。二是市场竞争机制能够有效调节的事项。三是行业组织或者中介机构能够自律管理的事项。四是行政机关采用事后监督等其他行政管理方式能够解决的事项。

法律依据:

《行政许可法》第十三条。

429. 什么是行政许可的统一办理、联合办理或者集中办理?

答:行政许可依法由地方人民政府两个以上部门分别实施的,本级人民政府可以确定一个部门受理行政许可申请并转告有关部门分别提出意见后统一办理,或者组织有关部门联合办理、集中办理。

法律依据:

《行政许可法》第二十六条。

430.《行政许可法》对行政许可申请的处理有哪些规定?

答:一是申请事项依法不需要取得行政许可的,应当及时告知申请人不受理。二是申请事项依法不属于本行政机关职权范围的,应当即时作出不予受理的决定,并告知申请人向有关行政机关申请。三是申请材料存在可以当场更正的错误的,应当允许申请人当场更正。四是申请材料不齐全或者不符合法定形式的,应当当场或者在 5 日内一次告知申请人需要补正的全部内容,逾期不告知的,自收到申请材料之日起即为受理。五是申请事项属于本行政机关职权范围,申请材料齐全、符合法定形式,或者申请人按照本行政机关的要求提交全部补正申请材料的,应当予以受理。

法律依据:

《行政许可法》第三十二条。

431. 对行政许可申请的审查有哪些方式?

答:(1)书面审查。书面审查是行政机关审查行政许可申请材料最主要的方式。

(2)实地核查。有些行政许可,尤其是对物的行政许可,行政机关必须去现场,核实申请材料反映的内容是否与实际情况一致。实地核查应当由两名以上工作人员进行。

(3)听取利害关系人的意见。行政机关对行政许可申请进行审查时,发现行政许可事项直接关系他人重大利益的,应当告知利害关系人。申请人、利害关系人有权进行陈述和申辩。行政机关应当听取申请人、利害关系人的意见。

(4)其他审查方式。行政机关还可以通过听证、招标、拍卖、检验、检测、检疫、考试、考核等方式作出行政许可决定。

法律依据:

《行政许可法》第三十四条、第三十六条、第四十六条、第五十三条、第五十四条、第五十五条、第六十二条。

432. 什么是行政许可听证?

答:行政许可听证是指行政机关在作出涉及公民、法人或者其他组织合法权益的决定前,向其告知决定理由和听证权利,公民、法人或者其他组织随之向行政机关表达意见、提供证据、申辩、质证以及行政机关听取意见、接纳其证据的程序所构成的一种法律制度。

433. 行政许可中听证的事项有哪些?

答：行政机关主动举行听证的行政许可事项包括两类：一类是法律、法规、规章规定实施行政许可应当举行听证的事项；另一类是行政机关认为需要听证的事项。

法律依据：

《行政许可法》第四十六条。

434. 行政许可的听证程序规则有哪些?

答：听证应当按照下列程序进行：

(1)行政机关应当于举行听证的7日前通知申请人、利害关系人听证的时间、地点，必要时予以公告。

(2)听证应当公开举行。

(3)行政机关应当指定审查该行政许可申请的工作人员以外的人员为听证主持人，申请人、利害关系人认为听证主持人与该行政许可事项有利害关系的，有权申请回避，即听证应遵循职能分离原则和回避制度。

(4)举行听证时，审查该行政许可申请的工作人员应当提供审查意见的证据、理由，申请人、利害关系人可以提出证据，并进行申辩和质证。

(5)听证应当制作笔录，听证笔录应当包括听证参加人的基本情况、听证的时间和地点、行政机关审查行政许可申请材料后的意见及证据与理由、申请人与利害关系人提出的证据与理由等。听证笔录应由参加人审阅并签字或者签章。

法律依据：

《行政许可法》第四十八条。

435. 需要通过检验、检测、检疫等方式进行审定的许可事项适用什么程序?

答:需要通过检验、检测、检疫等方式进行审定的事项,应当按照技术标准、技术规范依法进行检验、检测、检疫,并根据检验、检测、检疫的结果作出行政许可决定。行政机关实施检验、检测、检疫,应当自受理申请之日起5日内指派两名以上工作人员按照技术标准、技术规范进行检验、检测、检疫。不需要对检验、检测、检疫结果作进一步技术分析即可认定设备、设施、产品、物品是否符合技术标准、技术规范的,行政机关应当当场作出行政许可决定。行政机关根据检验、检测、检疫结果,作出不予行政许可决定的,应当书面说明不予行政许可所依据的技术标准、技术规范。

法律依据:

《行政许可法》第五十五条。

436.《行政许可法》对行政许可的费用是怎么规定的?

答:不收费原则。行政机关实施行政许可和对行政许可事项进行监督检查,不得收取任何费用。但是,法律、行政法规另有规定的,依照其规定。行政机关提供行政许可申请书格式文本,不得收费。

收费法定原则。只有法律、行政法规明文规定实施某一行政许可或者对某一行政许可事项进行监督检查可以收费的,才能收费。而且依照法律、行政法规收取费用的,应当按照公布的法定项目和标准收费。

法律依据:

《行政许可法》第五十八条、第五十九条。

437. 行政许可的一般期限是多长?

答:一个行政机关实施行政许可的一般期限为20日。

多个行政机关实行统一办理或者联合办理、集中办理的,期限为

45 日。

多层级行政机关实施行政许可时下级行政机关审查期限为 20 日。颁发、送达行政许可证件的期限是自作出决定之日起 10 日内。

法律依据：

《行政许可法》第四十二条、第四十三条、第四十四条。

438. 被许可人在取得许可之后的禁止事项？

答：被许可人有下列行为之一的，行政机关应当依法给予行政处罚；构成犯罪的，依法追究刑事责任：

(1) 涂改、倒卖、出租、出借行政许可证件，或者以其他形式非法转让行政许可的；

(2) 超越行政许可范围进行活动的；

(3) 向负责监督检查的行政机关隐瞒有关情况、提供虚假材料或者拒绝提供反映其活动情况的真实材料的；

(4) 法律、法规、规章规定的其他违法行为。

法律依据：

《行政许可法》第八十条。

439. 固定资产投资项目需要办理节能审查吗？

答：需要。《节约能源法》第 15 条规定，国家实行固定资产投资项目节能评估和审查制度。不符合强制性节能标准的项目，建设单位不得开工建设；已经建成的，不得投入生产、使用。政府投资项目不符合强制性节能标准的，依法负责项目审批的机关不得批准建设。具体办法由国务院管理节能工作的部门会同国务院有关部门制定。

440. 企业生产哪些产品需要申请生产许可证？

答：国家对生产下列重要工业产品的企业实行生产许可证制度：乳制品、肉制品、饮料、米、面、食用油、酒类等直接关系人体健康的加工食品；电热毯、压力锅、燃气热水器等可能危及人身、财产安全的产品；税控收款机、防伪验钞仪、卫星电视广播地面接收设备、无线广播电视发射设备等关系金融安全和通信质量安全的产品;安全网、安全帽、建筑扣件等保障劳动安全的产品;电力铁塔、桥梁支座、铁路工业产品、水工金属结构、危险化学品及其包装物、容器等影响生产安全、公共安全的产品;法律、行政法规要求依照《工业产品生产许可证管理条例》的规定实行生产许可证管理的其他产品。

法律依据:
《工业产品生产许可证管理条例》第二条。

441. 申请生产许可证需要什么条件?

答:企业取得生产许可证,应当符合下列条件:有营业执照;有与所生产产品相适应的专业技术人员;有与所生产产品相适应的生产条件和检验检疫手段;有与所生产产品相适应的技术文件和工艺文件;有健全有效的质量管理制度和责任制度;产品符合有关国家标准、行业标准以及保障人体健康和人身、财产安全的要求;符合国家产业政策的规定,不存在国家明令淘汰和禁止投资建设的落后工艺、高耗能、污染环境、浪费资源的情况。法律、行政法规有其他规定的,还应当符合其规定。

法律依据:
《工业产品生产许可证管理条例》第九条。

442. 申请食品生产许可需要具备什么条件?

答:申请食品生产许可,应当符合下列条件:具有与生产的食品品种、数量相适应的食品原料处理和食品加工、包装、贮存等场所,保持该场所环境整洁,并与有毒、有害场所以及其他污染源保持规定的距离;具有与生产的食品品种、数量相适应的生产设备或者设施,有相应的消毒、更衣、盥洗、采光、照明、通风、防腐、防尘、防蝇、防鼠、防虫、洗涤以及处理废水、存放垃圾和废弃物的设备或者设施;保健食品生产工艺有原料提取、纯化等前处理工序的,需要具备与生产的品种、数量相适应的原料前处理设备或者设施;有专职或者兼职的食品安全专业技术人员、食品安全管理人员和保证食品安全的规章制度;具有合理的设备布局和工艺流程,防止待加工食品与直接入口食品、原料与成品交叉污染,避免食品接触有毒物、不洁物;法律、法规规定的其他条件。

法律依据:

《食品生产许可管理办法》第十二条。

443. 如何取得食品添加剂生产许可?

答:从事食品添加剂生产活动,应当依法取得食品添加剂生产许可。申请食品添加剂生产许可,应当具备与所生产食品添加剂品种相适应的场所、生产设备或者设施、食品安全管理人员、专业技术人员和管理制度。

申请食品添加剂生产许可,应当向申请人所在地县级以上地方市场监督管理部门提交下列材料:①食品添加剂生产许可申请书;②食品添加剂生产设备布局图和生产工艺流程图;③食品添加剂生产主要设备、设施清单;④专职或者兼职的食品安全专业技术人员、食品安全管理人员信息和食品安全管理制度。

法律依据:

《食品生产许可管理办法》第十五条和第十六条、《食品安全法》第三十九条。

444. 食品生产许可到期后应如何延续?需要提交哪些材料?

答:食品生产者需要延续依法取得的食品生产许可的有效期的,应当在该食品生产许可有效期届满30个工作日前,向原发证的市场监督管理部门提出申请。

食品生产者申请延续食品生产许可,应当提交下列材料:食品生产许可延续申请书;与延续食品生产许可事项有关的其他材料。保健食品、特殊医学用途配方食品、婴幼儿配方食品的生产企业申请延续食品生产许可的,还应当提供生产质量管理体系运行情况的自查报告。

法律依据：

《食品生产许可管理办法》第三十四条、第三十五条。

445. 食品生产许可证有效期内生产者名称、现有设备布局和工艺流程、主要生产设备设施、食品类别等事项发生变化的是否需要对许可证进行变更？如未及时变更会有什么后果？

答：需要。食品生产者应当在变化后10个工作日内向原发证的市场监督管理部门提出变更申请。

逾期未变更的，由原发证的市场监督管理部门责令改正，给予警告；拒不改正的，处1万元以上3万元以下罚款。

法律依据：

《食品生产许可管理办法》第三十二条、第五十三条。

446. 申请药品经营许可证需要什么条件？有效期是多久？到期如何申请换证？

答：从事药品经营的企业必须具备以下条件：具有依法经过资格认定的药师或者其他药学技术人员；具有与所经营药品相适应的营业场所、设备、仓储设施和卫生环境；具有与所经营药品相适应的质量管理机构或者人员；具有保证药品质量的规章制度，并符合国务院药品监督管理部门依据《药品管理法》制定的药品经营质量管理规范要求。

《药品经营许可证》有效期为5年。有效期届满，需要继续经营药品的，持证企业应当在许可证有效期届满前6个月，按照国务院药品监督管理部门的规定申请换发《药品经营许可证》。药品经营企业终止经营药品或者关闭的，《药品经营许可证》由原发证机关缴销。

法律依据：

《药品管理法》第五十二条、《药品管理法实施条例》第十七条。

447. 药店在有药品经营许可证的情况下能否出售第二类精神药品？

答：需要另行申请。经所在地设区的市级药品监督管理部门批准，实行统一进货、统一配送、统一管理的药品零售连锁企业可以从事第二类精神药品零售业务。

申请零售第二类精神药品的药品零售连锁企业，应当向所在地设区的市级药品监督管理机构提出申请，填报《申报麻醉药品和精神药品定点经营申请表》，报送相应资料。

法律依据：

《麻醉药品和精神药品管理条例》第三十一条、《麻醉药品和精神药品经营管理办法（试行）》第十一条。

448. 进口药品如何进行备案？

答：办理药品进口备案，报验单位应当填写《进口药品报验单》，持《进口药品注册证》（或者《医药产品注册证》）（正本或者副本）原件，进口麻醉药品、精神药品还应当持麻醉药品、精神药品《进口准许证》原件，向所在地口岸药品监督管理局报送所进口品种的有关资料一式两份：①《进口药品注册证》（或者《医药产品注册证》）（正本或者副本）复印件；麻醉药品、精神药品的《进口准许证》复印件；②报验单位的《药品经营许可证》和《企业法人营业执照》复印件；③原产地证明复印件；④购货合同复印件；⑤装箱单、提运单和货运发票复印件；⑥出厂检验报告书复印件；⑦药品说明书及包装、标签的式样（原料药和制剂中间体除外）；⑧国家食品药品监督管理局规定批签发的生物制品，需要提供生产检定记录摘要及生产国或者地区药品管理机构出具的批签发证明原件；⑨《药品进口管理办法》第10条规定情形以外的药品，应当提交最近一次《进口药品检验报告书》和《进口药品通关单》复印件。药品生产企业自行进口本企业生产所需原料药和制剂中间体的进口备案，第②项资料应当提交其《药品生产许可证》和《企业法人营业执照》复印件。经其他国家或者地区转口的进口药品,需要同时提交从原产地到各转口地的全部购货合同、装箱单、提运单和货运发票等。上述各类复印件应当加盖进口单位公章。

法律依据:
《药品进口管理办法》第十三条。

449. 如何进行检验检测机构资质认定?

答:申请资质认定的检验检测机构应当符合以下条件:依法成立并能够承担相应法律责任的法人或者其他组织;具有与其从事检验检测活动相适应的检验检测技术人员和管理人员;具有固定的工作场所,工作环境满足检验检测要求;具备从事检验检测活动所必需的检验检测设备设施;具有并有效运行保证其检验检测活动独立、公正、科学、诚信的管理体系;符合有关法律法规或者标准、技术规范规定的特殊要求。

为社会提供公证数据的产品质量检验机构,必须经省级以上人民政府计量行政部门对其计量检定、测试的能力和可靠性考核合格。

向社会出具具有证明作用的数据和结果的检查机构、实验室,应当具备有关法律、行政法规规定的基本条件和能力,并依法经认定后,方可从事相应活动,认定结果由国务院认证认可监督管理部门公布。

食品检验机构按照国家有关认证认可的规定取得资质认定后,方可从事食品检验活动。

检验检测机构资质认定一般程序:①申请资质认定的检验检测机构(以下简称"申请人"),应当向市场监管总局或者省级市场监督管理部门(以下统称"资质认定部门")提交书面申请和相关材料,并对其真实性负责。②资质认定部门应当对申请人提交的申请和相关材料进行初审,自收到申请之日起5个工作日内作出受理或者不予受理的决定,并书面告知申请人。③资质认定部门自受理申请之日起,应当在30个工作日内,依据检验检测机构资质认定基本规范、评审准则的要求,完成对申请人的技术评审。技术评审包括书面审查和现场评审(或者远程评审)。技术评审时间不计算在资质认定期限内,资质认定部门应当将技术评审时间告知申请人。由于申请人整改或者其他自身原因导致无法在规定时间内完成的情况除外。④资质认定部门自收到技术评审结论之日起，应当在10个工作日内，作出是否准予许可的决定。准予许可的，自作出决定之日起7个工作日内，向申请人颁发资质认定证书。不予许可的，应当书面通知申请人，并说明理由。

法律依据：

《计量法》第二十二条、《认证认可条例》第十五条、《食品安全法》第八十四条、《检验检测机构资质认定管理办法》第九条和第十一条。

450. 国产保健食品如何备案？

答：申请保健食品备案，应当提交以下材料：

（1）产品配方材料，包括原料和辅料的名称及用量、生产工艺、质量标准，必要时还应当按照规定提供原料使用依据、使用部位的说明、检验合格证明、品种鉴定报告等。

（2）产品生产工艺材料，包括生产工艺流程简图及说明，关键工艺控制点及说明。

（3）安全性和保健功能评价材料，包括目录外原料及产品的安全性、保健功能试验评价材料，人群食用评价材料；功效成分或者标志性成分、卫生学、稳定性、菌种鉴定、菌种毒力等试验报告，以及涉及兴奋剂、违禁药物成分等检测报告。

（4）直接接触保健食品的包装材料种类、名称、相关标准等。

（5）产品标签、说明书样稿；产品名称中的通用名与注册的药品名称不重名的检索材料。

（6）保健食品备案登记表，以及备案人对提交材料真实性负责的法律责任承诺书。

（7）备案人主体登记证明文件复印件。

（8）产品技术要求材料。

（9）具有合法资质的检验机构出具的符合产品技术要求全项目检验报告。

（10）其他表明产品安全性和保健功能的材料。

市场监督管理部门收到备案材料后,备案材料符合要求的,当场备案;不符合要求的,应当一次告知备案人补正相关材料。

法律依据:

《保健食品注册与备案管理办法》第十二条、第四十八条、第五十条。

451. 如何申请特殊医学用途配方食品注册证书?

答:国家食品药品监督管理总局负责特殊医学用途配方食品的注册管理工作。

受理机构:国家市场监督管理总局食品审评中心。特殊医学用途配方食品注册申请人应当为拟在我国境内生产并销售特殊医学用途配方食品的生产企业和拟向我国境内出口特殊医学用途配方食品的境外生产企业。

产品注册申请材料清单:特殊医学用途配方食品注册申请书;产品研发报告和产品配方设计及其依据;生产工艺材料;产品标准要求;产品标签、说明书样稿;试验样品检验报告;研发、生产和检验能力证明材料;其他表明产品安全性、营养充足性以及特殊医学用途临床效果的材料。申请特定全营养配方食品注册,还应当提交临床试验报告。

法律依据:

《食品安全法》第八十条,《特殊医学用途配方食品注册管理办法》第五条、第八条、第九条。

452. 制定药品追溯标准规范的依据是什么?

答:《疫苗管理法》《药品管理法》《关于加快推进重要产品追溯体系建设的意见》《关于推动食品药品生产经营者完善追溯体系的意见》《关于药品信息化追溯体系建设的指导意见》。

453. 药品追溯标准规范分类有哪些?

答:药品追溯标准可分为药品追溯基础通用标准、疫苗追溯数据及交换标准、药品(不含疫苗)追溯数据及交换标准三大类。

（1）药品追溯基础通用标准，从药品追溯统筹指导、夯实基础角度出发，提出了药品信息化追溯体系建设总体要求、药品追溯码编码要求和药品追溯系统基本技术要求，包括《药品信息化追溯体系建设导则》《药品追溯码编码要求》《药品追溯系统基本技术要求》3个标准；

（2）疫苗追溯数据及交换标准，考虑到疫苗单独立法的情况及其管理的特殊性，从疫苗生产、流通到接种等环节，提出了追溯数据采集、存储及交换的具体要求，包括《疫苗追溯基本数据集》《疫苗追溯数据交换基本技术要求》2个标准；

（3）药品(不含疫苗)追溯数据及交换标准，从药品(不含疫苗)生产、经营、使用和消费者查询等环节，提出了追溯数据采集、存储和交换的具体要求，包括《药品上市许可持有人和生产企业追溯基本数据集》《药品经营企业追溯基本数据集》《药品使用单位追溯基本数据集》《药品追溯消费者查询基本数据集》《药品追溯数据交换基本技术要求》5个标准。

454. 药材进口单位需具备哪些资质？

答：药材进口单位，应当是中国境内的中成药上市许可持有人、中药生产企业，以及具有中药材或者中药饮片经营范围的药品经营企业。

法律依据：

《进口药材管理办法》第五条。

455. 哪些特种设备生产行为必须经过许可？

答：锅炉、压力容器、电梯、起重机械、客运索道、大型游乐设施及其安全附件、安全保护装置的制造、安装、改造单位，以及压力管道元件的制造单位和场(厂)内专用机动车辆的制造、改造单位，应当根据设备级别分别由国家级、省级、市级市场监督管理局颁发许可证。

法律依据：

《特种设备安全法》第十八条，《特种设备安全监察条例》第十一条、第十二条、第十四条。

456. 如何取得特种设备设计、生产单位许可？

答：压力容器的设计单位应当经国务院特种设备安全监督管理部门许可，方可从事压力容器的设计活动。压力容器的设计单位应当具备下列条件：①有与压力容器设计相适应的设计人员、设计审核人员；②有与压力容器设计相适应的场所和设备；③有与压力容器设计相适应的健全的管理制度和责任制度。

锅炉、压力容器中的气瓶（以下简称"气瓶"）、氧舱和客运索道、大型游乐设施以及高耗能特种设备的设计文件，应当经国务院特种设备安全监督管理部门核准的检验检测机构鉴定，方可用于制造。

特种设备生产单位应当具备下列条件，并经负责特种设备安全监督管理的部门许可，方可从事生产活动：①有与生产相适应的专业技术人员；②有与生产相适应的设备、设施和工作场所；③有健全的质量保证、安全管理和岗位责任等制度。

法律依据：

《特种设备安全法》第十八条、《特种设备安全监察条例》第十一条和第十二条。

457. 如何取得特种设备检验检测机构核准？

答：《特种设备安全监察条例》第41条第1款规定："从事本条例规定的监督检验、定期检验、型式试验以及专门为特种设备生产、使用、检验检测提供无损检测服务的特种设备检验检测机构，应当经国务院特种设备安全监督管理部门核准。"

特种设备检验检测机构，应当具备下列条件：①有与所从事的检验检测工作相适应的检验检测人员；②有与所从事的检验检测工作相适应的检验检测仪器和设备；③有健全的检验检测管理制度、检验检测责任制度。

法律依据：

《特种设备安全监察条例》第四十一条、第四十二条。

458. 厂房被政府部门违法拆除，相关的机器及物品被损坏或者丢失，企业怎样向政府部门主张赔偿损失？举证责任如何确定？

答：企业厂房被政府部门违法拆除的，赔偿请求人要求赔偿，应当先向赔偿义务机关提出，也可以在申请行政复议或者提起行政诉讼时一并提出。

在行政赔偿、补偿案件中，原告应当对行政行为造成的损害提供证据。因被告的原因导致原告无法举证的，由被告承担举证责任。如果政府部门在实施强制拆除前，未进行告知及催告，未通知行政相对人到场，亦未对建筑物中的财产予以清点、保全或及时移交，政府部门应对财产损失承担证明责任。但是，对于企业来讲，同样承担举证责任，例如，物品曾经存在的照片、被损毁的物品清单等。

法律依据：

《国家赔偿法》第四条和第九条、《最高人民法院关于审理行政赔偿案件若干问题的规定》第十一条。

459. 企业在厂房拆除后，一直信访反映，是否时效中断，起诉期限如何计算？

答：信访不能中断时效。违法拆除属于事实行为，行政机关没有告知起诉期限的，从当事人知道拆迁事实起，适用1年的起诉期限。如果行政机关告知了6个月的起诉期限，当事人必须在该期限内起诉。

法律依据：

《行政诉讼法》第四十六条、《最高人民法院关于适用〈中华人民共和国行政诉讼法〉的解释》第六十四条和第六十五条。

460. 企业的厂房被行政机关认定为违建，并责令限期拆除，在复议或者起诉期限内，行政机关能否强制拆除？

答：不能。在复议或者诉讼期限内，应当停止执行强制拆除违法建筑物、构筑物、设施等。行政机关如果在复议或者起诉期限内实施强制拆除，属于违法行为。

法律依据：
《行政强制法》第四十四条。

461. 住房和城乡建设厅对产品使用者就建设工程质量问题作出的行政处罚决定，产品生产企业是否能够提起行政诉讼？

答：可以提起行政诉讼。住房和城乡建设厅虽然是对产品使用者就建设工程质量问题作出行政处罚决定，但由于建设工程使用的建筑材料属于产品范围，该处罚决定认定产品不合格，客观上也是对建筑材料的质量作出负面评价，必然对该产品生产者产生不利影响，即生产者可能会因此受到《产品质量法》规定的行政处罚。因此，产品生产企业与处罚决定具有利害关系。

法律依据：
《行政诉讼法》第二十五条。

462. 政府为了拆迁需要，发文要求供电公司停止对企业供电，该行为是否违法？是否具有可诉性？

答：如果政府向供电公司发送涉案函和通知，要求供电公司对涉案开发地块停止电力供应的目的是变相实现相关居民或商户搬迁，该行为没有法律依据。

政府通知停电行为是行政事实行为，企业是合法用电人，其用电权益受到了影响。因此，企业与政府的通知停电行为有法律上的利害关系，其具备提起行政诉讼的主体资格。

463. 行政机关能否依照造价指标计算违法建设工程造价？

答：行政机关可以依照造价指标计算违法建设工程造价，并依据该造价作出涉案的行政处罚决定，但是不能将企业尚未建设施工部分计入处罚范围。

464. 建设工程竣工验收备案行为是否属于人民法院受案范围？

答：建设工程竣工验收备案行为是否可诉，各地法院并无一致的做法，有些法院认为该行为不可诉，例如北京市高级人民法院；有些法院认为该行为具有可诉性，例如浙江省高级人民法院。河南省高级人民法院目前认为建设工程竣工验收备案行为不可诉。

465. 房屋竣工验收过程中，城乡建设部门的消防验收行为是否具有可诉性？

答：具有可诉性。消防验收关系到房屋所有权人的生命财产安全，消防验收行为属于行政行为，与小区业主存在利害关系，属于可诉行为。

466. 房屋竣工验收过程中，自然资源和规划部门的规划核实行为是否具有可诉性？

答：自然资源和规划部门的规划核实行为属于行政行为，与小区业主有利害关系，具有可诉性。但是，通常来讲，规划核实涉及业主的共同利益，与单个业主的利益关系不大。因此，实践中，法院要求小区过半数业主或者业主委员会提起行政诉讼。

467. 涉及强拆的行政赔偿诉讼中，法院是否支持利息损失？

答：是否支持利息损失存在争议。

《最高人民法院关于审理行政赔偿案件若干问题的规定》第29条规定:"下列损失属于国家赔偿法第三十六条第八项规定的'直接损失':(一)存款利息、贷款利息、现金利息……"

在行政赔偿案件中,对于利息损失主张,法院会区分判定违法行政行为造成的损失本身是否为金钱损失,在金钱损失的行政赔偿案件中,利息损失应是直接损失的一部分。

在涉及强拆的行政赔偿诉讼中,大部分损失是非直接金钱损失,法院会首先判断赔偿主张中的赔偿金额和方式是否足以弥补违法行政行为造成的损失,如足以弥补,则不再支持利息损失。

468. 由于登记机构登记错误给企业造成损失的,是否应承担赔偿责任?

答:应承担赔偿责任。因登记错误,给他人造成损害的,登记机构应当承担赔偿责任。登记机构赔偿后,可以向造成登记错误的人追偿。

法律依据:

《民法典》第二百二十二条。

469. 公安机关开具的《训诫书》是否属于行政诉讼的受案范围?

答:行政行为对相对人的合法权益明显不产生实际影响的,已经立案的,应当裁定驳回起诉。《训诫书》的内容仅为告知相对人相关法律规定等事项,未对当事人的权利义务产生实际影响,不属于人民法院行政诉讼受案范围。

法律依据:

《最高人民法院关于适用〈中华人民共和国行政诉讼法〉的解释》第一条。

470. 企业收到政府部门强行支付的附属物被拆除的补偿款,是否表示企业认可拆除行为或者附属物的赔偿价值?

答:实践中,行政机关将企业的厂房等违法拆除后,未经企业同意,直接将补偿款打到企业账户,但是该行为不代表企业认可拆除行为的合法性和赔偿款的合法性,企业仍可及时提起诉讼维护权益。

471. 政府收回企业使用的国有农场土地依据何种标准进行赔偿或者补偿?

答:因国家经济建设或地方公益性建设需要收回国有农场农用地的,需依法办理农用地转用审批手续,并参照征收农民集体土地的补偿标准进行补偿;需要收回国有农场建设用地的,参照征收农民集体建设用地的补偿标准进行补偿,保障农场职工的长远生计。

法律依据:

《国土资源部、农业部关于加强国有农场土地使用管理的意见》第三条。

472. 相关公司参与企业厂房的拆除,怎样认定拆除主体?

答:如果涉案地区存在政府征收或者安置项目,即使有相关民事主体参与拆除行为,应该推定行政机关是拆除主体,民事主体及公司参与拆除,视为行政机关委托,由行政机关承担法律责任。如果没有行政机关的征收或者改造的背景,涉案行为可能涉嫌犯罪,由公安机关调查处理。

473. 开办报废机动车回收企业,是否需要办理行政许可或类似的行政审批手续?

答:需要。拟从事报废机动车回收活动的,应当向省、自治区、直辖市人民政府负责报废机动车回收管理的部门提出申请。省、自治区、直辖市人民政府负责报废机动车回收管理的部门应当依法进行审查,对符合条件的,办理资质认定书;对不符合条件的,不予资质认定并书面说明理由。

法律依据:

《报废机动车回收管理办法》第五条、第七条。

474. 企业申请报废机动车回收拆解资质认定需要具备什么条件?

答:取得报废机动车回收拆解资质认定,应当具备下列条件:具有企业法人资格;拆解经营场地符合所在地城市总体规划或者国土空间规划及安全要求,不得建在居民区、商业区、饮用水水源保护区及其他环境敏感区内;符合国家标准《报废机动车回收拆解企业技术规范》(GB 22128)的场地、设施设备、存储、拆解技术规范,以及相应的专业技术人员要求;符合环保标准《报废机动车拆解环境保护技术规范》(HJ 348)要求;具有符合国家规定的生态环境保护制度,具备相应的污染防治措施,对拆解产生的固体废物有妥善处置方案。

法律依据:

《报废机动车回收管理办法实施细则》第八条。

475. 企业申请报废机动车回收拆解资质认定需要提交哪些材料?

答:申请资质认定的企业(以下简称"申请企业")应当书面向拆解经营场地所在地省级商务主管部门或者通过商务部"全国汽车流通信息管理应用服务"系统提出申请,并提交下列书面材料:设立申请报告(应当载明申请企业的名称、法定代表人、注册资本、住所、拆解场所、统一社会信用代码等内容);申请企业《营业执照》;申请企业章程;申请企业法定代表人身份证或者其他有效身份证件;拆解经营场地土地使用权、房屋产权证明或者租期10年以上的土地租赁合同或者土地使用权出租合同及房屋租赁证明材料;申请企业购置或者以融资租赁方式获取的用于报废机动车拆解和污染防治的设施、设备清单,以及发票或者融资租赁合同等所有权证明文件;生态环境主管部门出具的建设项目环境影响评价文件的审批文件;申请企业高级管理和专业技术人员名单;申请企业拆解操作规范、安全规程和固体废物利用处置方案。上述材料可以通过政府信息系统获取的,审核机关可不再要求申请企业提供。

法律依据:

《报废机动车回收管理办法实施细则》第九条。

476. 进行外贸活动是否需要办理审批?

答:不需要。从事国际服务贸易,应当遵守《对外贸易法》和其他有关法律、行政法规的规定。

从事对外劳务合作的单位,应当具备相应的资质。具体办法由国务院规定。

国家可以对部分货物的进出口实行国营贸易管理。实行国营贸易管理货物的进出口业务只能由经授权的企业经营;但是,国家允许部分数量的国营贸易管理货物的进出口业务由非授权企业经营的除外。

进出口属于自由进出口的技术,应当向国务院对外贸易主管部门或者其委托的机构办理合同备案登记。

法律依据:

《对外贸易法》第九条、第十条、第十四条。

477. 开办加油站需要具备什么条件?

答:根据《商务部关于做好石油成品油流通管理"放管服"改革工作的通知》《商务部办公厅关于印发〈石油成品油流通行业管理工作指引〉的通知》的要求,成品油零售经营资格申请条件应包括:申请主体应符合企业登记注册要求,按规定取得《危险化学品经营许可证》;零售网点应符合本地区成品油零售分销体系发展规划;站点设计、施工及其经营设施应符合国家标准要求并通过相关部门验收。

478. 企业从事拍卖业务需要具备什么条件?

答:拍卖企业,是指依法在中国境内设立的从事经营性拍卖活动的有限责任公司或者股份有限公司。申请从事拍卖业务许可的企业应有良好的信誉，无违反中国法律、行政法规、规章的行为。

企业申请取得从事拍卖业务的许可，应当具备下列条件：有100万元人民币以上的注册资本；有自己的名称、组织机构和章程；有固定的办公场所；有至少1名拍卖师；有符合有关法律、行政法规及《拍卖管理办法》规定的拍卖业务规则；符合商务主管部门有关拍卖行业发展规划。

拍卖企业分公司申请取得从事拍卖业务的许可，应当符合下列条件：符合拍卖业发展规划；有固定的办公场所；经营拍卖业务3年以上，最近2年连续盈利，其上年拍卖成交额超过5000万元人民币；或者上年拍卖成交额超过2亿元人民币。

法律依据：

《拍卖管理办法》第三条、第六条、第七条、第十条。

479. 经营对外输出劳务业务应当具备什么条件？

答：从事对外劳务合作，应当按照省、自治区、直辖市人民政府的规定，经省级或者设区的市级人民政府商务主管部门批准，取得对外劳务合作经营资格。申请对外劳务合作经营资格，应当具备下列条件：符合企业法人条件；实缴注册资本不低于600万元人民币；有3名以上熟悉对外劳务合作业务的管理人员；有健全的内部管理制度和突发事件应急处置制度；法定代表人没有故意犯罪记录。

法律依据：

《对外劳务合作管理条例》第五条、第六条。

480. 将自有的经营资源许可他人按照统一的经营模式开展经营需要注意什么？

答：企业将自己拥有的注册商标、企业标志、专利、专有技术等经营资源，以合同形式将其拥有的经营资源许可其他经营者使用，被许可人按照合同约定在统一的经营模式下开展经营，并向被特许人收取特许经营费用,为商业特许经营。企业以外的其他单位和个人不得作为特许人从事特许经营活动。

特许人从事特许经营活动应当拥有成熟的经营模式,并具备为被特许人持续提供经营指导、技术支持和业务培训等服务的能力。特许人从事特许经营活动应当拥有至少2个直营店,并且经营时间超过1年。

特许人应当自首次订立特许经营合同之日起15日内,依照《商业特许经营管理条例》的规定向商务主管部门备案。在省、自治区、直辖市范围内从事特许经营活动的,应当向所在地省、自治区、直辖市人民政府商务主管部门备案;跨省、自治区、直辖市范围从事特许经营活动的,应当向国务院商务主管部门备案。

特许人向商务主管部门备案,应当提交下列文件、资料:营业执照复印件或者企业登记(注册)证书复印件;特许经营合同样本;特许经营操作手册;市场计划书;表明其符合《商业特许经营管理条例》第7条规定的书面承诺及相关证明材料;国务院商务主管部门规定的其他文件、资料。特许经营的产品或者服务,依法应当经批准方可经营的,特许人还应当提交有关批准文件。

法律依据:

《商业特许经营管理条例》第三条、第七条、第八条。

481. 特许经营合同应当具备哪些主要内容?

答:特许经营合同应当包括下列主要内容:特许人、被特许人的基本情况;特许经营的内容、期限;特许经营费用的种类、金额及其支付方式;经营指导、技术支持以及业务培训等服务的具体内容和提供方式;产品或者服务的质量、标准要求和保证措施;产品或者服务的促销与广告宣传;特许经营中的消费者权益保护和赔偿责任的承担;特许经营合同的变更、解除和终止;违约责任;争议的解决方式;特许人与被特许人约定的其他事项。

法律依据:

《商业特许经营管理条例》第十一条。

482. 进出口技术需要注意哪些事项？

答：国家基于下列原因，可以限制或者禁止有关货物、技术的进口或者出口：为维护国家安全、社会公共利益或者公共道德，需要限制或者禁止进口或者出口的；为保护人的健康或者安全，保护动物、植物的生命或者健康，保护环境，需要限制或者禁止进口或者出口的；为实施与黄金或者白银进出口有关的措施，需要限制或者禁止进口或者出口的；国内供应短缺或者为有效保护可能用竭的自然资源，需要限制或者禁止出口的；输往国家或者地区的市场容量有限，需要限制出口的；出口经营秩序出现严重混乱，需要限制出口的；为建立或者加快建立国内特定产业，需要限制进口的；对任何形式的农业、牧业、渔业产品有必要限制进口的；为保障国家国际金融地位和国际收支平衡，需要限制进口的；依照法律、行政法规的规定，其他需要限制或者禁止进口或者出口的；根据我国缔结或者参加的国际条约、协定的规定，其他需要限制或者禁止进口或者出口的。

国家对与裂变、聚变物质或者衍生此类物质的物质有关的货物、技术进出口，以及与武器、弹药或者其他军用物资有关的进出口，可以采取任何必要的措施，维护国家安全。

法律依据：

《对外贸易法》第十五条、第十六条。

483. 进出口国家允许的技术需要办理相关手续吗？

答：需要。对属于自由进口的技术，实行合同登记管理。进口属于自由进口的技术，应当向国务院对外经贸主管部门办理登记，并提交下列文件：技术进口合同登记申请书；技术进口合同副本；签约双方法律地位的证明文件。

法律依据：

《技术进出口管理条例》第十七条、第十八条。

484. 开办二手车交易市场应当如何办理备案？

答：二手车交易市场经营者和二手车经营主体需备案。凡经工商行政管理部门依法登记，取得营业执照的二手车交易市场经营者和二手车经营主体，应当自取得营业执照之日起两个月内向省级商务主管部门备案。省级商务主管部门应当将二手车交易市场经营者和二手车经营主体有关备案情况定期报送国务院商务主管部门。

根据《河南省商务厅关于做好二手车交易市场及二手车经营企业备案有关工作的通知》的规定，二手车流通企业备案备查下放至省辖市、省直管县（市）商务主管部门。

法律依据：

《二手车流通管理办法》第三十条。

485. 开办汽车销售企业是否需要办理备案？

答：需要。县级以上地方商务主管部门依据《汽车销售管理办法》对本行政区域内汽车销售及其相关服务活动进行监督管理。

供应商、经销商应当自取得营业执照之日起 90 日内通过国务院商务主管部门全国汽车流通信息管理系统备案基本信息。供应商、经销商备案的基本信息发生变更的，应当自信息变更之日起 30 日内完成信息更新。《汽车销售管理办法》实施以前已设立的供应商、经销商应当自本办法实施之日起 90 日内按前述规定备案基本信息。供应商、经销商应当按照国务院商务主管部门的要求，及时通过全国汽车流通信息管理系统报送汽车销售数量、种类等信息。

法律依据：

《汽车销售管理办法》第七条、第二十七条。

486. 发行预付卡需要注意哪些事项？

答：单用途商业预付卡（以下简称"单用途卡"）是指从事零售业、

住宿和餐饮业、居民服务业的企业法人发行的,仅限于在本企业或本企业所属集团或同一品牌特许经营体系内兑付货物或服务的预付凭证,包括以磁条卡、芯片卡、纸券等为载体的实体卡和以密码、串码、图形、生物特征信息等为载体的虚拟卡。

发卡企业应在开展单用途卡业务之日起30日内按照下列规定办理备案:集团发卡企业和品牌发卡企业向其工商登记注册地省、自治区、直辖市人民政府商务主管部门备案;规模发卡企业向其工商登记注册地设区的市人民政府商务主管部门备案;其他发卡企业向其工商登记注册地县(市、区)人民政府商务主管部门备案。

法律依据:
《单用途商业预付卡管理办法(试行)》第二条、第七条。

487. 举办焰火晚会以及其他大型焰火燃放活动需要向哪个部门申请许可?

答:申请举办焰火晚会以及其他大型焰火燃放活动,主办单位应当按照分级管理的规定,向有关人民政府公安部门提出申请,并提交下列有关材料:举办焰火晚会以及其他大型焰火燃放活动的时间、地点、环境、活动性质、规模;燃放作业单位、作业人员符合行业标准规定条件的证明;燃放作业方案;燃放烟花爆竹的种类、规格、数量。

法律依据:
《烟花爆竹安全管理条例》第三十三条。

488. 申请从事爆破作业的企业应具备哪些条件?

答:申请从事爆破作业的单位,应当具备下列条件:
(1)爆破作业属于合法的生产活动;
(2)有符合国家有关标准和规范的民用爆炸物品专用仓库;
(3)有具备相应资格的安全管理人员、仓库管理人员和具备国家规定执业资格的爆破作业人员;
(4)有健全的安全管理制度、岗位安全责任制度;

(5) 有符合国家标准、行业标准的爆破作业专用设备;
(6) 法律、行政法规规定的其他条件。

法律依据:

《民用爆炸物品安全管理条例》第三十一条。

489. 如何申请烟花爆竹道路运输许可证?

答: 申请《烟花爆竹道路运输许可证》的单位应当持有关材料向所在地县级人民政府公安机关提出申请,县级人民政府公安机关应当自受理申请之日起3日内对提交的有关材料进行审查,符合条件的,核发《烟花爆竹道路运输许可证》;对不符合条件的,应当说明理由。所需材料:承运人从事危险货物运输的资质证明;驾驶员、押运员从事危险货物运输的资格证明;危险货物运输车辆的道路运输证明;托运人从事烟花爆竹生产、经营的资质证明;烟花爆竹的购销合同及运输烟花爆竹的种类、规格、数量;烟花爆竹的产品质量和包装合格证明;运输车辆牌号、运输时间、起始地点、行驶路线、经停地点。

法律依据:

《烟花爆竹安全管理条例》第二十三条、第二十四条。

490. 购买剧毒化学品需要办理许可吗?

答: 需要。依法取得危险化学品安全生产许可证、危险化学品安全使用许可证、危险化学品经营许可证的企业,凭相应的许可证件购买剧毒化学品。前述规定以外的单位购买剧毒化学品的,应当向所在地县级人民政府公安机关申请取得剧毒化学品购买许可证。申请取得剧毒化学品购买许可证,申请人应当向所在地县级人民政府公安机关提交下列材料:营业执照或者法人证书(登记证书)的复印件;拟购买的剧毒化学品品种、数量的说明;购买剧毒化学品用途的说明;经办人的身份证明。

法律依据:

《危险化学品安全管理条例》第三十八条、第三十九条。

491. 申请从事放射性物品道路运输经营的企业应提交哪些材料？

答：申请从事放射性物品道路运输经营的企业,应当向所在地设区的市级道路运输管理机构提出申请,并提交下列材料：

(1)《放射性物品道路运输经营申请表》,包括申请人基本信息、拟申请运输的放射性物品范围(类别或者品名)等内容。

(2)企业负责人身份证明及复印件,经办人身份证明及复印件和委托书。

(3)证明专用车辆、设备情况的材料,包括：①未购置车辆的,应当提交拟投入车辆承诺书。内容包括拟购车辆数量、类型、技术等级、总质量、核定载质量、车轴数以及车辆外廓尺寸等有关情况。②已购置车辆的,应当提供车辆行驶证、车辆技术等级评定结论及复印件等有关材料。③对辐射防护用品、监测仪器等设备配置情况的说明材料。

(4)有关驾驶人员、装卸管理人员、押运人员的道路运输从业资格证及复印件,驾驶人员的驾驶证及复印件,安全管理人员的工作证明。

(5)企业经营方案及相关安全生产管理制度文本。

法律依据：

《放射性物品道路运输管理规定》第十条。

492. 如何申请典当行《特种行业许可证》？

答：申请人领取《典当经营许可证》后,应当在10日内向所在地县级人民政府公安机关申请典当行《特种行业许可证》,并提供下列材料：申请报告;《典当经营许可证》及复印件;法定代表人、个人股东和其他高级管理人员的简历及有效身份证件复印件;法定代表人、个人股东和其他高级管理人员的户口所在地县级人民政府公安机关出具的无故意犯罪记录证明;典当行经营场所及保管库房平面图、建筑结构图;录像设备、防护设施、保险箱(柜、库)及消防设施安装、设置位置分布图;各项治安保卫、消防安全管理制度;治安保卫组织或者治安保卫人员基本情况。

按照《商务部、公安部关于贯彻实施〈典当管理办法〉的有关问题通知》的规定,典当行《特种行业许可证》核发工作,由设区的市(地)级人民政府公安机关负责;直辖市典当行《特种行业许可证》核发工作,由直辖市公安机关负责。公安机关应在安全防范措施安装完毕并达到验收要求后核发《特种行业许可证》。对申请人有正当理由未能在规定时限内办理《特种行业许可证》的,地方公安机关可以延期。对缓办或者迟办的,应要求申请人书面说明理由。

法律依据:

《典当管理办法》第十六条。

493. 如何办理公章刻制业特种行业行政许可审批?

答:需要提交以下申请材料:公章刻制承接、登记、刻制、保管、交付等内部管理和安全制度;安装必要的防盗设施和视频监控系统的效果图;有符合要求的印章制作设备现场照片;印章成品保管库房和档案保管室、制作室、业务室、章料库房等现场图或照片等材料;经营场所的平面图及门店外观照片;公章刻制企业法人及从业人员花名册(公章刻制企业法人及从业人员身份证原件及复印件、手机号等基本信息);《营业执照副本》原件及复印件;公章刻制业特种行业许可申请审批表。

494. 如何办理互联网站备案?

答:按照《计算机信息网络国际联网安全保护管理办法》的规定,网站开办人(单位)应当在网络正式联通之日起 30 日内,登录全国公安机关互联网站安全服务平台选择属地公安机关网安部门提交备案申请。

495. 申请省内人力资源服务许可证,应当向哪个部门进行申请?

答:冠以省名的申请由省人社厅受理审批,冠以市名的申请由地市人社部门受理审批。

496. 进口化妆品原包装上标注有不符合我国化妆品法规相关要求的内容，应当如何申报？

答：进口产品原包装标注内容不符合我国化妆品法规相关要求的，首先应当结合产品的使用方式、作用部位、使用目的等，判定该产品是否属于我国法规规定的化妆品定义范畴。不属于我国化妆品定义范畴的，不得按照进口化妆品申报注册或进行备案；属于化妆品定义范畴的，应当按照我国化妆品标签管理相关法规的要求，对产品包装标签的相关内容进行修改完善。

497. 产品配方调整后，新配方产品沿用旧配方产品名称，能否增加"升级版"等字样予以区分？

答：不能。考虑到产品配方调整后，新产品仍使用已注销产品的产品名称，新产品与旧产品可能同时存在于市场上，为维护消费者知情权，可在新产品标签上标注"新配方""配方调整"等客观性用语进行区分。"升级版"等用语无明确判定依据，存在误导消费者的嫌疑。

498. 进口非特殊用途化妆品备案电子信息凭证的有效期如何设定？

答：进口非特殊用途化妆品调整为备案管理以后，对备案产品的备案电子信息凭证不再设定有效期。境内责任人应当每年定期通过网上备案系统平台向化妆品监督管理部门报送已备案产品上一年度的生产或进口、上市销售、不良反应监测以及接受行政处罚等有关情况。

499. 生产经营单位主要负责人对本单位安全生产工作的职责有哪些？

答：(1)建立健全并落实本单位全员安全生产责任制，加强安全生产标准化建设；

(2)组织制定并实施本单位安全生产规章制度和操作规程；

(3)组织制订并实施本单位安全生产教育和培训计划；

(4)保证本单位安全生产投入的有效实施；

(5)组织建立并落实安全风险分级管控和隐患排查治理双重预防工作机制,督促、检查本单位的安全生产工作,及时消除生产安全事故隐患；

(6)组织制订并实施本单位的生产安全事故应急救援预案；

(7)及时、如实报告生产安全事故。

500. 应当设置安全生产管理机构或者配备专职安全生产管理人员的企业范围及职责范围有哪些？

答：矿山、金属冶炼、建筑施工、运输单位和危险物品的生产、经营、储存、装卸单位,应当设置安全生产管理机构或者配备专职安全生产管理人员。

其他生产经营单位,从业人员超过100人的,应当设置安全生产管理机构或者配备专职安全生产管理人员；从业人员在100人以下的,应当配备专职或者兼职的安全生产管理人员。

生产经营单位的安全生产管理机构以及安全生产管理人员履行下列职责：

(1)组织或者参与拟订本单位安全生产规章制度、操作规程和生产安全事故应急救援预案；

(2)组织或者参与本单位安全生产教育和培训,如实记录安全生产教育和培训情况；

(3)组织开展危险源辨识和评估,督促落实本单位重大危险源的安全管理措施；

(4)组织或者参与本单位应急救援演练；

(5)检查本单位的安全生产状况,及时排查生产安全事故隐患,提出改进安全生产管理的建议；

(6)制止和纠正违章指挥、强令冒险作业、违反操作规程的行为；

(7)督促落实本单位安全生产整改措施。

501. 企业配备注册安全工程师的条件有哪些?

答:《注册安全工程师分类管理办法》规定,危险物品的生产、储存单位以及矿山、金属冶炼单位应当有相应专业类别的中级及以上注册安全工程师从事安全生产管理工作,并要求危险物品的生产、储存单位以及矿山单位安全生产管理人员中的中级及以上注册安全工程师比例应自本办法施行之日起 2 年内,金属冶炼单位安全生产管理人员中的中级及以上注册安全工程师比例应自本办法施行之日起 5 年内达到 15% 左右并逐步提高。

502. 发生生产安全事故后,生产经营单位应当采取哪些措施?

答:《生产安全事故应急条例》规定,发生生产安全事故后,生产经营单位应当立即启动预案,采取相应的应急救援措施,并按照规定报告事故情况。应急救援措施包括:

(1)迅速控制危险源,组织抢救遇险人员;

(2)根据事故危害程度,组织现场人员撤离或者采取可能的应急措施后撤离;

(3)及时通知可能受到事故影响的单位和人员;

(4)采取必要措施,防止事故危害扩大和次生、衍生灾害发生;

(5)根据需要请求邻近的应急救援队伍参加救援,并向参加救援的应急救援队伍提供相关技术资料、信息和处置方法;

(6)维护事故现场秩序,保护事故现场和相关证据;

(7)法律、法规规定的其他应急救援措施。

503. 安全风险等级有哪些?

答:安全风险等级从高到低依次分为重大风险、较大风险、一般风险和低风险四个等级,对应使用红、橙、黄、蓝四色标注:

(1)重大风险(红色风险):危险因素多,管控难度大,如发生事

故,将造成特大经济损失或者特大伤亡事故;

(2)较大风险(橙色风险):危险因素较多,管控难度较大,如发生事故,将造成重大经济损失或者重大伤亡事故;

(3)一般风险(黄色风险):风险在受控范围内,如发生事故,将造成较大经济损失或者重伤事故;

(4)低风险(蓝色风险):风险在受控范围内,如发生事故,将造成一般经济损失或者轻伤事故。

法律依据:

《河南省安全生产风险管控与隐患治理办法》第九条。

504.《优化营商环境条例》对加强市场主体平等保护、营造良好市场环境的规定有哪些?

答:(1)强调优化营商环境应当坚持市场化、法治化、国际化原则,以市场主体需求为导向,以深刻转变政府职能为核心,创新体制机制、强化协同联动、完善法治保障,对标国际先进水平,为各类市场主体投资兴业营造稳定、公平、透明、可预期的良好环境。

(2)强调为市场主体提供全方位的保护。依法保护市场主体经营自主权、财产权和其他合法权益,保护企业经营者人身和财产安全。加大对市场主体知识产权的保护力度,建立知识产权侵权惩罚性赔偿制度。

(3)强调为市场主体维权提供保障。推动建立全国统一的市场主体维权服务平台,为市场主体提供高效、便捷的维权服务。

505.《优化营商环境条例》对规范和创新监管执法作了哪些规定?

答:(1)推动健全执法机制。建立健全跨部门、跨区域行政执法联动响应和协作机制,在相关领域推行综合行政执法,减少执法主体和执法层级,推动解决困扰市场主体的行政执法检查过多过频问题,实现从监管部门"单打独斗"转变为综合监管,做到"一次检查、全面体检"。

（2）推动创新监管方式。明确除直接涉及公共安全和群众生命健康等特殊行业、重点领域外，都要实行"双随机、一公开"监管，推行"互联网+监管"，对新兴产业实行包容审慎监管。

（3）推动规范执法行为。明确行政执法应当依法慎重实施行政强制，减少对市场主体正常生产经营活动的影响，不得随意采取要求市场主体普遍停产、停业的措施，避免执法"一刀切"。要求行政执法应当规范行使自由裁量权，合理确定裁量范围、种类和幅度。

506. 行业协会商会、中介服务机构的违法情形有哪些？

答：（1）违法开展收费、评比、认证等行为；

（2）违法干预市场主体加入或者退出行业协会商会等社会组织；

（3）没有法律、法规依据，强制或者变相强制市场主体参加评比、达标、表彰、培训、考核、考试以及类似活动，或者借前述活动向市场主体收费或者变相收费；

（4）不向社会公开办理法定行政审批中介服务的条件、流程、时限、收费标准；

（5）违法强制或者变相强制市场主体接受中介服务。

507. 哪些行为不属于行政诉讼的受案范围？

答：下列行为不属于行政诉讼的受案范围，不能提起行政诉讼：

（1）国防、外交等国家行为；

（2）行政法规、规章或者行政机关制定、发布的具有普遍约束力的决定、命令；

（3）行政机关对行政机关工作人员的奖惩、任免等决定；

（4）法律规定由行政机关最终裁决的行政行为；

（5）公安、国家安全等机关依照《刑事诉讼法》的明确授权实施的行为；

（6）调解行为以及法律规定的仲裁行为；

（7）行政指导行为；

(8)驳回当事人对行政行为提起申诉的重复处理行为;

(9)行政机关作出的不产生外部法律效力的行为;

(10)行政机关为作出行政行为而实施的准备、论证、研究、层报、咨询等过程性行为;

(11)行政机关根据人民法院的生效裁判、协助执行通知书作出的执行行为,但行政机关扩大执行范围或者采取违法方式实施的除外;

(12)上级行政机关基于内部层级监督关系对下级行政机关作出的听取报告、执法检查、督促履责等行为;

(13)行政机关针对信访事项作出的登记、受理、交办、转送、复查、复核意见等行为;

(14)对公民、法人或者其他组织权利义务不产生实际影响的行为。

法律依据:

《行政诉讼法》第十三条、《最高人民法院关于适用〈中华人民共和国行政诉讼法〉的解释》第一条。

508. 可以作为行政诉讼的被告有哪些?

答:(1)公民、法人或者其他组织直接向人民法院提起诉讼的,作出行政行为的行政机关是被告。

(2)经复议的案件,复议机关决定维持原行政行为的,作出原行政行为的行政机关和复议机关是共同被告;复议机关改变原行政行为的,复议机关是被告。

(3)复议机关在法定期限内未作出复议决定,公民、法人或者其他组织起诉原行政行为的,作出原行政行为的行政机关是被告;起诉复议机关不作为的,复议机关是被告。

(4)两个以上行政机关作出同一行政行为的,共同作出行政行为的行政机关是共同被告。

(5)行政机关委托的组织所作的行政行为,委托的行政机关是被告。

(6)行政机关被撤销或者职权变更的,继续行使其职权的行政机关是被告。

法律依据：

《行政诉讼法》第二十六条。

509. 原告提起行政诉讼的时效是多长时间？

答：公民、法人或者其他组织不服复议决定的，可以在收到复议决定书之日起 15 日内向人民法院提起诉讼。复议机关逾期不作决定的，申请人可以在复议期满之日起 15 日内向人民法院提起诉讼。法律另有规定的除外。

公民、法人或者其他组织直接向人民法院提起诉讼的，应当自知道或者应当知道作出行政行为之日起 6 个月内提出。法律另有规定的除外。因不动产提起诉讼的案件自行政行为作出之日起超过 20 年，其他案件自行政行为作出之日起超过 5 年提起诉讼的，人民法院不予受理。

公民、法人或者其他组织申请行政机关履行保护其人身权、财产权等合法权益的法定职责，行政机关在接到申请之日起 2 个月内不履行的，公民、法人或者其他组织可以向人民法院提起诉讼。法律、法规对行政机关履行职责的期限另有规定的，从其规定。公民、法人或者其他组织在紧急情况下请求行政机关履行保护其人身权、财产权等合法权益的法定职责，行政机关不履行的，提起诉讼不受前述规定期限的限制。

法律依据：

《行政诉讼法》第四十五条、第四十六条、第四十七条。

510. 哪些行政案件适用调解？

答：人民法院审理行政案件，不适用调解。但是，行政赔偿、补偿以及行政机关行使法律、法规规定的自由裁量权的案件可以调解。

法律依据：

《行政诉讼法》第六十条。

511. 哪些行政案件适用简易程序？

答：人民法院审理下列第一审行政案件，认为事实清楚、权利义务

关系明确、争议不大的,可以适用简易程序:

(1)被诉行政行为是依法当场作出的;

(2)案件涉及款额 2000 元以下的;

(3)属于政府信息公开案件的。

发回重审、按照审判监督程序再审的案件不适用简易程序。

法律依据:

《行政诉讼法》第八十二条。

512. 行政诉讼案件审理期限为多长时间?

答:一审案件审理期限:适用普通程序审理的,人民法院应当在立案之日起 6 个月内作出第一审判决。有特殊情况需要延长的,由高级人民法院批准,高级人民法院审理第一审案件需要延长的,由最高人民法院批准;适用简易程序审理的,应当在立案之日起 45 日内审结。但公告期间、鉴定期间、调解期间、中止诉讼期间、审理当事人提出的管辖异议以及处理人民法院之间的管辖争议期间不应计算在内。

二审审理期限:人民法院审理上诉案件,应当在收到上诉状之日起 3 个月内作出终审判决。有特殊情况需要延长的,由高级人民法院批准,高级人民法院审理上诉案件需要延长的,由最高人民法院批准。

513. 当事人上诉、申请再审期限为多长时间?

答:关于上诉期限:当事人不服人民法院第一审判决的,有权在判决书送达之日起 15 日内向上一级人民法院提起上诉。当事人不服人民法院第一审裁定的,有权在裁定书送达之日起 10 日内向上一级人民法院提起上诉。

关于申请再审期限:当事人向上一级人民法院申请再审,应当在判决、裁定或者调解书发生法律效力后 6 个月内提出。有下列情形之一的,自知道或者应当知道之日起 6 个月内提出:

(1)不予立案或者驳回起诉确有错误的;

(2)有新的证据,足以推翻原判决、裁定的;

(3) 原判决、裁定认定事实的主要证据不足、未经质证或者系伪造的；

(4) 原判决、裁定适用法律、法规确有错误的；

(5) 违反法律规定的诉讼程序，可能影响公正审判的；

(6) 原判决、裁定遗漏诉讼请求的；

(7) 据以作出原判决、裁定的法律文书被撤销或者变更的；

(8) 审判人员在审理该案件时有贪污受贿、徇私舞弊、枉法裁判行为的。

514. 能够提起行政诉讼的行政协议有哪些？

答：公民、法人或者其他组织就下列行政协议提起行政诉讼的，人民法院应当依法受理：

(1) 政府特许经营协议；

(2) 土地、房屋等征收征用补偿协议；

(3) 矿业权等国有自然资源使用权出让协议；

(4) 政府投资的保障性住房的租赁、买卖等协议；

(5) 符合《最高人民法院关于审理行政协议案件若干问题的规定》第1条规定的政府与社会资本合作协议；

(6) 其他行政协议。

法律依据：

《最高人民法院关于审理行政协议案件若干问题的规定》第二条。

515. 关于行政协议的行政诉讼，被告行政机关能否提起反诉？

答：不能。根据行政诉讼被告恒定原则，行政协议被告即行政机关，其不能依据民事协议相对性原则提起反诉。

516. 行政协议诉讼能否调解？

答：可以调解。人民法院审理行政协议案件，可以依法进行调解。人民法院进行调解时，应当遵循自愿、合法原则，不得损害国家利益、社会公共利益和他人合法权益。

法律依据：

《最高人民法院关于审理行政协议案件若干问题的规定》第二十三条。

517. 行政协议诉讼原告、被告的举证责任有哪些？

答：被告对于具有法定职权、履行法定程序、履行相应法定职责以及订立、履行、变更、解除行政协议等行为的合法性承担举证责任；原告主张撤销、解除行政协议的，对撤销、解除行政协议的事由承担举证责任；对行政协议是否履行发生争议的，由负有履行义务的当事人承担举证责任。

518. 行政协议诉讼，法院是否受原告诉讼请求的限制？

答：不受限制。人民法院审理行政协议案件，应当对被告订立、履行、变更、解除行政协议的行为是否具有法定职权、是否滥用职权、适用法律法规是否正确、是否遵守法定程序、是否明显不当、是否履行相应法定职责进行全面的合法性审查，不受原告诉讼请求的限制，确保行政机关"法无授权不可为"原则的落实。

法律依据：

《最高人民法院关于审理行政协议案件若干问题的规定》第十一条。

519. 行政协议的效力包括哪些情形？

答：（1）行政协议无效的情形。行政协议存在重大且明显违法情形的，人民法院应当确认行政协议无效；人民法院可以适用民事法律规范确认行政协议无效；行政协议无效的原因在一审法庭辩论终结前消除的，人民法院可以确认行政协议有效。

（2）行政协议不生效的情形。法律、行政法规规定应当经过其他机关批准等程序后生效的行政协议，在一审法庭辩论终结前未获得批准的，人民法院应当确定该协议不发生效力。

(3) 行政协议可撤销的情形。原告认为行政协议存在胁迫、欺诈、重大误解、显失公平等情形而请求撤销,人民法院经审理认为符合法律规定的可撤销情形的,可以依法判决撤销该协议。

(4) 行政协议解除情形。原告请求解除行政协议,人民法院认为符合约定或者法定解除情形且不损害国家利益、社会公共利益和他人合法权益的,可以判决解除该协议。

520. 被告未依法履行、未按约定履行行政协议,原告如何把握充分赔偿原则?

答:(1) 被告未依法履行、未按照约定履行行政协议,人民法院可以依法判决被告继续履行,并明确继续履行的具体内容;被告无法履行或者继续履行无实际意义的,人民法院可以判决被告采取相应的补救措施;给原告造成损失的,判决被告予以赔偿。原告要求按照约定的违约金条款或者定金条款予以赔偿的,人民法院应予支持。

(2) 被告明确表示或者以自己的行为表明不履行行政协议,原告在履行期限届满之前向人民法院起诉请求其承担违约责任的,人民法院应予支持。

法律依据:

《最高人民法院关于审理行政协议案件若干问题的规定》第十九条、第二十条。

521. 被告依法单方变更、解除行政协议,给原告造成损失的,原告能否要求补偿?

答:可以。在履行行政协议过程中,可能出现严重损害国家利益、社会公共利益的情形,被告单方作出变更、解除协议的行政行为后,原告请求撤销该行为,人民法院经审理认为该行为合法的,判决驳回原告诉讼请求;给原告造成损失的,判决被告予以补偿。

法律依据:

《最高人民法院关于审理行政协议案件若干问题的规定》第十六条。

522. 被告依法行使行政职权,给行政协议的相对方造成损失的,行政相对方能否要求补偿?

答: 可以。被告或者其他行政机关因国家利益、社会公共利益的需要依法行使行政职权,导致原告不能履行、履行费用明显增加或者遭受损失,原告请求判令被告给予补偿的,人民法院应予支持。

法律依据:

《最高人民法院关于审理行政协议案件若干问题的规定》第二十一条。

刑事篇

523. 什么是虚开增值税专用发票、用于骗取出口退税、抵扣税款发票罪？单位构成犯罪应当如何处罚？

答：单位虚开增值税专用发票或者虚开用于骗取出口退税、抵扣税款的其他发票的，对单位判处罚金，并对其直接负责的主管人员和其他直接责任人员，处3年以下有期徒刑或者拘役；虚开的税款数额较大或者有其他严重情节的，处3年以上10年以下有期徒刑；虚开的税款数额巨大或者有其他特别严重情节的，处10年以上有期徒刑或者无期徒刑。

法律依据：

《刑法》第二百零五条、《最高人民检察院、公安部关于公安机关管辖的刑事案件立案追诉标准的规定（二）》第五十六条。

524. 单位让他人为自己虚开增值税普通发票，应承担什么责任？

答：单位虚开增值税专用发票或者虚开用于骗取出口退税、抵扣税款的其他发票的，对单位判处罚金，并对其直接负责的主管人员和其他直接责任人员，处3年以下有期徒刑或者拘役；虚开的税款数额较大或者有其他严重情节的，处3年以上10年以下有期徒刑；虚开的税款数额巨大或者有其他特别严重情节的，处10年以上有期徒刑或者无期徒刑。

虚开增值税专用发票或者虚开用于骗取出口退税、抵扣税款的其他发票，是指有为他人虚开、为自己虚开、让他人为自己虚开、介绍他人虚开行为之一的。

法律依据：

《刑法》第二百零五条、《最高人民检察院、公安部关于公安机关管辖的刑事案件立案追诉标准的规定（二）》第五十六条。

例：甲公司是建设开发有限公司，A在担任甲公司项目部材料经理期间，明知没有真实业务往来，以支付开票费的方式，接受 B、C 等人从乙公司等 14 家公司为甲公司虚开的增值税普通发票 161 份，涉案发票价税合计人民币 1500 余万元。

本案中，甲公司及其直接负责的主管人员 A，在没有真实业务往来的情况下，让他人为自己虚开增值税普通发票，根据《刑法》第 205 条之一的规定，其行为已构成虚开发票罪。

525. 单位伪造或出售伪造的增值税专用发票是否构成犯罪？如何处罚？

答：构成犯罪。单位伪造或者出售伪造的增值税专用发票的，对单位判处罚金，并对其直接负责的主管人员和其他直接责任人员，处 3 年以下有期徒刑、拘役或者管制；数量较大或者有其他严重情节的，处 3 年以上 10 年以下有期徒刑；数量巨大或者有其他特别严重情节的，处 10 年以上有期徒刑或者无期徒刑。

法律依据：

《刑法》第二百零六条、《最高人民检察院、公安部关于公安机关管辖的刑事案件立案追诉标准的规定(二)》第五十八条。

526. 企业采取隐瞒手段进行虚假纳税申报应承担什么责任？

答：《刑法》第 201 条规定：纳税人采取欺骗、隐瞒手段进行虚假纳税申报或者不申报，逃避缴纳税款数额较大并且占应纳税额 10% 以上的，处 3 年以下有期徒刑或者拘役，并处罚金；数额巨大并且占应纳税额 30% 以上的，处 3 年以上 7 年以下有期徒刑，并处罚金。

扣缴义务人采取前款所列手段，不缴或者少缴已扣、已收税款，数额较大的，依照前款的规定处罚。

对多次实施前两款行为，未经处理的，按照累计数额计算。

有第 1 款行为，经税务机关依法下达追缴通知后，补缴应纳税款，缴纳滞纳金，已受行政处罚的，不予追究刑事责任；但是，5 年内因逃避缴纳税款受过刑事处罚或者被税务机关给予两次以上行政处罚的除外。

法律依据：

《刑法》第二百零一条、《最高人民检察院、公安部关于公安机关管辖的刑事案件立案追诉标准的规定(二)》第五十二条。

例：刘某系甲房地产开发公司的实际控制人，2018年度，甲公司预收房款实际应税收入约为3000万元，应申报缴纳营业税、城市维护建设税共计约160万元，但甲房地产开发公司采取隐瞒手段进行虚假纳税申报，仅申报缴纳该两种税款5万元，经税务部门下达限期改正通知书后，仍拒不缴纳应缴税款。

本案中，甲房地产开发公司采取隐瞒手段进行虚假纳税申报，逃避缴纳税款数额巨大，占各税种应纳税总额30%以上，经税务机关依法下达追缴通知书后拒不补缴应纳税款，依据《刑法》第201条的规定，其行为已构成逃税罪，应对单位判处罚金，并对直接负责的主管人员刘某依法追究刑事责任。若甲房地产开发公司经税务机关依法下达追缴通知书后，补缴应纳税款，缴纳滞纳金，接受行政处罚，且5年内未因逃避缴纳税款受过刑事处罚或者被税务机关给予两次以上行政处罚的，则无须承担刑事责任。

527. 构成非法吸收公众存款罪的情形及立案标准？

答： 违反国家金融管理法律规定，向社会公众(包括单位和个人)吸收资金的行为，同时具备下列四个条件的，除《刑法》另有规定的以外，应当认定为《刑法》第176条规定的"非法吸收公众存款或者变相吸收公众存款"：①未经有关部门依法许可或者借用合法经营的形式吸收资金；②通过网络、媒体、推介会、传单、手机信息等途径向社会公开宣传；③承诺在一定期限内以货币、实物、股权等方式还本付息或者给付回报；④向社会公众即社会不特定对象吸收资金。未向社会公开宣传，在亲友或者单位内部针对特定对象吸收资金的，不属于非法吸收或者变相吸收公众存款。

单位非法吸收或者变相吸收公众存款数额在100万元以上的，对象 150 人以上的、给存款人造成直接经济损失数额在 50 万元以上的,以及非法吸收或者变相吸收公众存款数额在 50 万元以上或者给存款人造成直接经济损失数额在 25 万元以上,同时具有下列情节之一的,应当依法追究刑事责任:①曾因非法集资受过刑事追究的;②两年内曾因非法集资受过行政处罚的;③造成恶劣社会影响或者其他严重后果的。

犯罪金额以行为人所吸收的资金全额计算。在提起公诉前积极退赃退赔,减少损害结果发生的,可以从轻或者减轻处罚;在提起公诉后退赃退赔的,可以作为量刑情节酌情考虑。涉案款项主要用于正常的生产经营活动,能够在提起公诉前清退所吸收资金,可以免予刑事处罚;情节显著轻微危害不大的,不作为犯罪处理。对依法不需要追究刑事责任或者免予刑事处罚的,应当依法将案件移送有关行政机关。

法律依据:

《刑法》第一百七十六条,《最高人民检察院、公安部关于公安机关管辖的刑事案件立案追诉标准的规定(二)》第二十三条,《最高人民法院关于审理非法集资刑事案件具体应用法律若干问题的解释》第一条、第三条、第六条。

例:甲食品公司无金融许可证,为了筹集资金,以公司所经营的项目前景光明、需要周转资金为由,许以高额利息回报,向社会不特定群体吸收存款,截至 2019 年 10 月,甲食品公司通过该方法吸收公众投资达 300 万元,至案发时尚有 100 万元无力归还。

本案中,甲食品公司作为不具有吸收存款业务资格的食品公司,非法吸收公众存款,扰乱金融秩序,根据《刑法》第 176 条的规定,应当以非法吸收公众存款罪依法追究刑事责任。

528. 单位构成集资诈骗的入罪条件?

答:单位以非法占有为目的,使用诈骗方法非法集资,数额在 10 万元以上的,应当认定为"数额较大",对单位判处罚金,并对其直接负责的主管人员和其他直接责任人员,处 3 年以上 7 年以下有期徒刑,并处罚金;数额在100万元以上的(应当认定为"数额巨大")或者有其他严重情节的(数额在50万元以上,造成恶劣社会影响或者其他严重后果的),对单位判处罚金,并对其直接负责的主管人员和其他直接责任人员,处7年以上有期徒刑或者无期徒刑,并处罚金或者没收财产。

集资诈骗的数额以行为人实际骗取的数额计算,在案发前已归还的数额应予扣除。行为人为实施集资诈骗活动而支付的广告费、中介费、手续费、回扣,或者用于行贿、赠与等费用,不予扣除。行为人为实施集资诈骗活动而支付的利息,除本金未归还可予折抵本金以外,应当计入诈骗数额。

法律依据:

《刑法》第一百九十二条、《最高人民法院关于审理非法集资刑事案件具体应用法律若干问题的解释》第八条。

例:甲投资公司是由周某控制的一人公司,该公司线上运营"××投资"网络平台,借款人在网络平台注册、缴纳会费后,可发布各种招标信息,吸引投资人投资。周某陆续虚构34个借款人账户,自行发布大量虚假抵押标、宝石标等,以支付投资人约20%的年化收益率及额外奖励等为诱饵,向社会不特定公众募集资金。所募资金未进入公司账户,全部由周某个人掌控和支配,除部分用于归还投资人到期的本金及收益外,其余主要用于为周某个人购买房产、高档车辆、首饰等。据有关部门统计,周某通过该投资网络平台累计向全国100余名不特定对象非法集资共计10亿余元,除支付本金及收益回报8亿余元外,其余资金无法归还。

本案中,周某作为网络借贷信息中介机构的控制人,利用网络借贷平台发布虚假信息,非法建立资金池募集资金,所得资金大部分未用于生产经营活动,主要用于借新还旧和个人挥霍,无法归还所募资金数额巨大,应认定为具有非法占有目的,依据《刑法》第192条之规定,应当以集资诈骗罪追究刑事责任。需要注意的是,甲投资公司是由周某控制的一人公司,不具备单位意志,集资款未纳入公司财务进行核算,而是由周某一人掌控和支配,因此周某的行为不构成单位犯罪,应当按照个人犯罪定罪处罚。

529. 在签订合同过程中，哪些行为可能构成合同诈骗罪？如何处罚？

答：有下列情形之一，以非法占有为目的，在签订、履行合同过程中，骗取对方当事人财物，数额较大的（2万元以上），处3年以下有期徒刑或者拘役，并处或者单处罚金；数额巨大或者有其他严重情节的，处3年以上10年以下有期徒刑，并处罚金；数额特别巨大或者有其他特别严重情节的，处10年以上有期徒刑或者无期徒刑，并处罚金或者没收财产：①以虚构的单位或者冒用他人名义签订合同的；②以伪造、变造、作废的票据或者其他虚假的产权证明作担保的；③没有实际履行能力，以先履行小额合同或者部分履行合同的方法，诱骗对方当事人继续签订和履行合同的；④收受对方当事人给付的货物、货款、预付款或者担保财产后逃匿的；⑤以其他方法骗取对方当事人财物的。

法律依据：

《刑法》第二百二十四条、《最高人民检察院、公安部关于公安机关管辖的刑事案件立案追诉标准的规定（二）》第六十九条。

例：甲公司与乙公司签订冰箱买卖合同，合同约定，乙公司先支付30%的货款，然后甲公司发货30%，之后乙公司支付全部货款，甲公司将交付剩余货物。然而甲公司实际仅能履行30%的交付义务，在收到乙公司货款后逃匿。

本案中，甲公司没有实际履行能力，但却以先履行部分合同的方法，诱骗乙公司继续履行合同，甲公司在收到货款后逃匿的行为，可以推定甲公司具有非法占有目的，根据《刑法》第224条之规定，应认定为合同诈骗罪。

530. 单位保险诈骗罪有哪些表现形式？如何处罚？

答：单位有下列情形之一，进行保险诈骗活动，数额较大的（5万元以上），对单位判处罚金，并对其直接负责的主管人员和其他直接责任人员,处 5 年以下有期徒刑或者拘役;数额巨大或者有其他严重情节的,处 5 年以上 10 年以下有期徒刑;数额特别巨大或者有其他特别严重情节的,处 10 年以上有期徒刑:①投保人故意虚构保险标的,骗取保险金的;②投保人、被保险人或者受益人对发生的保险事故编造虚假的原因或者夸大损失的程度,骗取保险金的;③投保人、被保险人或者受益人编造未曾发生的保险事故,骗取保险金的;④投保人、被保险人故意造成财产损失的保险事故,骗取保险金的;⑤投保人、受益人故意造成被保险人死亡、伤残或者疾病,骗取保险金的。

保险事故的鉴定人、证明人、财产评估人故意提供虚假的证明文件,为他人诈骗提供条件的,以保险诈骗的共犯论处。

法律依据:

《刑法》第一百九十八条、《最高人民检察院、公安部关于公安机关管辖的刑事案件立案追诉标准的规定(二)》第五十一条。

例:甲公司系杨某、李某、王某共同出资成立,主营业务为汽车维修。3 人在经营甲公司期间,利用自有车辆、客户送修车辆及行驶证、驾驶证等相关材料,经事先通谋编造 29 起未曾发生的保险事故,先后向中国平安、太平洋保险、中国人保等保险公司骗取保险金共计人民币 8 万余元。

本案中,甲公司编造未曾发生的保险事故骗取保险金,数额较大,依据《刑法》第 198 条之规定,其行为构成保险诈骗罪,杨某、李某、王某作为甲公司直接负责的主管人员,亦应承担相应的刑事责任。

531. 单位以欺骗手段取得银行贷款、票据承兑、信用证、保函等,是否构成犯罪?

答:单位以欺骗手段取得银行或者其他金融机构贷款、票据承兑、信用证、保函等,给银行或者其他金融机构造成重大损失的(50 万元以上),对单位判处罚金,并对其直接负责的主管人员和其他直接责任人员,处 3 年以下有期徒刑或者拘役,并处或者单处罚金;给银行或者其他金融机构造成特别重大损失或者有其他特别严重情节的,处 3 年以上 7 年以下有期徒刑,并处罚金。

法律依据：

《刑法》第一百七十五条之一、《最高人民检察院、公安部关于公安机关管辖的刑事案件立案追诉标准的规定(二)》第二十二条。

例：甲公司董事长张某为了缓解甲公司的经营困难向银行申请贷款，因无法达到贷款条件，于是指使公司员工向银行提交了伪造的贷款资料，贷款到期后无力归还，造成银行损失50万元。

本案中，甲公司以欺骗手段取得银行贷款，给银行造成重大损失，依据《刑法》第175条之一的规定，其行为已构成骗取贷款罪，张某作为甲公司直接负责的主管人员，亦应承担相应的刑事责任。

532. 单位将银行贷款高利转贷他人，是否构成犯罪？

答：单位以转贷牟利为目的，套取金融机构信贷资金高利转贷他人，违法所得数额较大的(50万元以上)，对单位判处罚金，并对其直接负责的主管人员和其他直接责任人员，处3年以下有期徒刑或者拘役。

法律依据：

《刑法》第一百七十五条、《最高人民检察院、公安部关于公安机关管辖的刑事案件立案追诉标准的规定(二)》第二十一条。

例：为向邹某提供借款，甲公司以购货为由，向某银行申请贷款500万元，并提供了与供货方乙公司签订的虚假购销合同及申请资料。2018年3月，银行将500万元贷款受托支付到乙公司的银行账户后，乙公司按照甲公司的要求将该笔贷款通过银行转账的形式转给邹某。2019年3月，邹某按照其与甲公司财务人员的约定，返还甲公司500万元本金及1年期利息，甲公司收取邹某的利息与其在此期间支付的银行利息差额为人民币60万元。

本案中，甲公司以转贷牟利为目的，套取金融机构信贷资金高利转贷他人，违法所得数额较大，其行为侵犯了国家金融信贷资金管理制度，根据《刑法》第175条之规定，已构成高利转贷罪。

533. 企业擅自将外汇存放境外，是否构成犯罪？

答：公司、企业或者其他单位，违反国家规定，擅自将外汇存放境外，或者将境内的外汇非法转移到境外，数额较大的（单笔在 200 万美元以上或者累计数额在 500 万美元以上），对单位判处逃汇数额 5% 以上 30% 以下罚金，并对其直接负责的主管人员和其他直接责任人员，处 5 年以下有期徒刑或者拘役；数额巨大或者有其他严重情节的，对单位判处逃汇数额 5% 以上 30% 以下罚金，并对其直接负责的主管人员和其他直接责任人员，处 5 年以上有期徒刑。

法律依据：

《刑法》第一百九十条。

例：胡某为甲公司董事长，胡某在经营甲公司期间，为赚取人民币定期存款利息与外汇贷款资金成本之间的利差，虚构转口贸易背景，通过伪造的销售合同、货物装箱单、货物提单等材料向银行购买 1 亿美元外汇，并转至其实际控制的境外账户。

本案中，甲公司违反国家规定，虚构转口贸易，将境内的外汇非法转移到境外，数额巨大，依据《刑法》第 190 条之规定，其行为已构成逃汇罪；胡某身为甲公司直接负责的主管人员，亦应承担相应的刑事责任。

534. 哪些行为涉嫌构成非法经营罪？

答：(1) 未经许可经营法律、行政法规规定的专营、专卖物品或者其他限制买卖的物品的；

(2) 买卖进出口许可证、进出口原产地证明以及其他法律、行政法规规定的经营许可证或者批准文件的；

(3) 未经国家有关主管部门批准非法经营证券、期货、保险业务的，或者非法从事资金支付结算业务的；

(4) 其他严重扰乱市场秩序的非法经营行为。

法律依据：

《刑法》第二百二十五条、《最高人民检察院、公安部关于公安机关管辖的刑事案件立案追诉标准的规定(二)》第七十一条。

例：甲公司法定代表人张某指使公司系统工程部经理王某开发并运营网上黄金期货交易系统，客户向公司账户汇款后，便可在该公司网上交易系统获得账号和等额定金，进行无实物交割的黄金合约集中交易。甲公司在交易过程中同时充当买方和卖方，每笔交易向客户收取"网络使用费"和"仓储费"，客户在交易时可按一定比例进行放大交易。甲公司的上述黄金交易业务被中国证监会认定为非法期货交易。

本案中，甲公司在其法定代表人张某的决策和系统工程部经理王某的具体负责、操作下，未经国家有关部门批准，非法经营黄金期货业务，扰乱市场秩序，情节特别严重，依据《刑法》第225条之规定，构成非法经营罪，应当对单位判处罚金，同时应当对直接负责的主管人员张某和其他直接责任人员王某依法追究刑事责任。

535. 单位有偿提供网络删帖服务，是否构成犯罪？

答：违反国家规定，以营利为目的，通过信息网络有偿提供删除信息服务，或者明知是虚假信息，通过信息网络有偿提供发布信息等服务，扰乱市场秩序，单位非法经营数额在15万元以上，或者违法所得数额在5万元以上的，属于非法经营行为"情节严重"，依照《刑法》第225条第(四)项之规定，处5年以下有期徒刑或者拘役，并处或单处违法所得1倍以上5倍以下罚金；数额达到前述规定的数额5倍以上的，应当认定为《刑法》第225条规定的"情节特别严重"，处5年以上有期徒刑，并处违法所得1倍以上5倍以下罚金或者没收财产。

同时根据《刑法》第231条的规定，单位犯扰乱市场秩序罪，对单位判处罚金，并对其直接负责的主管人员和其他直接责任人员依照本节各该条的规定处罚。

法律依据：

《刑法》第二百二十五条和第二百三十一条、《最高人民法院、最高人民检察院关于办理利用信息网络实施诽谤等刑事案件适用法律若干问题的解释》第七条。

例：甲广告传媒公司在公司总经理陈某的领导下，在接到客户的网络删帖业务后，联系"网络水军"进行删帖，2018年至今，甲广告传媒公司通过居间提供有偿删帖服务盈利20万余元。

本案中，甲广告传媒公司违反国家规定，以营利为目的，通过信息网络有偿提供删除信息服务，情节严重，依据《刑法》第225条之规定，涉嫌构成非法经营罪，应当对其判处罚金，陈某作为直接负责的主管人员，也应当被依法追究刑事责任。

536. 行贿罪有哪些表现形式？

答：(1) 为谋取不正当利益，给予国家工作人员以财物的，是行贿罪；

(2) 在经济往来中，违反国家规定，给予国家工作人员以财物，数额较大的，或者违反国家规定，给予国家工作人员以各种名义的回扣、手续费的，以行贿论处。

法律依据：

《刑法》第三百八十九条，《最高人民法院、最高人民检察院关于办理贪污贿赂刑事案件适用法律若干问题的解释》第七条、第八条、第九条。

例：甲公司是一家家具生产公司，A是甲公司的销售部经理，为了与乙政府顺利签订价值500万元的买卖合同以拿到更多业务提成，A给予乙政府负责人现金5万元。在合同签订后，A拿到业务提成5万元。

本案中，A给予乙政府负责人5万元现金，虽然单位因此促成了一笔业务，但是A的行贿行为却不能认定为单位意志，因为A是为了给自己谋取不正当利益。根据《刑法》第389条之规定，应以行贿罪对A进行处罚。

537. 单位能否构成行贿罪？

答：单位为谋取不正当利益而行贿，或者违反国家规定，给予国家工作人员以回扣、手续费,情节严重的,对单位判处罚金,并对其直接负责的主管人员和其他直接责任人员,处 5 年以下有期徒刑或者拘役,并处罚金。因行贿取得的违法所得归个人所有的,依照《刑法》第 389 条、第 390 条的规定定罪处罚。

涉嫌下列情形之一的,应予立案:

(1)单位行贿数额在 20 万元以上的;

(2)单位为谋取不正当利益而行贿,数额在 10 万元以上不满 20 万元,但具有下列情形之一的:①为谋取非法利益而行贿的;②向 3 人以上行贿的;③向党政领导、司法工作人员、行政执法人员行贿的;④致使国家或者社会利益遭受重大损失的。

法律依据:

《刑法》第三百九十三条、《最高人民检察院关于人民检察院直接受理立案侦查案件立案标准的规定(试行)》。

538. 单位向离职的国家工作人员行贿,是否构成行贿罪?

答:单位为谋取不正当利益向离职的国家工作人员或者其近亲属以及其他与其关系密切的人行贿,数额在 20 万元以上的,对单位判处罚金,并对其直接负责的主管人员和其他直接责任人员,处 3 年以下有期徒刑或者拘役,并处罚金。

法律依据:

《刑法》第三百九十条之一、《最高人民法院、最高人民检察院关于办理贪污贿赂刑事案件适用法律若干问题的解释》第十条。

例:A 于 2008—2014 年任某边防支队司令部副参谋长,后退役,转业地方工作。甲公司是一家白糖加工厂,B 是甲公司的法定代表人,其购买涉嫌走私的白糖,需经过边防查验后放行,为顺利通过查验,B 以每月支付 2 万元"工资"、货物顺利通过检查站每吨支付 200 元"协调费"的方式,请托 A 提供检查站"过货"帮助。A 以领取工资名义收受甲公司支付的 12 万元,通过银行、微信转账方式收受"协调费"478200 元,合计 598200 元。

本案中，甲公司为了谋取不正当利益，向离职的国家工作人员 A 行贿，根据《刑法》第 390 条之一的规定，应以对有影响力的人行贿罪处罚。而且甲公司购买涉嫌走私的白糖，根据《刑法》第 155 条的规定，属于以走私罪论处的间接走私行为，应以走私罪处罚。此外，A 利用自己原职权形成的便利条件，收受甲公司的财物，为甲公司谋取不正当利益，根据《刑法》第 388 条之一的规定，应以利用影响力受贿罪处罚。

539 单位为了顺利拿到项目，应国家机关要求给付财物的，是否构成犯罪？

答：单位为谋取不正当利益，给予国家机关、国有公司、企业、事业单位、人民团体以财物的，或者在经济往来中，违反国家规定，给予各种名义的回扣、手续费的，对单位判处罚金，并对其直接负责的主管人员和其他直接责任人员，处 3 年以下有期徒刑或者拘役，并处罚金。单位为了顺利拿到项目，应国家机关要求给付财物的，不影响其构成对单位行贿罪。

法律依据：

《刑法》第三百九十一条。

例：甲公司是一家招标代理公司，在一次代理某管理局计财处招标过程中，计财处向甲公司提出给计财处 1/3 招标代理费作为办公经费的要求，甲公司经商议决定将当年项目招标代理费的 1/3 付给计财处，并在之后的两年内，以同样的方式将代理费 60 万元付给计财处。

本案中，甲公司为谋取不正当利益而给予国家机关以财物的，根据《刑法》第 391 条的规定，构成对单位行贿罪。虽然甲公司是在计财处提出要求后给付财物的，但是不影响其构成对单位行贿罪。

540. 单位能否构成"商业贿赂"犯罪？

答：单位为谋取不正当利益，给予公司、企业或者其他单位的工作人员以财物，或者为谋取不正当商业利益，给予外国公职人员或者国际公共组织官员以财物，数额较大的（20 万元以上），对单位判处罚金，并对其直接负责的主管人员和其他直接责任人员,处3年以下有期徒刑或者拘役,并处罚金;数额巨大的,对单位判处罚金,并对其直接负责的主管人员和其他直接责任人员,处3年以上10年以下有期徒刑,并处罚金。行贿人在被追诉前主动交待行贿行为的,可以减轻处罚或者免除处罚。

法律依据:

《刑法》第一百六十四条、《最高人民检察院、公安部关于公安机关管辖的刑事案件立案追诉标准的规定(二)》第十一条。

541. 企业员工利用职务便利收取回扣的行为是否构成犯罪?

答:公司、企业或者其他单位的工作人员,利用职务上的便利,索取他人财物或者非法收受他人财物,为他人谋取利益,或者在经济往来中,利用职务上的便利,违反国家规定,收受各种名义的回扣、手续费,归个人所有,数额较大的(3万元以上),处3年以下有期徒刑或者拘役,并处罚金;数额巨大或者有其他严重情节的,处3年以上10年以下有期徒刑,并处罚金;数额特别巨大或者有其他特别严重情节的,处10年以上有期徒刑或者无期徒刑,并处罚金。国有公司、企业或者其他国有单位中从事公务的人员和国有公司、企业或者其他国有单位委派到非国有公司、企业以及其他单位从事公务的人员有前述行为的,构成受贿罪。

法律依据:

《刑法》第一百六十三条、《最高人民检察院、公安部关于公安机关管辖的刑事案件立案追诉标准的规定(二)》第十条。

例:甲公司安排A购买一批办公桌椅,A经C介绍,认识了经营办公桌椅的B,B以探望A为名送给A 65000元,A遂与B签订了该项买卖合同。

本案中,A利用自己职务上的便利,收受B所送的财物,进而与B签订买卖合同,根据《刑法》第163条的规定,应以非国家工作人员受贿罪处罚。

542. 单位人员哪些行为涉嫌构成非法经营同类营业罪？

答：国有公司、企业的董事、经理利用职务便利，自己经营或者为他人经营与其所任职公司、企业同类的营业，获取非法利益，数额巨大的，处3年以下有期徒刑或者拘役，并处或者单处罚金；数额特别巨大的，处3年以上7年以下有期徒刑，并处罚金。

法律依据：

《刑法》第一百六十五条。

例：2016年，张某以其外甥女孙某某的名义，注册成立了甲公司，从事经济贸易咨询、粮油销售等业务。2018年，张某未明示其民营企业主身份，被国有公司董事会聘请组建全资子公司并被任命为总经理，实行经营目标责任制，具有对交易对手和价格的确定权，该国有子公司经营业务为粮油国际贸易。在经营过程中，张某利用其任职国有子公司而掌握的人力、物资和信息资源等优势，在市场竞争中让自己公司与所任职国有子公司交易，共获取非法利益200余万元。

本案中，张某经国有公司董事会聘任，担任国有子公司总经理，实行经营目标责任制。在经营过程中，张某利用其任职国有子公司而掌握的人力、物资和信息资源等优势，在市场竞争中让自己公司与所任职国有子公司交易，共获取非法利益200余万元，数额特别巨大，依据《刑法》第165条之规定，其行为构成非法经营同类营业罪。

543. 单位人员哪些行为涉嫌构成挪用公款罪？有何处罚？

答：国家工作人员利用职务上的便利，挪用公款归个人使用，进行非法活动，数额在3万元以上的，应当以挪用公款罪追究刑事责任，处5年以下有期徒刑或者拘役；情节严重的（①挪用公款数额在100万元以上的；②挪用救灾、抢险、防汛、优抚、扶贫、移民、救济特定款物，数额在50万元以上不满100万元的；③挪用公款不退还，数额在50万元以上不满100万元的；④其他严重的情节），处5年以上有期徒刑。挪用公款数额巨大（300万元以上）不退还的，处10年以上有期徒刑或者无期徒刑。

国家工作人员利用职务上的便利，挪用公款归个人使用，进行营利活动或者超过3个月未还，数额在5万元以上的，应当以挪用公款罪追究刑事责任，处5年以下有期徒刑或者拘役；情节严重的（①挪用公款数额在200万元以上的；②挪用救灾、抢险、防汛、优抚、扶贫、移民、救济特定款物，数额在100万元以上不满200万元的；③挪用公款不退还，数额在100万元以上不满200万元的；④其他严重的情节），处5年以上有期徒刑。挪用公款数额巨大（500万元以上）不退还的，处10年以上有期徒刑或者无期徒刑。

挪用用于救灾、抢险、防汛、优抚、扶贫、移民、救济款物归个人使用的，从重处罚。

法律依据：

《刑法》第三百八十四条、《最高人民法院、最高人民检察院关于办理贪污贿赂刑事案件适用法律若干问题的解释》第五条和第六条。

例：甲公司是一家非公股份投资有限公司，A是甲公司的理财推销员，A的朋友B是某区综合行政执法局财务科出纳，某天A得知B负责的财务科账户中有一笔100万元的公款，为了增加业务提成，便告知B，公司有一款高回报的理财产品，可以将该100万元公款用于购买该理财产品。后B为了增加收入，听从A的建议，将该100万元公款交给A用来反复购买理财产品，并将理财的利润3万元用于个人和家庭消费。

本案中，B利用其担任财务科出纳的职务便利，将存放于其负责的财务科账户中的100万元公款用于购买理财产品，属于挪用公款进行营利活动，根据《刑法》第384条的规定，应以挪用公款罪定罪处罚。另外，A在得知B负责的财务科账户中有一笔100万元公款的情况下，故意教唆B挪用公款购买理财产品以增加自己的业务提成，根据《刑法》第29条的规定，其行为属于挪用公款罪的教唆犯，并且帮助B购买理财产品进行营利活动，属于挪用公款罪的共犯。应以挪用公款罪处罚。

544. 非国家工作人员能否构成私分国有资产罪？

答：非国家工作人员不能单独构成私分国有资产罪，但非国家工作人员可以与国家工作人员构成共同犯罪。

国家机关、国有公司、企业、事业单位、人民团体，违反国家规定，以单位名义将国有资产集体私分给个人，数额较大的（累计10万元以上），对其直接负责的主管人员和其他直接责任人员，处3年以下有期徒刑或者拘役，并处或者单处罚金；数额巨大的，处3年以上7年以下有期徒刑，并处罚金。

法律依据：

《刑法》第三百九十六条和第二十五条、《最高人民检察院关于人民检察院直接受理立案侦查案件立案标准的规定（试行）》。

例：乙公司是一家国有公司，甲公司是一家个人劳务公司。乙公司领导班子集体商议，决定与甲公司达成协议，由甲公司出具虚假的劳务合同资料，证明乙公司外部聘请劳务人员需支付费用，进而通过从公司账户套取公款的方式，违规设立"小金库"。从"小金库"中支取款项共计人民币1600万元，以奖金、节日费、职工旅游费等名义，违规私分给公司员工。

本案中，乙公司违反国家规定，以国有公司单位名义将国有资产集体私分给个人，数额较大，根据《刑法》第396条之规定，应对其直接负责的主管人员和其他直接责任人员以私分国有资产罪定罪处罚。另外，甲公司为乙公司设立"小金库"提供虚假的合同资料，帮助其顺利支取款项，属于私分国有资产罪的共犯。

545. 单位人员挪用公司资金构成何种犯罪？有何处罚？

答：公司、企业或者其他单位的工作人员，利用职务上的便利，挪用本单位资金归个人使用（①将本单位资金供本人、亲友或者其他自然人使用的；②以个人名义将本单位资金供其他单位使用的；③个人决定以单位名义将本单位资金供其他单位使用，谋取个人利益的）或者借贷给他人,数额较大(5万元以上)、超过3个月未还的,或者虽未超过3个月,但数额较大、进行营利活动的(5万元以上),或者进行非法活动的(3万元以上),处3年以下有期徒刑或者拘役;挪用本单位资金数额巨大的,处3年以上7年以下有期徒刑;数额特别巨大的,处7年以上有期徒刑。

有前述行为,在提起公诉前将挪用的资金退还的,可以从轻或者减轻处罚。其中,犯罪较轻的,可以减轻或者免除处罚。

国有公司、企业或者其他国有单位中从事公务的人员和国有公司、企业或者其他国有单位委派到非国有公司、企业以及其他单位从事公务的人员有挪用资金行为的,依照《刑法》第384条规定的挪用公款罪定罪处罚。

法律依据:

《刑法》第二百七十二条、《最高人民检察院、公安部关于公安机关管辖的刑事案件立案追诉标准的规定(二)》第七十七条。

例:A在被聘为甲公司总经理期间,因在家中聚赌欠下赌债,为还赌债,先后与甲公司下属的乙公司经理B和丙公司董事长C联系,提出以丙公司的名义向乙公司借款100万元,从乙公司转出的款项归A使用,其中30万元用于归还赌债,70万元用于赌博再次输掉。

本案中,A利用自己担任甲公司总经理的便利条件,与甲公司的下属公司乙公司和丙公司商议借款并归自己使用,在借款后用于归还赌资和进行赌博。根据《刑法》第272条的规定,A将资金用于赌博属于进行非法活动,应认定其行为构成挪用资金罪。另外,B和C与A合谋,帮助其挪用单位资金,应构成挪用资金罪的共犯。

546. 单位人员私刻公司印章应承担什么刑事责任?

答: 伪造公司、企业、事业单位、人民团体的印章的,处3年以下有期徒刑、拘役、管制或者剥夺政治权利,并处罚金。

法律依据:

《刑法》第二百八十条第二款。

例：A是甲公司的总经理，同时作为隐名股东经营一家百货市场。A利用自己的总经理身份私刻甲公司合同章，并与丙公司签订了1万件某紧俏商品买卖合同，并约定3个月后付款，在丙公司交货后，A将货物放到自己经营的百货市场进行售卖。3个月后，A因市场发生变化，回款困难，无法按时向丙公司付款，丙公司持合同和发货凭证向甲公司索要货款，事情败露。

本案中，A利用甲公司总经理的身份私刻公司合同章的行为，根据《刑法》第280条的规定，属于伪造印章，应以伪造公司印章罪处罚。另外，A是甲公司的总经理，虽然其与丙公司签订买卖合同时使用的是私刻的印章，但结合A总经理的权力外观，会让丙公司对A产生合理信赖，根据《民法典》第172条的规定，该合同有效，丙公司可以向甲公司索要货款。

547. 违法占用耕地是否需要承担刑事责任？

答： 违反土地管理法规，非法占用耕地、林地等农用地，改变被占用土地用途，数量较大（非法占用基本农田5亩以上或者非法占用基本农田以外的耕地10亩以上），造成耕地、林地等农用地大量毁坏的（非法占用耕地建窑、建坟、建房、挖沙、采石、采矿、取土、堆放固体废弃物或者进行其他非农业建设，造成基本农田5亩以上或者基本农田以外的耕地10亩以上种植条件严重毁坏或者严重污染），处5年以下有期徒刑或者拘役，并处或者单处罚金。

法律依据：

《刑法》第三百四十二条、《最高人民法院关于审理破坏土地资源刑事案件具体应用法律若干问题的解释》第三条。

例：甲公司法定代表人王某与某城中村村委会主任赵某签订《承包合同》，约定由甲公司负责该村旧村改造工程。在未得到国土部门用地许可的情况下，王某、赵某即启动该村改造项目，于2005年10月开工建设，至2011年竣工，该城中村改造项目土地手续至今仍未获得审批。经当地自然资源和规划局认定：该项目占用耕地达100亩，土地复垦与整理难度极大。

本案中,王某、赵某违反土地管理法规,非法占用农用地,改变被占用土地用途,数量较大,造成农用地严重毁坏,依据《刑法》第 342 条之规定,涉嫌构成非法占用农用地罪且系共同犯罪。

548. 单位拒不执行法院的生效判决、裁定,哪些情况下构成犯罪? 有何处罚?

答:单位对人民法院的判决、裁定有能力执行而拒不执行,情节严重的,对单位判处罚金,并对其直接负责的主管人员和其他直接责任人员,处 3 年以下有期徒刑、拘役或者罚金;情节特别严重的,对单位判处罚金,并对其直接负责的主管人员和其他直接责任人员,处 3 年以上 7 年以下有期徒刑,并处罚金。

下列情形属于"有能力执行而拒不执行,情节严重":

(1)被执行人隐藏、转移、故意毁损财产或者无偿转让财产、以明显不合理的低价转让财产,致使判决、裁定无法执行的;

(2)担保人或者被执行人隐藏、转移、故意毁损或者转让已向人民法院提供担保的财产,致使判决、裁定无法执行的;

(3)协助执行义务人接到人民法院协助执行通知书后,拒不协助执行,致使判决、裁定无法执行的;

(4)被执行人、担保人、协助执行义务人与国家机关工作人员通谋,利用国家机关工作人员的职权妨害执行,致使判决、裁定无法执行的;

(5)其他有能力执行而拒不执行,情节严重的情形(①具有拒绝报告或者虚假报告财产情况、违反人民法院限制高消费及有关消费令等拒不执行行为,经采取罚款或者拘留等强制措施后仍拒不执行的;②伪造、毁灭有关被执行人履行能力的重要证据,以暴力、威胁、贿买方法阻止他人作证或者指使、贿买、胁迫他人作伪证,妨碍人民法院查明被执行人财产情况,致使判决、裁定无法执行的;③拒不交付法律文书指定交付的财物、票证或者拒不迁出房屋、退出土地,致使判决、裁定无法执行的;④与他人串通,通过虚假诉讼、虚假仲裁、虚假和解等方式妨害执行,致使判决、裁定无法执行的;⑤以暴力、威胁方法阻碍执行人员进入执行现场或者聚众哄闹、冲击执行现场,致使执行工作无法进行的;⑥对执行人员进行侮辱、围攻、扣押、殴打,致使执行工作无法进行的;⑦毁损、抢夺执行案件材料、执行公务车辆和其他执行器械、执行人员服装以及执行公务证件,致使执行工作无法进行的;⑧拒不执行法院判决、裁定,致使债权人遭受重大损失的)。

法律依据:

《刑法》第三百一十三条、《最高人民法院关于审理拒不执行判决、裁定刑事案件适用法律若干问题的解释》第二条、《全国人民代表大会常务委员会关于〈中华人民共和国刑法〉第三百一十三条的解释》。

例:在甲公司与乙公司买卖合同纠纷案中,法院判决甲公司向乙公司支付货款及违约金合计100万元,判决生效后,乙公司向法院申请强制执行,为逃避执行,甲公司与他人恶意串通,通过伪造债务、虚假和解的方式将公司资产转移,致使法院生效判决无法执行。

本案中,甲公司与他人恶意串通,通过伪造债务、虚假和解的方式妨害人民法院判决的执行,根据相关司法解释之规定,应当认定为《刑法》第313条规定的"有能力执行而拒不执行,情节严重",甲公司涉嫌构成拒不执行判决、裁定罪,应当对单位判处罚金,对其直接负责的主管人员和其他直接责任人员判处相应刑罚。

549. 单位拒不支付劳动报酬应承担什么刑事责任?

答:单位以转移财产、逃匿等方法逃避支付劳动者的劳动报酬或者有能力支付而不支付劳动者的劳动报酬,数额较大(拒不支付1名劳动者3个月以上的劳动报酬且数额在8000元以上的,拒不支付10名以上劳动者的劳动报酬且数额累计在4万元以上的),经政府有关部门责令支付仍不支付的,对单位判处罚金,并对其直接负责的主管人员和其他直接责任人员,处3年以下有期徒刑或者拘役,并处或者单处罚金;造成严重后果的,对单位判处罚金,并对其直接负责的主管人员和其他直接责任人员,处3年以上7年以下有期徒刑,并处罚金。

尚未造成严重后果,在提起公诉前支付劳动者的劳动报酬,并依法承担相应赔偿责任的,可以减轻或者免除处罚。

法律依据：

《刑法》第二百七十六条之一、《河南省高级人民法院关于我省拒不支付劳动报酬犯罪数额认定标准的规定》。

例：某劳务公司与某建筑公司签订工程施工合同，按合同约定，某劳务公司组织人员对工程进行施工建设，某建筑公司支付工程款。截至2020年11月，某建筑公司按合同约定支付某劳务公司1亿元工程款，但某劳务公司未按约定支付施工人员工资，拖欠213名工人工资共计人民币688万余元。同年12月24日，某市人力资源和社会保障局向某劳务公司下达期限改正指令书，责令某劳务公司足额支付拖欠的工资，但某劳务公司在期限届满后仍拒不支付。

本案中，某劳务公司未按照约定支付施工人员工资，并且在人力资源和社会保障局下达期限改正指令书后依旧拒不支付，根据《刑法》第276条之一的规定，应当按照拒不支付劳动报酬罪定罪处罚。

550. 生产、销售伪劣产品罪的定罪量刑标准是什么？

答：生产者、销售者在产品中掺杂、掺假，以假充真，以次充好或者以不合格产品冒充合格产品，销售金额5万元以上不满20万元的，处2年以下有期徒刑或者拘役，并处或者单处销售金额50%以上2倍以下罚金；销售金额20万元以上不满50万元的，处2年以上7年以下有期徒刑，并处销售金额50%以上2倍以下罚金；销售金额50万元以上不满200万元的，处7年以上有期徒刑，并处销售金额50%以上2倍以下罚金；销售金额200万元以上的，处15年有期徒刑或者无期徒刑，并处销售金额50%以上2倍以下罚金或者没收财产。

法律依据：
《刑法》第一百四十条。

551. 在生产、销售的食品中掺入有毒、有害的非食品原料，应当如何处罚？

答：在生产、销售的食品中掺入有毒、有害的非食品原料的，或者销售明知掺有有毒、有害的非食品原料(①法律、法规禁止在食品生产经营活动中添加、使用的物质;②国务院有关部门公布的《食品中可能违法添加的非食用物质名单》《保健食品中可能非法添加的物质名单》中所列物质;③国务院有关部门公告禁止使用的农药、兽药以及其他有毒、有害物质;④其他危害人体健康的物质)的食品的,处5年以下有期徒刑,并处罚金;对人体健康造成严重危害或者有其他严重情节的,处5年以上10年以下有期徒刑,并处罚金;致人死亡或者有其他特别严重情节的,依照《刑法》第141条的规定处罚。

法律依据:

《刑法》第一百四十四条、《最高人民检察院、公安部关于公安机关管辖的刑事案件立案追诉标准的规定(一)的补充规定》第四条。

例:徐某使用工业松香加热的方式对生猪头进行脱毛,并将加工后的猪头分离出猪头肉、猪耳朵、猪舌头、肥肉等销售给当地菜市场内的熟食店,销售金额达61万余元。经鉴定,徐某使用的工业松香属食品添加剂外的化学物质,内含重金属铅,经反复高温使用后,铅等重金属含量升高,长期食用工业松香脱毛的禽畜类肉可能会对人体造成伤害。

本案中,徐某在生产、销售的食品中掺入有毒、有害的非食品原料,依据《刑法》第144条之规定,应当依据生产、销售有毒、有害食品罪定罪处罚。

552. 单位人员在生产、作业中违反有关安全管理的规定,有什么刑事风险?

答:在生产、作业中违反有关安全管理的规定,因而发生重大伤亡事故或者造成其他严重后果的(①造成死亡1人以上,或者重伤3人以上的;②造成直接经济损失100万元以上的;③其他造成严重后果或者重大安全事故的情形),处3年以下有期徒刑或者拘役;情节特别恶劣的,处3年以上7年以下有期徒刑。

法律依据:

《刑法》第一百三十四条第一款、《最高人民法院、最高人民检察院关于办理危害生产安全刑事案件适用法律若干问题的解释》第六条。

例：某建筑公司在某项目的施工过程中，未按规定采取放坡开挖或者侧壁支护防护措施，开挖坡率不满足沟槽稳定要求，边坡承重力过大，土层失稳发生坍塌，导致4名工人被埋身亡。该公司副总经理张某负责该公司全面工作，事故发生后，经事故调查组认定，张某督促、检查本单位的安全生产工作不到位，未及时消除生产安全事故隐患，对事故的发生负有领导责任，根据《刑法》第134条第1款之规定，应当按照重大责任事故罪对张某定罪处罚。

553. 企业串通招投标应承担什么刑事责任？

答：投标人相互串通投标报价，损害招标人或者其他投标人利益，情节严重的（①损害招标人、投标人或者国家、集体、公民的合法利益，造成直接经济损失数额在50万元以上的；②违法所得数额在20万元以上的；③中标项目金额在400万元以上的；④采取威胁、欺骗或者贿赂等非法手段的；⑤虽未达到上述数额标准，但两年内因串通投标受过两次以上行政处罚，又串通投标的；⑥其他情节严重的情形），处3年以下有期徒刑或者拘役，并处或者单处罚金。

投标人与招标人串通投标，损害国家、集体、公民的合法利益的，依照前述规定处罚。

单位犯以上规定之罪的，对单位判处罚金，并对其直接负责的主管人员和其他直接责任人员，依照前述规定处罚。

法律依据：

《刑法》第二百二十三条和第二百三十一条、《最高人民检察院、公安部关于公安机关管辖的刑事案件立案追诉标准的规定（二）》第六十八条。

例1：乙公司拟对办公楼建设招标，该项目金额5000万元，甲公司是一家投标的建筑公司，与另一投标公司丁公司商议，同等情况下报价高于自己30%，最后让自己成功中标，并使得另一本应中标的丙公司无缘中标。

本案中,甲公司作为投标人与丁公司串通投标报价,损害了另一投标公司丙公司的利益,根据相关司法解释的规定,甲、丁公司串通招投标项目金额 5000 万元,已达立案追诉标准,应以串通投标罪处罚。

例 2：甲县高标准农田建设项目招标过程中,甲公司找到 3 家公司对该项目进行投标,并在投标前同甲县农村农业局负责该项目招标的 A 和 B 取得联系,要求 A 和 B 在制作招标文件过程中增减报名资格以对自己公司有利,A 和 B 按照甲公司的要求制作了招标文件,后甲公司中标,标的额 500 万元。

本案中,甲公司作为投标人与招标人 A 和 B 串通投标,侵犯自由交易和公平竞争的市场秩序,情节严重,根据《刑法》第 223 条第 2 款的规定,其行为已构成串通投标罪。

554. 企业假冒注册商标并销售的应承担什么责任?

答： 未经注册商标所有人许可,在同一种商品、服务上使用与其注册商标相同的商标,情节严重的(①非法经营数额在 5 万元以上或者违法所得数额在 3 万元以上的;②假冒两种以上注册商标,非法经营数额在 3 万元以上或者违法所得数额在 2 万元以上的;③其他情节严重的情形),处 3 年以下有期徒刑,并处或者单处罚金;情节特别严重的,处 3 年以上 10 年以下有期徒刑,并处罚金。

销售明知是假冒注册商标的商品,违法所得数额较大或者有其他严重情节的,处 3 年以下有期徒刑,并处或者单处罚金;违法所得数额巨大或者有其他特别严重情节的,处 3 年以上 10 年以下有期徒刑,并处罚金。

单位犯以上规定之罪的,对单位判处罚金,并对其直接负责的主管人员和其他直接责任人员,依照各该条的规定处罚。

法律依据：

《刑法》第二百一十三条、第二百一十四条、第二百二十条,《最高人民法院、最高人民检察院关于办理侵犯知识产权刑事案件具体应用法律若干问题的解释》第一条。

例：甲公司是一家食品生产公司，在经营过程中，雇佣工厂生产假冒丙公司"某花"牌饼干1万件，价值人民币960万元，并公开进行销售。

本案中，甲公司未经注册商标所有人许可，在生产的饼干上使用"某花"商标，构成假冒注册商标罪，甲公司公开销售假冒的"某花"饼干，构成销售假冒注册商标的商品罪。但是销售行为是生产行为之后必定会发生的行为，故属于不可罚的事后行为。综上所述，根据《刑法》第213条的规定，应以假冒注册商标罪对甲公司定罪处罚。

555. 单位构成逃避商检罪的刑事责任是什么？

答：单位违反进出口商品检验法的规定，逃避商品检验，将必须经商检机构检验的进口商品未报经检验而擅自销售、使用，或者将必须经商检机构检验的出口商品未报经检验合格而擅自出口，情节严重的（①给国家、单位或者个人造成直接经济损失数额在50万元以上的；②逃避商检的进出口货物货值金额在300万元以上的；③导致病疫流行、灾害事故的；④多次逃避商检的；⑤引起国际经济贸易纠纷，严重影响国家对外贸易关系，或者严重损害国家声誉的；⑥其他情节严重的情形），对单位判处罚金，并对其直接负责的主管人员和其他直接责任人员，处3年以下有期徒刑或者拘役，并处或者单处罚金。

法律依据：

《刑法》第二百三十条和第二百三十一条、《最高人民检察院、公安部关于公安机关管辖的刑事案件立案追诉标准的规定（二）》第七十五条。

556. 单位将境外废物走私入境，应当如何处罚？

答：单位逃避海关监管将境外固体废物、液态废物和气态废物运输进境，情节严重的（①走私国家禁止进口的危险性固体废物、液态废物分别或者合计达到1吨以上不满5吨的；②走私国家禁止进口的非危险性固体废物、液态废物分别或者合计达到5吨以上不满25吨的；③走私国家限制进口的可用作原料的固体废物、液态废物分别或者合计达到20

吨以上不满 100 吨的;④未达到上述数量标准,但属于犯罪集团的首要分子,使用特种车辆从事走私活动,或者造成环境严重污染等情形的),对单位判处罚金,并对其直接负责的主管人员和其他直接责任人员,处 5 年以下有期徒刑,并处或者单处罚金;情节特别严重的,对单位判处罚金,并对其直接负责的主管人员和其他直接责任人员,处 5 年以上有期徒刑,并处罚金。

法律依据:

《刑法》第一百五十二条第二款和第三款、《最高人民法院、最高人民检察院关于办理走私刑事案件适用法律若干问题的解释》第十四条。

例:2019 年 3 月,乙公司从南非外商处联系一批锰矿物料和锰冶金产物(包括冶金渣)的混合物,为了逃避海关监管,在明知该批货物成分复杂,并非天然锰矿的情况下,仍与甲公司签订以锰矿为品名的采购协议,甲公司总经理李某亦在明知该批货物成分复杂,并非天然锰矿的情况下,以锰矿为品名向海关申报通关进口该批货物,经鉴定,该批 5000 余吨货物属于目前我国禁止进口的固体废物。

本案中,乙公司为了牟取非法利益,逃避海关监管,伪报品名,将 5000 余吨国家禁止进口的固体废物运输进境销售;甲公司为了牟取非法利益,亦逃避海关监管,伪报品名,购买上述 5000 余吨国家禁止进口的固体废物并向海关申报通关进境,乙公司和甲公司的行为均构成走私废物罪,李某作为甲公司直接负责的主管人员亦应承担相应的刑事责任。

557. 企业将在工作中获取的公民个人信息进行出售的,应承担什么责任?

答:单位违反国家有关规定,向他人出售或者提供公民个人信息、窃取或者以其他方法非法获取公民个人信息,情节严重的,对单位判处罚金,并对其直接负责的主管人员和其他直接责任人员,处 3 年以下有期徒刑或者拘役,并处或者单处罚金;情节特别严重的,对单位判处罚金,并对其直接负责的主管人员和其他直接责任人员,处 3 年以上 7 年以下有期徒刑,并处罚金。违反国家有关规定,将在履行职责或者提供服务过程中获得的公民个人信息,出售或者提供给他人的,依照前述规定从重处罚。

法律依据:

《刑法》第二百五十三条之一。

例:某公司技术员甲和乙违反公司规定,将工作中接触到的客户姓名、身份证号码、电话等个人信息私自以 0.5 元每条的价格出售给他人,共获利 40 万元。

本案中,甲、乙违反国家相关规定,将在履行职责的过程中获得的公民个人信息出售给他人,依据《最高人民法院、最高人民检察院关于办理侵犯公民个人信息刑事案件适用法律若干问题的解释》第 5 条之规定,属于《刑法》第 253 条之一规定的情节特别严重,应按照侵犯公民个人信息罪追究其刑事责任。

558. 侵犯商业秘密罪的情形有哪些?

答:侵犯商业秘密的情形有:①以盗窃、贿赂、欺诈、胁迫、电子侵入或者其他不正当手段获取权利人(商业秘密的所有人和经商业秘密所有人许可的商业秘密使用人)的商业秘密的;②披露、使用或者允许他人使用以前项手段获取的权利人的商业秘密的;③违反保密义务或者违反权利人有关保守商业秘密的要求,披露、使用或者允许他人使用其所掌握的商业秘密的。明知前述所列行为,获取、披露、使用或者允许他人使用该商业秘密的,以侵犯商业秘密论。

法律依据:

《刑法》第二百一十九条。

例:张某系甲公司研发部经理,其违反与甲公司签订的保守商业秘密协议,在离职时利用自己的工作权限进入甲公司服务器,下载了甲公司采取了保密措施的源代码,张某辞职后利用此源代码开发出新的软件。经鉴定,张某下载的源代码属于商业秘密。

根据《反不正当竞争法》的规定,所谓商业秘密,是指不为公众所知悉、具有商业价值并经权利人采取相应保密措施的技术信息、经营信息等商业信息。本案中，张某利用自己在工作中掌握的源代码，在离职后利用该源代码开发新软件，根据《刑法》第219条之规定，其行为应当以侵犯商业秘密罪定罪处罚。

559. 非法侵入计算机信息系统的相关罪名包括哪些？刑事责任是什么？

答：根据《刑法》第285条的规定，非法侵入计算机信息系统的相关罪名包括以下三种：

非法侵入计算机信息系统罪。违反国家规定，侵入国家事务、国防建设、尖端科学技术领域的计算机信息系统的，处3年以下有期徒刑或者拘役。

非法获取计算机信息系统数据、非法控制计算机信息系统罪。违反国家规定，侵入前款规定以外的计算机信息系统或者采用其他技术手段，获取该计算机信息系统中存储、处理或者传输的数据，或者对该计算机信息系统实施非法控制，情节严重的，处3年以下有期徒刑或者拘役，并处或者单处罚金；情节特别严重的，处3年以上7年以下有期徒刑，并处罚金。

提供侵入、非法控制计算机信息系统程序、工具罪。提供专门用于侵入、非法控制计算机信息系统的程序、工具，或者明知他人实施侵入、非法控制计算机信息系统的违法犯罪行为而为其提供程序、工具，情节严重的，依照前款的规定处罚。

单位犯前三款罪的，对单位判处罚金，并对其直接负责的主管人员和其他直接责任人员，依照各该款的规定处罚。

法律依据：

《刑法》第二百八十五条、《最高人民法院、最高人民检察院关于办理危害计算机信息系统安全刑事案件应用法律若干问题的解释》第一条至第三条。

例：甲公司是大型网络公司，A是甲公司运营规划管理部员工，A拥有登录甲公司内部管理开发系统的账号、密码、Token 令牌(计算机身份认证令牌),具有查看工作范围内相关数据信息的权限。但甲公司禁止员工私自在内部管理开发系统查看、下载非工作范围内的电子数据信息。A 向乙公司提供自己所掌握的账号、密码、Token 令牌,乙公司利用这些权限违反规定多次在异地登录甲公司内部管理开发系统,查看、下载该系统中储存的电子数据,后乙公司将这些数据通过互联网出售,获利 37000 元。

本案中,A 将自己因工作需要掌握的公司内部管理开发系统账号、密码、Token 令牌提供给乙公司,乙公司登录甲公司内部管理开发系统获取数据,虽不属于通过技术手段侵入计算机信息系统,但内外勾结擅自登录公司内部管理开发系统下载数据,明显超出正常授权范围。超出授权范围使用账号、密码、Token 令牌登录系统,也属于侵入计算机信息系统的行为,违反了《计算机信息系统安全保护条例》第 7 条、《计算机信息网络国际联网安全保护管理办法》第 6 条第(一)项等规定,实施了非法侵入并下载获取计算机信息系统中存储的数据的行为,根据《刑法》第 285 条第 2 款的规定,A 和乙公司构成非法获取计算机信息系统数据罪。并且按照《最高人民法院、最高人民检察院关于办理危害计算机信息系统安全刑事案件应用法律若干问题的解释》的规定,违法所得 25000 元以上的,应当认定为"情节特别严重",处 3 年以上 7 年以下有期徒刑,并处罚金。

560. 企业未经国家有关主管部门批准,擅自发行债券需要承担什么责任?

答:单位未经国家有关主管部门批准,擅自发行股票或者公司、企业债券,数额巨大、后果严重或者有其他严重情节的,对单位判处罚金,并对其直接负责的主管人员和其他直接责任人员,处 5 年以下有期徒刑或者拘役。

法律依据:

《刑法》第一百七十九条。

例:2018年3月至7月,甲公司在未经国家有关主管部门批准的情况下,由负责人A和B通过组织听课等途径推销"TAL公司无记名债券",宣称该无记名债券一份6000美元,期限52周,每周返还2%的利息,债券到期以后,客户的本金可以转换成TAL公司或者子公司中已经上市的公司的股票,另根据认购本金返还2~4倍的股票,股票上市以后可以流通变现,以此向C等27名投资人进行非法集资,集资数额人民币100余万元。2019年2月公司关闭。2019年5月29日,A电话通知B,要求B通知上述27名投资人办理"股票对接手续"。2019年5月29日至30日,C等27名投资人每人向B交纳"手续费"1000元后办理了"股票对接手续"。

本案中,甲公司未经国家有关部门批准,擅自发行股票、公司债券,数额巨大,根据《刑法》第179条的规定,其行为已构成擅自发行股票、公司债券罪,应对甲公司判处罚金,并对直接负责的A和B判处5年以下有期徒刑或者拘役。

561. 欺诈发行证券需要承担什么刑事责任?

答:《刑法》第160条规定,在招股说明书、认股书、公司、企业债券募集办法等发行文件中隐瞒重要事实或者编造重大虚假内容,发行股票或者公司、企业债券、存托凭证或者国务院依法认定的其他证券,数额巨大、后果严重或者有其他严重情节的,处5年以下有期徒刑或者拘役,并处或者单处罚金;数额特别巨大、后果特别严重或者有其他特别严重情节的,处5年以上有期徒刑,并处罚金。

控股股东、实际控制人组织、指使实施前款行为的,处5年以下有期徒刑或者拘役,并处或者单处非法募集资金金额20%以上1倍以下罚金;数额特别巨大、后果特别严重或者有其他特别严重情节的,处5年以上有期徒刑,并处非法募集资金金额20%以上1倍以下罚金。

单位犯前两款罪的,对单位判处非法募集资金金额20%以上1倍以下罚金,并对其直接负责的主管人员和其他直接责任人员,依照第1款的规定处罚。

实施上述行为,涉嫌下列情形之一的,应予立案追诉:①非法募集金金额在 1000 万元以上的;②虚增或者虚减资产达到当期资产总额 30%以上的;③虚增或者虚减营业收入达到当期营业收入总额 30%以上的;④虚增或者虚减利润达到当期利润总额 30%以上的;⑤隐瞒或者编造的重大诉讼、仲裁、担保、关联交易或者其他重大事项所涉及的数额或者连续 12 个月的累计数额达到最近一期披露的净资产 50%以上的;⑥造成投资者直接经济损失数额累计在 100 万元以上的;⑦为欺诈发行证券而伪造、变造国家机关公文、有效证明文件或者相关凭证、单据的;⑧为欺诈发行证券向负有金融监督管理职责的单位或者人员行贿的;⑨募集的资金全部或者主要用于违法犯罪活动的;⑩其他后果严重或者有其他严重情节的情形。

法律依据:

《刑法》第一百六十条、《最高人民检察院、公安部关于公安机关管辖的刑事案件立案追诉标准的规定(二)》第五条。

例:2016 年下半年,甲公司资金紧张、经营困难,董事长卢某为达到发行私募债券融资的目的,在明知公司财务数据无法达到发行标准的情况下,通过制作虚假财务凭证,虚增营业收入 5.1 亿余元、资本公积金 6500 余万元,并隐瞒对外负债 2000 余万元。2017 年 1 月,甲公司通过某证券公司出具了私募债券募集说明书,非公开发行两年期私募债券。2019 年 7 月债券到期后,甲公司无力支付上述债券本息,造成投资人重大经济损失。

本案中,甲公司及其董事长卢某在企业债券募集办法中,隐瞒重要事实、编造重大虚假内容,发行企业债券,数额巨大,后果严重,依据《刑法》第 160 条之规定,已构成欺诈发行债券罪,应依法追究刑事责任。

562. 什么是操控证券、期货市场罪?

答: 操纵证券、期货市场情形有:①单独或者合谋,集中资金优势、持股或者持仓优势或者利用信息优势联合或者连续买卖的;②与他人串通,以事先约定的时间、价格和方式相互进行证券、期货交易的;③在自己实际控制的账户之间进行证券交易,或者以自己为交易对象,自买自卖期货合约的;④不以成交为目的,频繁或者大量申报买入、卖出证券、期货合约并撤销申报的;⑤利用虚假或者不确定的重大信息,诱导投资者进行证券、期货交易的;⑥对证券、证券发行人、期货交易标的公开作出评价、预测或者投资建议,同时进行反向证券交易或者相关期货交易的;⑦以其他方法操纵证券、期货市场的。

法律依据:

《刑法》第一百八十二条。

例:朱某在任某证券公司营业部证券经纪人期间,先后多次在其担任特邀嘉宾的《股市评论》电视节目播出前,使用实际控制的3个证券账户买入多只股票,于当日或次日在节目播出过程中,以特邀嘉宾身份对其先期买入的股票进行公开评价、预测及推介,并于节目首播后1~2个交易日抛售相关股票,人为地影响前述股票的交易量和交易价格,获取利益。经查,其买入股票交易金额共计人民币2000余万元,卖出股票交易金额共计人民币2200余万元,非法获利200余万元。

本案中,朱某作为某证券公司工作人员,违反规定买卖或者持有相关证券后,对该证券作出公开评价、预测或者提出投资建议,通过预期的市场波动反向操作,谋取利益,构成"抢帽子"交易操纵行为,依据《刑法》第182条之规定,应以操纵证券市场罪追究刑事责任。此外,需要注意的是,不仅个人可以构成操纵证券、期货市场罪,单位也可构成本罪,单位犯罪的,除对单位判处罚金外,直接负责的主管人员和其他直接责任人员,亦应承担相应的刑事责任。

563. 什么是内幕交易、泄露内幕信息罪?单位构成该罪的如何处罚?

答: 内幕交易、泄露内幕信息是指证券、期货交易内幕信息的知情人员或者非法获取证券、期货交易内幕信息的人员,在涉及证券的发行,证券、期货交易或者其他对证券、期货交易价格有重大影响的信息尚未公开前,买入或者卖出该证券,或者从事与该内幕信息有关的期货交易,或者泄露该信息,或者明示、暗示他人从事上述交易活动,情节严重的行为(获利或者避免损失数额在50万元以上的;证券交易成交额在200万元以上的;期货交易占用保证金数额在100万元以上的;2年内3次以上实施内幕交易、泄露内幕信息行为的;明示、暗示3人以上从事与内幕信息相关的证券、期货交易活动的;具有其他严重情节的)。

单位犯该罪的,对单位判处罚金,并对其直接负责的主管人员和其他直接责任人员,处5年以下有期徒刑或者拘役。

法律依据:

《刑法》第一百八十条第一款、《最高人民检察院、公安部关于公安机关管辖的刑事案件立案追诉标准的规定(二)》第三十条。

例:上市公司甲公司拟收购乙公司的全部项目,甲公司实际控制人、董事王某是此次收购的主导者,在该收购信息公开之前,王某指使他人购入甲公司股票累计2000万余股,成交额达1.4亿余元,至公告日时,王某控制的股票账户账面收益额为3000万余元。

本案中,王某作为上市公司的实际控制人、董事,是相关收购的主导者,属于《证券法》第51条列举的法定内幕信息知情人。王某在对甲公司股票交易价格有重大影响的信息尚未公开前,大量买入甲公司股票,依据《刑法》第180条第1款之规定,应当按照内幕交易、泄露内幕信息罪定罪处罚。此外,针对投资者受到的损失,王某还可能承担相应的民事赔偿责任。

564. 企业犯违规披露、不披露重要信息罪应如何处罚?

答: 依法负有信息披露义务的公司、企业向股东和社会公众提供虚假的或者隐瞒重要事实的财务会计报告,或者对依法应当披露的其他重要信息不按照规定披露,严重损害股东或者其他人利益,或者有其他严重情节的,对单位判处罚金,对其直接负责的主管人员和其他直接责任人员处5年以下有期徒刑或者拘役,并处或者单处罚金;情节特别严重的,对单位判处罚金,对其直接负责的主管人员和其他直接责任人员处5年以上10年以下有期徒刑,并处罚金。

法律依据:

《刑法》第一百六十一条。

例：甲公司是一家上市的股份投资有限公司，乙公司为甲公司的控股股东。在甲公司并购重组过程中，有关人员作出了业绩承诺，在业绩不达标时需向甲公司支付股改业绩承诺款。2018年4月，A、B、C等人采取循环转账等方式虚构乙公司已代全体股改义务人支付股改业绩承诺款3.84亿余元的事实，在甲公司临时报告、半年报中进行披露。为掩盖以上虚假事实，A、B、C等人采取将1000万元资金循环转账等方式，虚构用股改业绩承诺款购买37张面额共计3.47亿元银行承兑汇票的事实，在甲公司2018年的年报中进行披露。

本案中，甲公司依法负有信息披露义务。甲公司在2018年向股东和社会公众提供虚假的或者隐瞒主要事实的财务会计报告，对依法应当披露的其他重要信息不按照规定披露，严重损害股东以及其他人员的利益，情节严重，根据《刑法》第161条的规定，构成违规披露、不披露重要信息罪。

565. 虚报注册资本是否构成犯罪？

答：申请公司登记使用虚假证明文件或者采取其他欺诈手段虚报注册资本，欺骗公司登记主管部门，取得公司登记，虚报注册资本数额巨大、后果严重或者有其他严重情节的，处3年以下有期徒刑或者拘役，并处或者单处虚报注册资本金额1%以上5%以下罚金。单位犯该罪的，对单位判处罚金，并对其直接负责的主管人员和其他直接责任人员，处3年以下有期徒刑或者拘役。

与虚假出资、抽逃出资罪一样，虚报注册资本罪只适用于依法实行注册资本实缴登记制的公司。

法律依据：

《刑法》第一百五十八条、《全国人民代表大会常务委员会关于〈中华人民共和国刑法〉第一百五十八条、第一百五十九条的解释》。

例：A欲设立一家融资性担保公司甲公司，委托乙公司垫付注册资本并办理公司设立登记事宜。乙公司前往银行开具甲公司验资账户，将筹集的资金 500 万元注入该验资账户。在取得验资报告后，乙公司将验资账户内的资金转入 A 的个人账户，再转入乙公司的账户，后甲公司顺利登记并取得营业执照。

根据国务院《注册资本登记制度改革方案》之规定，融资性担保公司属于暂不实行注册资本认缴登记制的行业。本案中，A 委托作为中介机构的乙公司代办公司登记，约定由乙公司代为垫付资金，资金由乙公司实际控制，并在取得验资报告后将注册资本取出，其行为应认定为采取欺诈手段虚报注册资本，根据《刑法》第 158 条的规定，应以虚报注册资本罪处罚。

566. 虚假出资、抽逃出资是否构成刑事犯罪？

答： 公司发起人、股东违反公司法以及其他法律、行政法规或者国务院决定有关仍实行注册资本实缴登记制的规定未交付货币、实物或者未转移财产权，虚假出资，或者在公司成立后又抽逃其出资，数额巨大、后果严重或者有其他严重情节的，处 5 年以下有期徒刑或者拘役，并处或者单处虚假出资金额或者抽逃出资金额 2% 以上 10% 以下罚金。单位犯前述罪的，对单位判处罚金，并对其直接负责的主管人员和其他直接责任人员，处 5 年以下有期徒刑或者拘役。

需要注意的是，实行注册资本实缴登记制的银行业金融机构、证券公司、期货公司、基金管理公司、保险公司、保险专业代理机构和保险经纪人、直销企业、对外劳务合作企业、融资性担保公司、募集设立的股份有限公司，以及劳务派遣企业、典当行、保险资产管理公司、小额贷款公司，另行研究决定。在法律、行政法规以及国务院决定未修改前，暂按现行规定执行。

法律依据：

《刑法》第一百五十九条、《注册资本登记制度改革方案》。

例：2018 年 3 月，杨某通过向他人借款、向银行贷款等方式筹集人民币 1.5 亿元用于××小额贷款有限公司（甲公司）的注册验资。甲公司成立后，在 2018 年 4 月至 5 月期间，杨某作为甲公司股东、实际控制人，通过自然人、关联企业虚假借款的方式将上述出资人民币1.5亿元予以抽逃并全部用于归还验资借款。

根据国务院《注册资本登记制度改革方案》之规定,小额贷款公司属于暂不实行注册资本认缴登记制的行业。本案中,杨某身为注册资本实缴登记制公司的股东及实际控制人,违反公司法的规定,在公司成立后抽逃出资,数额巨大,根据《刑法》第159条之规定,其行为已构成抽逃出资罪。

567. 企业虚构债务申请破产清算,应承担什么责任?

答:公司、企业通过隐匿财产、承担虚构的债务或者以其他方法转移、处分财产,实施虚假破产,严重损害债权人或者其他人利益的,对其直接负责的主管人员和其他直接责任人员,处5年以下有期徒刑或者拘役,并处或者单处2万元以上20万元以下罚金。

实施上述行为,涉嫌下列情形之一的,应予立案追诉:①隐匿财产价值在50万元以上的;②承担虚构的债务涉及金额在50万元以上的;③以其他方法转移、处分财产价值在50万元以上的;④造成债权人或者其他人直接经济损失数额累计在10万元以上的;⑤虽未达到上述数额标准,但应清偿的职工的工资、社会保险费用和法定补偿金得不到及时清偿,造成恶劣社会影响的;⑥其他严重损害债权人或者其他人利益的情形。

法律依据:

《刑法》第一百六十二条之二、《最高人民检察院、公安部关于公安机关管辖的刑事案件立案追诉标准的规定(二)》第九条。

例:孙某是甲公司的法定代表人及实际管理人,在其经营管理甲公司期间,甲公司在与徐某的借贷纠纷中败诉,法院判令甲公司向徐某支付人民币1.7亿元及利息。为逃避债务,孙某虚构数千万元的甲公司债务后,以甲公司无力清偿到期债务为由,向法院申请破产清算,法院依法裁定受理了甲公司的破产申请。因甲公司债权人徐某等人提出异议,法院在开庭听证并召开债权人会议后,作出裁定驳回甲公司的破产申请,并在驳回裁定书中认定甲公司存在虚增债务的事实。

本案中,甲公司企图通过虚构数千万元的债务,实施虚假破产,该行为严重损害既有债权人的利益,被告人孙某作为甲公司的法定代表人及实际管理人,是甲公司实施虚假破产的直接责任人,依据《刑法》第162条之二的规定,孙某的行为构成虚假破产罪。但甲公司在实施虚假破产行为时,因法院审查发现其虚构债务后驳回其破产申请,而未能得逞,故孙某系犯罪未遂,可以依法从轻或者减轻处罚。

568. 企业在实施污染环境行为后积极采取了补救措施,能否从宽处理?

答:符合条件的可以从宽处理。行为人认罪认罚,积极修复生态环境,有效合规整改的,可以从宽处罚;犯罪情节轻微的,可以不起诉或者免予刑事处罚;情节显著轻微危害不大的,不作为犯罪处理。

法律依据:

《最高人民法院、最高人民检察院关于办理环境污染刑事案件适用法律若干问题的解释》第六条。

例:甲公司于2010年注册登记,尹某为公司实际经营人,负责公司的全面业务。2015年8月,该公司在疏通管道的过程中损坏了排污管及隔离墙,随后对排污管及隔离墙进行了修复,但修复工作不到位造成污水渗漏。2015年9月17日,某市环保局执法人员到该公司喷涂车间执法时,发现途经检查井的运输废水管道存在渗漏现象,渗漏废水直接流入市政管道,后在该处和车间采取样品作进一步检测。经该市环境检测中心站监测,该处铬含量为9.21毫克每升,车间铬含量为4.56毫克每升。

本案中,甲公司违反国家规定,排放有毒物质,严重污染环境,尹某作为甲公司的实际经营者和直接负责的主管人员,其行为已构成污染环境罪。鉴于甲公司污水渗漏的时间较短,含铬废水的排污量较少,没有对周边居民的生产生活造成较大的影响,犯罪情节轻微,且在事发后积极缴纳罚款,有效采取整改措施,对污水的处理工艺和配方进行了调整,防止进一步造成环境污染,得到了环境保护主管部门的认可,依法可对甲公司及尹某免予刑事处罚。

569. 单位犯污染环境罪应当如何处罚?

答:违反国家规定,排放、倾倒或者处置有放射性的废物、含传染病病原体的废物、有毒物质或者其他有害物质,严重污染环境的,处 3 年以下有期徒刑或者拘役,并处或者单处罚金;情节严重的,处 3 年以上 7 年以下有期徒刑,并处罚金;有下列情形之一的,处 7 年以上有期徒刑,并处罚金:①在饮用水水源保护区、自然保护地核心保护区等依法确定的重点保护区域排放、倾倒、处置有放射性的废物、含传染病病原体的废物、有毒物质,情节特别严重的;②向国家确定的重要江河、湖泊水域排放、倾倒、处置有放射性的废物、含传染病病原体的废物、有毒物质,情节特别严重的;③致使大量永久基本农田基本功能丧失或者遭受永久性破坏的;④致使多人重伤、严重疾病,或者致人严重残疾、死亡的。

单位实施破坏环境资源的活动的,对单位判处罚金,并对其直接负责的主管人员和其他直接负责人员,依照《刑法》第 338 条至第 345 条的规定处罚。

法律依据:

《刑法》第三百三十八条、第三百四十六条。

例:2007 年至 2016 年,刘某在实际经营甲公司期间,在无污水处理设备的情况下,明知生产电器设备的酸洗、磷化工序产生的污水会污染环境,仍将生产过程中产生的含锌污水通过下水道直接排放至公司外河沟内。经检测,其公司磷化池中锌浓度为 1390mg/l,超过标准 277 倍;水池中锌浓度为 129mg/l,超过标准 24.8 倍;出水槽中锌浓度为 44.1mg/l,超过标准 7.8 倍。

本案中,甲公司违反国家规定,排放毒害物质,严重污染环境,已构成污染环境罪,应当对甲公司判处罚金。刘某作为甲公司的直接主管人员,负有主管职责,其行为亦构成污染环境罪,应予以刑事处罚。

570. 承担环评职责的中介机构员工出具虚假的环境影响证明文件,情节严重,应当承担什么法律责任?

答:承担环境影响评价、环境监测等职责的中介组织的人员故意提供虚假证明文件,情节严重的,处5年以下有期徒刑或者拘役,并处罚金;在涉及公共安全的重大工程、项目中提供虚假的环境影响评价等证明文件,致使公共财产、国家和人民利益遭受重大损失的,处5年以上10年以下有期徒刑,并处罚金。

有前述行为,同时索取他人财物或者非法收受他人财物构成犯罪的,依照处罚较重的规定定罪处罚。

法律依据:

《刑法》第二百二十九条。

例:甲公司成立于2015年,从事环保影响环评报告、节能报告、环境评估报告等业务,陈某是甲公司员工。2016年1月至2017年12月,陈某共出具《乙公司年产3828万块煤矸石多孔烧结项目环境影响评价表》《丙粮库扩建工程项目环境影响报告表》等52份虚假的环境影响评价文件。经当地公安司法鉴定中心鉴定,该52份环境影响评价文件中的"甲公司"的可疑印纹不是直接盖印形成(应为彩色激光打印机或彩色喷墨打印机打印形成)。

本案中,陈某作为环境影响评价机构的人员,故意提供虚假环境影响评价文件,情节严重,其行为构成提供虚假证明文件罪。